慎堂藏拓註釋與題跋 三編

季崇建 編著

MAGNIFICENT RITUAL BRONZES

Annotations and Colophons of the Shentang Rubbing Collection (Vol. 3)

JI CHONGJIAN

謹以此書獻給

上海視覺藝術學院建院二十周年

This book is dedicated to

the 20th anniversary of Shanghai Institute of Visual Arts

總序

GENERAL PREFACE

得知季崇建先生將其多年積累收藏各類珍罕之物結集出版，並命我寫篇短文當作序言，作為朋友該寫，而論己水準實為難當。

上個世紀七十年代，崇建先生曾赴上海紅星農場勞動，憑藉書法詩文優勢，被選入農場工會工作。回城後，他自薦報名參加上海博物館招人選拔考試，機遇總是寵著有準備的頭腦，他以優異成績被上博選中。在上海博物館，他跟隨當時的馬承源館長二十餘年，由於長年積累和善悟，他與金石結緣，並逐漸成為業界翹楚。當年上海文博系統組建敬華拍賣，崇建先生一馬當先，將此當時稱為“三產”的工作做得風生水起。後來他創辦上海崇源拍賣，開創民營藝術品拍賣之先。最近幾年，他逐漸從藝術品商界淡出，專門進行藝術品學術研究，著書立說，并在上海視覺藝術學院文物保護與修復學院擔任院長，并在華東師範大學等高等學府擔任碩士生導師，教書育人，不亦樂乎。早在 1986 年，崇建先生出版了第一本專著。三十多年來他一直筆耕不輟，至今他著述達五十本之多，可謂著作等身。

崇建先生是上海人，可謂是一位有上海文化代表性的人物。這一點從此次出版的他的藏品中可窺見一斑。其佛造像和青銅器方面的藏品非常豐富，在某種程度上填補了博物館的空白；在瓷器等方面的收藏自成體系。崇建先生眼力過人，傳統文化修養底蘊厚重，書畫鑒賞能力深厚，是一位難得的文化藝術人才。他還享有不凡的文物和藏家人脈資源。鑒於此，國博聘請他為特邀研究員，以使其為國家文物事業的發展發揮更好的作用。

崇建先生聚多年心血，結集出版這部煌煌巨著，既是對其研究與收藏成果的呈現，也似在講述我們這一代文化人的經歷、理想、追求和探尋。寥寥數語，以此表達我對崇建先生的敬意與出版該套收藏系列叢書的祝賀。

呂章申

中國國家博物館原館長

汪序：金石繁花賦

PREFACE FROM WANG TIANYUN: Odes to the Ancient Bronze and the New "Blossoms"

金石之學對於我乃門外一漢也；而就青銅器之拓片而言，因為我熟識崇建先生，倒是知道一些皮毛。然其捧來一疊沉沉的《鼎彝永輝——慎堂藏拓注釋與題跋三編》墨稿囑我寫序，則令我有失重之感。作為多年摯友，雖然我於金石之學難以沾邊，但為崇建先生的累累碩果則極願意提筆寫上幾句。

曾經滄海難為水，除卻巫山不是雲。

在與我同齡的成功人士中，季崇建是最接近這兩句詩意的學者。他是一位富有貴族氣質和學術風範的七旬智者；他又如黄永玉般的童心未泯、詼諧逗趣；他長年潛心於青銅器與佛造像研究，且成了收藏與鑒定大家。近年來，他又延伸至古代名碑器銘拓片研學，孜孜不倦，聚沙成塔，釀成洋洋鉅制——《慎堂藏拓注釋與題跋》。由初編問世，至三編即將付梓，他竟在談笑之間，奉出如此煌煌大工程，可謂填補國家美術考古與鑒藏領域之"空白"也。

正如他在《金石長壽——慎堂藏拓注釋與題跋》初編自序中所言："余耳順之年嘗纂《建業文房藏珍》系列之卷，昏昏乎已逾七載矣。作為"珍藏"系列叢書之延續，今將經年所藏傳拓之本揀出，逐一鑒之攷之題之跋之，並分類集輯成冊，以饗同道。"

好一個"以饗同道"！

他着實是行"驚世駭俗"之舉也。

他於厚積薄發之際，喚醒了數千年的金石文化之魂。一番驚詫，幾經追憶，我方才醒悟，他每每夜以繼日地伏案疾書，這數百件原拓滿題滿跋亦算是"功夫了得"。少者百餘言，多者數千字，皆作蠅頭小楷，正書行書並施，朱批墨題並及，且全部注釋題記跋文均以腹稿即興而就，真所謂"筆到文成"。能做到"筆到文成"，無一處墨錯塗黑，實乃書法功底內聚之心力所現，而這心力則是季先生對歷史文化的深厚造詣與積累，他衹有內心藏書萬卷，方可用時化作涌泉奔流，無所阻礙，一瀉千里。

我認識崇建先生乃是一個"意外巧合"。二〇一六年春天，我因疾在華山醫院調理。華山醫院離季先生的"文化會所"建業文房甚近，彼時正受上海視覺藝術學院創始人，老領導龔學平所托，要我去季先生那裡做些動員，請他"出山"主理學校的文物保護與修復學院。為不辱使命，我隔三差五去到建業文房向他推薦文修教育，他則給我講書法與鑒藏，我們因此成為摯友，亦成為視覺藝術學院的共事者。

又是一個“意外巧合”，我向季先生推薦了熱播中的電視劇《琅琊榜》主演胡歌，彼時的他正巧想找位有學養的大師，潛心學點傳統文化。一次坦誠的交談，胡歌深為季先生的學識折服，真誠拜其為師。八年的交往，亦使原本從不關注國產影視劇的季先生產生了“愛屋及烏”的偏愛，胡歌从認識王家衛到被選上《繁花》男一號，都離不開師父的推薦與關愛。季先生還心甘情願當上了《繁花》首席藝術顧問，現在《繁花》中从胡歌、陳龍到美術指導屠楠等，都成為季先生最寵愛的徒弟們。可以說，《繁花》拍攝的成功，季先生具有不可或缺的貢獻。

值得一提的是，季崇建先生對於美食更有特別的嗜好與心得。記得有一年，我陪他去日本。正逢櫻花季，我們居然沒時間賞花，滿滿行程看遍了各種金石文玩。他殫精竭慮地考察那些流失的文化遺物的每一處細節，更是嘗盡了各種美食佳餚，挖空心思地尋覓那些精緻的帶有文化傳承的舌尖上的心跳嘗味。如果說對於金石文化的愛好是源於他陽剛之氣的匯聚凝鑄的話，那麼對於飲食美味的探究則顯示出他柔情似水的歡暢與活潑。

我想，崇建先生把慎堂藏拓首卷命名為《金石長壽》絕非藝海拾貝，而是滄海煉丹。今天，他的“三編”問世，稱之為《鼎彝永輝》，更彰顯其毅力堅定、信念執著，令人欽佩。

金石有聲，人生有趣，他是一位著述等身的鑒藏大家，也是一位充滿歡悅的美食方丈。

是為序。

汪天云

上海視覺藝術學院教授、作家
二〇二四年六月

自序
PREFACE

不知不覺已到了《慎堂藏拓》三編的殺青之際……

本編的內容以商周青銅器銘文為主，所涉器物除了上海博物館與北京故宮博物院、中國國家博物館收藏之若干重要青銅器以外，相當一部分是陝西寶雞周原地區所出的商周至春秋初期鐘鼎彝器名品，共計一百一十（套）。若清際滂喜齋舊藏，初入上海博物館，後歸中國國家博物館大盂鼎之銘，以及該館所藏頌鼎之銘、師遽方彝之銘和故宮博物院所藏二祀邲其卣之銘、師酉簋之銘等皆列其中。這些傳世重器之所以能典藏於京滬兩地國家級博物館，全然因天時地利人和。近百年來，寶雞地區不斷出土的青銅器，其數量之巨、製作之精，無他處可比擬。然其鑄銘內容之重要、書體風格之遒美，更是令人羡慕至極。余幸獲其原拓之本一批，甚悅也。若清道光年間寶雞虢川司所出虢季白盤之銘，文逾百餘，記周宣王伐玁狁之事，全篇語句以四字為主，修飾用韻，文辭優美，行文類詩，實乃鑄於青銅器上之散文詩也。且其通篇鑄銘整齊，體勢優美而有莊重典雅之感，用筆謹慎，圓轉周致，一絲不苟，頗多情趣，此路書風或即史書所謂之籀文之始乎？西周金文書體至此一變，意義甚為深遠矣。又，上世紀六十年代寶雞賈村所出之何尊，鑄銘八十餘字，記周成王遷宅於武周之史實，文中載"宅茲中國"，"中國"一辭，蓋濫觴於此也。又，七十年代寶雞太公廟村所出之秦武公鐘，鑄銘百餘，記秦國先公之史蹟，是研究春秋秦國歷史最重要之器氹。觀其書風則更具特色，字口纖細，線條流轉，體勢秀美，行氣疏朗，乃春秋秦系文字之典範。又，七八十年代間寶雞渭水兩岸古強國墓地所出之青銅器群，其鑄銘雖非長篇大段，但對於研究西周方國史則意義極大，余嘗得其近乎全套銘文原拓，均輯入是編之中。又，被稱為新中國成立以來規模最大、鑄銘器物最多的寶雞扶風"莊白一號"西周青銅器窖藏所出之史牆盤（已入初編）、折觥、豐卣、商卣、三年㾓壺、十三年㾓壺，以及全三式之鐘等重器之銘亦盡收入之。這些重器之銘井然有序地記述了微氏家族自高祖、列祖、乙祖、亞祖（即折）、乙公（即豐）、丁公（即牆）到微伯㾓共七代人的家族史，時間跨度自西周初至西周後期，它為研究西周史提供了扎實可信的極為珍貴的實物資料。又，寶雞三大青銅器窖藏之一的岐山董家村青銅器窖藏，以五祀衛鼎、九年衛鼎、三年衛盉以及二十七年衛簋為最著名，合稱"裘衛四器"，其中以輯入是編的五祀衛鼎銘分量最重，價值最高，是一篇記錄彼時土地私有之轉讓、交換、買賣實情，反映社會經濟發展的第一手資料，同時真實記錄了裘衛一族彼時的政治與經濟地位，亦對所謂"普天之下，莫非王土，率土之濱，莫非王臣"之舊有傳說提出了挑戰與思考。細數慎堂近年所獲西周青銅器銘文拓片，當以陝西扶風地區所出器物為最多，其重要性雖因鑄銘多寡而分出主次高下，但國家頒布禁拓之令則使隻字片語變得異常珍貴，故將少字之銘別出新裁地製成冊，合成卷，裝成折，倒亦頗多趣味，入編計五冊又一卷，以與同道共饗之。

是編除了商代中期至春秋青銅彝器外，尾聲部分則是一件西漢宣帝甘露四年造池陽宮銅行鐙銘拓之長卷。比之前述之商周鼎彝銘拓，它的輯入似乎有些牽強，但其所擁有的"宮廷身份"及其流傳有序的經歷倒是頗有興味的。鐙銘短短廿九言，皆小篆為之，字體方正，筆道堅定有力，如秦詔書風一路，極美也。簡而言之，"慎堂藏拓"卷三對商周青銅器銘文拓片的釋讀題記不僅重在其內容本身，而且是對商周金文書法的一次美的瀏覽和較為全面的點評。

甲辰年榴月廿八於建業文房南隅窗前

《愼堂藏拓》三編敘

“The Shentang Rubbing Collection” (Vol. 3) PREFACE

（一）

插圖①
趩尊銘拓

案：趩尊，西周懿王世器，上海博物館藏。器之內底鑄銘八行六十八字，言器主趩承襲其已故祖輩、父輩舊職之事。其用筆挺健，起至藏露相間，字行之距不拘，疏密有致，乃西周中期金文書法代表作之一。

與那些個不斷有精美青銅器被發掘和發現的中原地區有著深厚歷史文化底蘊的城市相比，上海雖然缺乏這樣的先天條件，但其開埠以來經濟發展的迅猛和資本積累的雄厚，使市民文化層次與品位不斷提高。尤其在近代華洋雜處的“租界”，全國各地富商皆雲集於此，其中不乏嗜好文物、收藏文物之名賢與藏家，由此上海逐步成為文物藝術品的集散之地，各地出土的重要文物包括商周青銅彝器多蒐集於此，造就了其積澱文物藝術品的後天優勢。因此，彼時上海灘文化藝術的繁榮舉世矚目，在收藏領域更是佔據著全國的大半壁江山。如今，這些顯赫收藏中的很大部分已經成為上海博物館的鎮館之寶，特別是夏商周三代青銅器的藏品，向來是該館引以為傲的部分。自一九五二年建館起，經過半個多世紀的積累，其保管部庫房收藏了八千餘件夏商周青銅器。這些來之不易的商周寶物絕大多數是傳世之品，亦即新中國成立以前約百年之中在國內流散而被有識之士逐一尋覓並庋藏之品。它們之所以能歸宿於上博，則有賴於大上海獨到的文化氛圍、特有的文化設施，以及優秀的文化人才，這三者兼之，才使散落四處的青銅器得以在上海凝聚與定格。一九五一年，居於蘇州的潘達于先生即將國之重器大盂鼎、大克鼎無償捐贈給尚在籌建中的上海博物館。可以說這一具有劃時代意義的壯舉，拉開了上博人對古代青銅器徵集工作的序幕，自此，本地區的重要青銅器藏家的熱情支持與慷慨捐贈，成為上海博物館商周青銅器收藏的主要來源之一。諸如清際大臣李鴻章之後李蔭軒、邱輝夫婦所捐贈的一大批歷見著錄、流傳有緒的西周時期青銅彝器，皆是其庋藏多年、秘而不宣之要品也。圖版084所示之西周懿王世趩尊即典型一例，其通高十一點二，口徑十二點九釐米，重約一公斤。器作侈口，垂腹，圈足與口徑皆外撇，頸部飾兩兩對稱的垂冠鳳鳥紋一週，腹之內底鑄銘八行六十八字（插圖①）。銘文所述器主趩承襲其已故祖輩、父輩舊職之事，是乃西周王室貴族官職世襲制度之實證也。又丁燮柔女史所捐之师遽方彝，西周恭王世之器（插圖②），其通高十六點四，口縱七點六，口橫九點八釐米，重約一點六公斤。器之口沿外折，上有屋頂形蓋，腹部稍鼓，下為方形圈足，微外撇，腹部兩側各設一象鼻形耳，頗不多見。器之內有中壁，可將容酒部位隔成二室，分放不同酒水。此彝之蓋面及腹部均飾變形獸面紋，頸部及圈足飾獸體變形紋，這些都是西周中晚期變形獸面紋之特徵。器蓋同銘，器為六行，蓋作八行，各鑄銘六十六字，因文中提到器主师遽在“新宮”受王所賜，故新宮乃恭王之父廟，故該器當作於恭王之時。师遽方彝流傳有緒，並著錄頗多，乃名品也。更如孙鼎、景俊士夫婦，沈同樾女史等皆有慷慨之舉，他們的捐贈大大充實了上博青銅庫房資源，使其成為江南庋藏商周青銅器處所之翹楚。

上海博物館青銅器徵集的另一個特殊渠道就是從各冶煉廠揀選那些被視為廢銅爛鐵的古器物。由於彼時的內地各省少有冶煉廠，大多的廢雜銅料都要運至上海回爐冶煉，故而歷年

插圖②
邢遽方彝銘拓

插圖③
賢簋蓋銘拓

來，上海博物館有關人員從這些廢銅中揀選出的青銅器竟達三萬餘件之多。現在展陳於上海博物館中國古代青銅館中的夏商周青銅器，有相當數量是從冶煉廠廢銅之中揀選出來的。如圖版085所示的西周賢簋蓋，即是上世紀六十年代由上海冶煉廠廢銅中搶救所獲。其通高六點二，徑十八點七釐米，重零點八六公斤，蓋內鑄銘四行二十七字（插圖③）。此器傳為清光緒十四年（即公元一八八八年）河南地區出土，同出同銘者多件，存世共三器。上海博物館所藏其中二蓋一器，皆冶煉廠揀選搶救而獲也。凡賢簋者，流傳有緒，著錄頗豐，諸如羅振玉之《三代吉金文存》、劉體智之《小校經閣金文》、鄒安之《周金文存》、羅福頤之《三代秦漢金文》等皆見著錄，並由吳大澂、吳湖帆等大藏家遞藏之。這是上海博物館對古代青銅器搶救與保護不遺餘力的功績，也是這個時代特有的、帶有一定普遍性的、不可思議的奇景怪象矣。比如一九六九年在陝西藍田縣洩湖鎮，有農民揀得西周中期之永盂，即交給當時的物資回收門市部，後集中至陝西省物資回收公司倉庫，工作人員分料揀選時發現，遂將此寶交西安市文物局，終歸西安市博物館收藏。此乃國之瑰寶也。其通高四十六，口徑五十八，腹深三十七釐米，重三十六公斤。器為侈口，深腹，附耳，高圈足，四面各有一道高突顯眼的扉棱，各見一個長鼻高卷的圓雕象首。頸部為變形獸面紋，腹壁之下端是兩獸紋對稱組成的垂葉紋，圈足飾回首而尾下卷呈刀狀的夔龍紋，均以細雲雷紋襯底。整個器表基本滿工，且花紋設計嚴謹講究，鑄作精湛，其浮雕之淺高結合、互為呼應與有序的對稱安排，實乃西周中期青銅器之典範也。重要的是，器之內底鑄銘達一百二十三字，其中重文二字（插圖④），記述傳王之命分封給器主永土地於洛河南北邊疆一帶，時有邢伯等五人在場聽命，益公還命司徒父等監理王命賜永之田事宜，這對於研究西周土地制度及彼時歷史人物之政治地位具有重要史料價值。如此之要器寶物，險遭廢棄，聽之實在令人啼笑皆非也。余幸獲是拓，釋之題之，以饗同道。

（二）

上海博物館收藏青銅器，不論其數量、其質品，皆為世人所羨慕，由馬承源先生所領銜的研究團隊更是成就斐然，尤以馬先生主編的《商周青銅器紋飾》《商周青銅器銘文選》四卷本的問世，提昇並確立了上博青銅器研究的學術高度。而這些重要著作中，不論是商周青銅器紋飾還是銘文的準確無誤的表述都離不開傳拓技藝的助力。這些以常人的眼光看似並不複雜的墨拓工作，倘非長期積累，根本體現不出對精美的紋飾與銘文原貌的最為精準和細膩的表達。隨著時間的流逝，以往那些精彩的銘文拓片已很難看到，遑論技藝比銘文拓片還要複雜的裱整工作了。我以為這種傳統墨拓工作是值得提倡的，因為它比之照影有著很不相同的效果。

本編共收入上博所藏商周青銅器銘文拓片十數件，多為上世紀八十年代前所為，如現藏於中國國家博物館的大盂鼎銘拓更是五十年代初入上博時之舊拓，彌足珍貴（插圖⑤）。此鼎乃國之重器，傳清道光初年出自陝西省岐山縣禮村（舊稱眉縣禮村）溝岸中。據查，眉縣僅有李村而無禮村名者，故誤傳也。此鼎初由岐山縣首富宋金鑒所獲，後被縣令周庚盛占有，宋考中翰林又巨資購回寶鼎，後其家衰落，又轉售至陝甘總督左宗棠幕僚袁保恆處。袁深知左宗棠酷愛文玩古董，不敢專美，旋即將大鼎獻於左。咸豐間，左宗棠遭難，幸得潘祖蔭援手上奏咸豐帝力保左宗棠，左終獲脱免。左遂以大鼎相贈，以謝搭救之恩。然潘氏初見盂鼎之拓片，疑為不類，似乎不願受此厚禮。彼時之潘公喜好金石，名聞遠近，門下亦濟濟

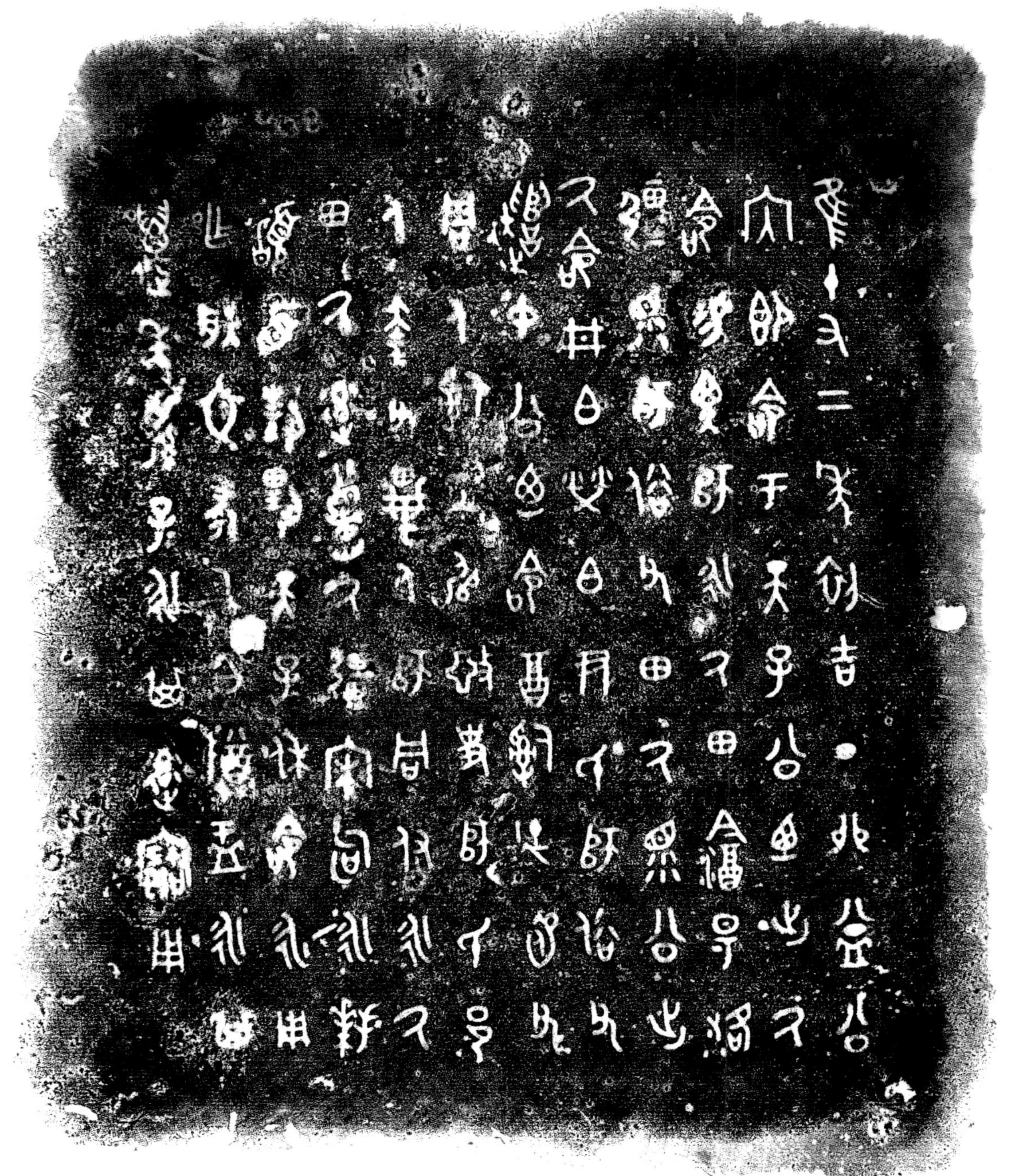

插圖④

永盂銘拓

案：永盂，西周恭王世器，一九六九年陝西省藍田縣洩湖鎮發現，後歸陝西西安博物館收藏。器之內底鑄銘十二行一百二十三字，言傳王之命分封器主永土地於洛河南北邊疆一帶，時有邢伯等五人在場聽命，益公還命司徒父等監理王命賜永之田事宜。其結體端莊工整，筆畫圓潤遒美，行氣規矩凝練，為恭王時期金文書體之典範。

名士，環聚左右，議論金石，商榷文字，編刻圖書，鑒別真贋，不乏其人，諸如張之洞、吳大澂、王懿榮等一班賢達。而其尤信賴張之洞，故將大盂鼎銘文拓片交張之洞參閱，並言其字體方板，神韻乏存矣。張附和之。後吳大澂亦得是拓，同樣懷有疑慮，這大大影響了潘氏之判斷。左宗棠嘗嘆曰“盂鼎既不為伯寅（潘祖蔭號）所賞”也。至同治十七年，金石大家陳介祺撰《周盂鼎銘釋文》，堅稱大盂鼎乃真器，並信告潘氏曰“盂鼎如可得，即以字少二十器易之亦不為過，不可失也”，力勸其收入之。以陳之盛名且為潘之前輩，理當轉變潘之態度，卻依然沒能令潘信服之。直至吳大澂親見是鼎，肯定“鑄款甚深”，非輕易可偽造之，遂使潘祖蔭改變主張，且又怕陳介祺等人橫生枝節欲奪大鼎，更催促左宗棠送鼎至京。如此這般，潘氏終於如願得此大盂鼎，傳為一時佳話。潘故，其弟潘祖年將大盂、大克二鼎轉藏蘇州老家。祖年故，大鼎歸潘家孫媳潘達于保管庋藏。後日軍侵華，蘇州淪陷，潘家人將二鼎深埋土中，再不見天日。一九五一年，達于先生代表潘家將大盂鼎、大克鼎雙雙捐贈上海市人民政府，一九五二年正式入藏上海博物館，一九五九年大盂鼎調撥至北京中國歷史博物館，即現今之中國國家博物館，永久收藏。此鼎通高一零一點九，口徑七十七點八，腹深四十九點四釐米，重一五三點五公斤。器為斂口，壁厚，鼓腹，窄沿，方唇，口沿上設立耳一對，圜底，三蹄足。器之頸部以雲雷紋襯地，飾帶狀獸面紋，足上部亦飾浮雕獸面紋，立體感較強，其下飾兩道凸弦紋，此乃西周前期之典型樣式也。器之內壁鑄銘十九行共

插圖⑤
大盂鼎銘拓

案：大盂鼎，西周康王世器。傳清道光初年陝西省岐山縣禮村溝岸中發現，曾收藏於上海博物館，今歸中國國家博物館收藏。器之內壁鑄銘十九行二百九十一字，言周康王向盂講述文王、武王之主國經驗，告誡盂要效法其先祖，衷心輔佐王室，並以重賞。又在銘文中記以丕顯文王受天有大命，體現了周人之天命觀。又言“我聞殷墜命，唯殷邊侯甸與殷正百群，率肆於酒，故喪師矣”，則是告誡盂，商之內外臣僚沉淪於酒以致亡國，透露出周人對於商人嗜酒誤國這一前車之鑒的警示。最後盂頌揚周王之美德，製作了紀念先祖南公之寶鼎，時在康王世第二十三年。以銘文全篇觀之，其字形較大，體勢嚴謹，遒瑰壯美，用筆粗細肥瘦相間，起止之銳圓因勢而異，變化中亦有規律可循，是乃商周金文書法之代表作，尤居成康時期首位也。

插圖⑥
單伯昊生鐘銘拓

二百九十一字，合文五字，記述周康王廿三年九月，冊命貴族即器主盂之事。銘文中周康王向盂講述文王、武王之主國經驗，告誡盂要效法其先祖，衷心輔佐王室，並以重賞。銘文中又記丕顯文王受天有大命，體現了周人之天命觀。銘文又言“我聞殷墜命，唯殷邊侯甸與殷正百群，率肆於酒，故喪師矣”，則是告誡盂，商之內外臣僚沉湎於酒以致亡國，透露出周人對於商人嗜酒誤國這一前車之鑒的警示。最後盂頌揚周王之美德，製作了紀念先祖南公之寶鼎，時在康王世第二十三年。以全篇觀之，此銘文字形較大，體勢嚴謹，遒瑰壯美，用筆粗細肥瘦相間，起止之銳圓因勢而異，變化中亦有規律可循，乃是商周金文書法之代表作，尤居成康時期首位也。

圖版092所錄的西周中期單伯昊生鐘銘，原器初藏直隸通州裘氏，又經窓齋等遞藏，著錄頗豐，今歸上海博物館收藏。其通高四十四，舞縱十六點一，舞橫二十一點二，鼓間十八點三，銑間二十五點三釐米。其長腔闊鼓，甬之斷面呈圓形，有幹有旋，兩銑較平直，于部弧曲較小。甬飾波曲紋與鱗紋，舞飾對稱之變形獸面紋，鐘之上沿及銑間兩側各飾突起之菱形紋飾為欄，篆部飾變形獸面紋。鼓部飾對稱相背之龍紋，鼓右部飾一單線勾勒之鸞鳥，圓目昂首，具神完氣足之狀。鉦間及左鼓連鑄銘文七行三十四字（插圖⑥），意為單伯昊生述祖與父世為王臣，敬勤於王所命之事，然似乎文意未盡矣。此器主單伯之名於三年衛盉及揚簋之銘中見得，而衛盉為恭王三年器，揚簋乃懿王時器，故可推知單伯昊生鐘應鑄於西周恭懿王世間。余初獲鐘之鉦間之銘原拓，後又得左鼓部之銘原拓，重裝合之，甚悅也。又頌鼎之銘拓亦同時覓得（插圖⑦）。其拓工烏黑，頗精，上上之品。原器存世共三，此拓本器今

插圖⑦
頌鼎銘拓

案：頌鼎，西周宣王世器，上海博物館藏。器之內壁鑄銘十五行一百五十一字，言周王冊命器主頌為成周積貯之官事。其結體均衡圓潤，筆勢流暢自如，通篇工整嚴謹、優美典雅，為西周晚期金文書體最成熟者。

歸上海博物館所藏，另兩器，一在北京故宮博物院，一存臺北故宮博物院。上博之頌鼎通高三十一點四，口徑三十二點九釐米，重九點八二公斤。器口折沿，立耳，頸部飾弦紋兩道，深腹，下內收，圜底，下置三蹄足。腹內壁鑄銘十五行一百五十一字，重文二字。銘文完整地反映了西周王室冊命官員之禮儀制度，對冊命之時間、地點，冊命之儀式，冊命之受職，冊命之賞賜物品，冊命儀式後所做之事皆一一記述清楚，這在西周青銅器銘文中甚少見得，對於研究彼時冊命制度有著重要價值。觀之書體，端麗優雅，實乃西周晚期金文書法之佼佼者也。

插圖⑧
古亞簋銘拓

（三）

具有王權象徵意義的商周青銅器存在於世，其莊嚴典雅的形制，獰厲威武的紋飾，深得帝王之心，因而歷代王室都十分重視青銅器的收集與庋藏，尤其對於有銘之青銅禮器倍加珍視。至宋代，在王室的倡導下，對青銅器與古文字的研究蔚然成風，成就了一批重要著述，如《考古圖》《博古圖錄》《歷代鐘鼎彝器款識法帖》《鐘鼎款識》《金石錄》等，無論對器之定名還是對銘文之隸定，應該說，有宋一代為後世對古代青銅器與古文字研究奠定了重要基礎。而清代皇室對青銅器的收藏，在乾隆年間已達數千件之多，並欽定將皇家收藏編輯成《西清古鑑》《寧壽鑑古》《西清續鑑甲編》《西清續鑑乙編》等四部有關青銅器的著作，足見彼時皇家收藏古代青銅器既有規模又具深度。現在的北京故宮博物院所收歷代銅器已多達一萬五千餘件，先秦之器竟有萬件之多，乃國內博物館之翹楚也。

插圖⑨
耶簋銘拓

本編所集故宮舊拓青銅器銘文計五十餘件（套），不乏重器要具者。就商器而言，如圖版002、003之古亞簋、耶簋皆為銘文較多者。古亞簋亦稱作父己簋，商代晚期器，傳出河南洛陽，原藏章乃器處，今歸故宮。其通高二十二點四，口徑二十點三，寬二十六釐米。器為圓體，深腹，腹側置一對獸身，圈足，有蓋，蓋頂有圈狀捉手，蓋沿、器頸與圈足均飾獸面紋，頸之前後各一犧首。器蓋同銘，各三行十五字，字體端嚴堅挺（插圖⑧）。耶簋者，亦商晚期器，早歲同歸章乃器藏，一九六〇年捐贈北京故宮博物院。其通高十四點二，口徑十九點七釐米。器為折口，直壁，深腹，雙耳，圈足。頸飾獸面紋一週，間有凸起之犧首，兩個圈足飾獸面紋，耳上部飾獸頭，下有垂珥。器內壁鑄銘三行二十字，言貴族宴饗賞賜事（插圖⑨）。此銘作反鑄，頗特殊，然故宮博物院所編之《故宮青銅器館圖錄》著錄時將銘文拓片轉正，或為釋讀之便，然原狀反映不實，未妥也。而故宮所藏二祀邲其卣（見圖版005）之鑄銘是商代銘文最長者之一（插圖⑩）。是卣亦稱二祀邲其卣，傳在一九四〇年河南安陽出土，甚殘。初歸陳鑑堂，嘗交張蘭會修復，後經張沛霖、蘇體仁、章乃器遞藏，終歸故宮。其通高三十八點四，口徑十六釐米。器體橢圓，斂口，隆蓋出沿，鼓腹，圈足，肩有雙鈕，套鑄扁提梁。蓋頂有花卷鈕，提梁飾蟬紋，蓋面與器頸飾象鼻形獸紋，圈足飾龍紋。提梁曾殘斷，有後補一段，蓋口及圈足亦多破殘，後經修復如初。頸部之前面獸頭即原狀，未損，後之獸頭係後配也，而頸以下至腹皆後配。此器重在鑄銘，凡商器能見得如此數十字者頗為稀見，且鑄以器之外底，七行共計三十八字，又蓋器內底亦有同銘之鑄，奇哉妙哉！今此三拓皆獲，當寶之。

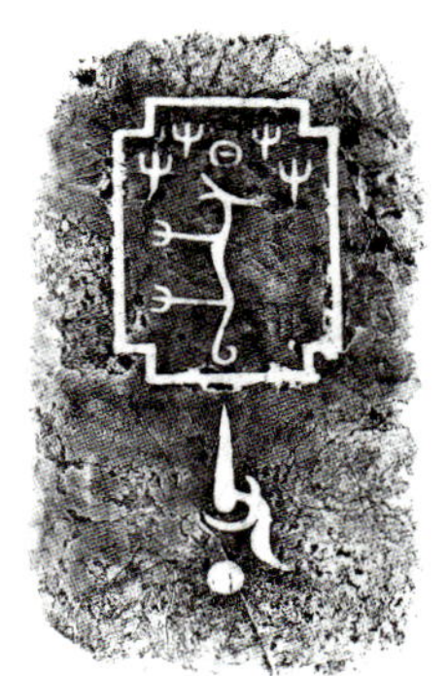

插圖⑩
二祀邲其卣銘拓

故宮博物院所藏西周時期的青銅器有不少可圈可點之品。如早期之耳尊（圖版077）曾經傅忠謨收藏，今歸故宮。其通高二十五點七，口徑二十三點二釐米，重約三點五公斤。器爲圓筒形狀，鼓腹，侈口，圈足。頸下部與圈足上部均飾兩道弦紋，腹部上下兩週紋帶均

插圖⑪
耳尊銘拓

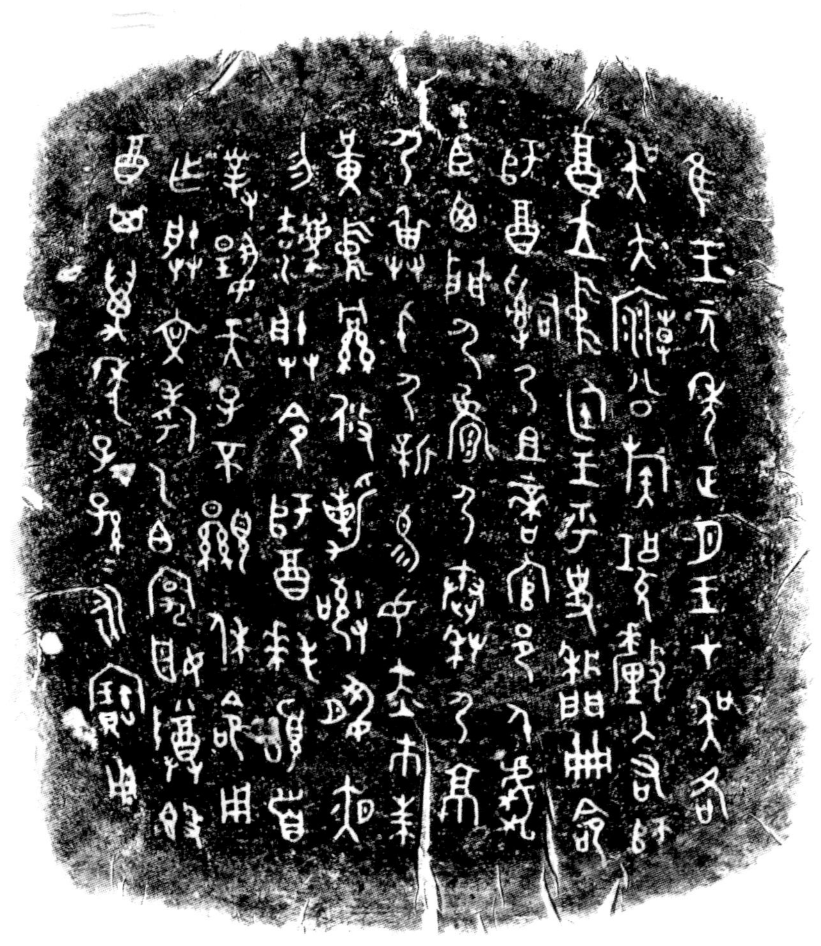

插圖⑫
師酉簋銘拓

案：師酉簋，西周恭王世器，北京故宮博物院藏。器、蓋同銘，鑄十一行各一百零六字，言廷禮冊命之事。其書法結構優美，用筆嫻熟，線形婉轉流暢，其縱向的整齊劃一，橫向的自然錯落，使作品的通篇產生一種活潑靈動之感，乃彼時金文新風尚之典範。

插圖⑬
湯叔盤銘拓

飾以雙線勾勒之變形夔紋，夔紋帶上下用圈帶紋鑲邊，整個器物素雅大方。內底鑄銘七行五十二字，筆道挺勁，結體遒美，行氣頗為疏朗（插圖⑪）。又，西周恭王世之師酉簋乃故宮所藏重器，余去歲幸獲其器蓋同銘之雙拓（插圖⑫），皆源自一冊傳爲民國時故宮藏青銅器之舊拓冊頁本，經查核，確系故宮藏師酉簋三器之一也。吳鎮烽先生未觀其原物，在其《商周青銅器銘文暨圖像集成》卷十二載有器蓋二拓，推清際劉體智所編之《小校經閣金石拓本》錄師酉簋銘一葉可能即其蓋銘，確也。師酉簋至遲在清後期已出土，傳世同形同銘之器共四器，故宮藏三器。本編所錄此簋先由朱筱漚、徐乃昌收藏，後歸故宮，稱為丙器。而甲器初藏阮元、吳雲、陳受笙、朱筱漚等處，後亦歸故宮，今轉撥中國國家博物館收藏，乙器先後經阮元、吳雲、金香圃遞藏，一九五九年由國家文物局調撥至故宮，據研究，甲乙二器之器蓋恐互置之誤。丁器原為端方、顧壽康、馮恕所藏，一九五五年馮氏家屬以其名義捐贈於故宮，惜蓋不存矣。是簋通高二十二點九，口徑二十點九釐米，器作弇口，鼓腹，獸首雙耳，耳下垂珥，有蓋，蓋之捉手作圈狀，圈足下另有三個獸面扁足，蓋沿器口沿與圈足均飾重環紋，腹飾瓦溝紋。器蓋同銘，十一行各一百零六字，重文二字，言廷禮冊命之事，其中所載王之“虎臣”中有西門、Ꝫ、秦、京、畀身等夷人存在，值得注意。師酉簋銘文字數多達百字以上，篇幅相對較長，書法結構優美，用筆嫻熟，線形婉轉流暢，其縱向的整齊劃一，橫向的自然錯落，使作品的通篇產生一種活潑靈動之感，乃彼時金文新風尚之典範。又，西周晚期的湯叔盤（圖版094）鑄銘不多，而著錄甚豐也。此盤舊稱瑩湯叔盤，原藏章乃器處，後歸故宮。其通高十四點二，寬四十點七釐米。器為平口，方唇，淺腹，兩附耳高出器口，圈足低且顯外撇，其下附三獸形足，腹部與圈足均飾獸帶紋。內底鑄銘四行二十九

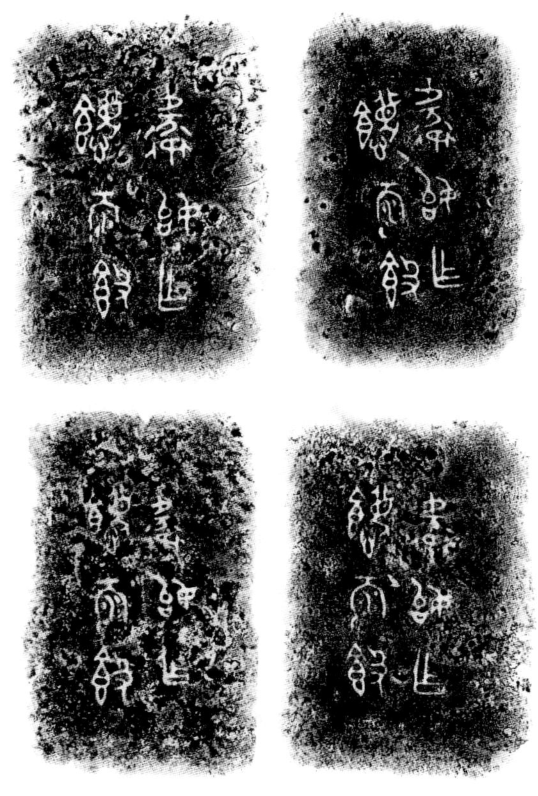
插圖⑭
衛姒豆銘拓

插圖⑮
召叔山父簠銘拓

插圖⑯
者汈鐘銘拓（正面）

字，重文二字，字字圓潤穩重，生動富有趣味（插圖⑬）。又，故宮所藏之衛姒豆一對乃清宮舊藏之品，余偶獲其舊拓四幀（甲、乙之器蓋），拓工規矩，墨氣柔和，未可再得矣（插圖⑭）。此對青銅豆作斂口，淺盤，束腰，高足，隆蓋，上有圈握。蓋頂飾瓦紋，蓋沿與器上均飾重環紋，足部飾粗弦紋一週。蓋器同銘，各二行六字，鑄銘雖不多，卻頗為整齊端莊，中規中矩。據其銘文，姒字或可隸為始，又曰"簋"，亦被稱為衛始簋者，然依實物形制視之，當稱豆為妥也。

圖版101所示的春秋早期的召叔山父簠銘，原器曾藏陳廣寧處，現歸故宮博物院藏。同形同銘之器有二。一在臺北故宮博物院，吳鎮烽所著《商周青銅器銘文暨圖像集成》載有二器之拓，則記原藏陳氏之簠，未知今歸何處。余得是拓乃故宮舊拓之本，故可推知其收藏處當在故宮。此簠體呈長方形，窄平沿，腹斜收，腹壁兩側有一對獸首耳，長方圈足，每面正中有長方圓角形缺，口沿下飾雲雷紋，腹之壁飾變形夔紋，圈足飾雲紋，內底鑄銘七行二十八字，重文二字。通篇文字縱向整齊劃一，橫向自如隨意，結體柔美，筆道圓潤流轉，基本承西周中晚期書風，無多變異也（插圖⑮）。再觀故宮所藏之者汈鐘銘拓，則是別有一番景象了（插圖⑯）。其字字纖細柔美，形體似卷似盤，筆畫飄動活潑，乃鳥蟲篆之雛形也。是鐘傳在河南洛陽金村古墓出土，原藏黃濬處，今歸故宮。其通高十八點三，寬十點五釐米，重一點六公斤，闊腔，短鈕，乃淺于式鈕鐘。低枚飾渦紋，鈕上飾雙頭夔龍紋，篆間飾三角夔紋，鼓部飾八條蟠曲龍紋。鐘之兩面、鉦間與鼓部銘文共計二十四字。存世之者汈鐘共見十二，此為其四。據統計，其一原藏日本住友氏，今在京都泉屋博古館；其二由上海博物館收藏；其三原藏陳介祺，現歸泉屋博古館；其四即此拓原物，歸故宮；其五至十二皆歸日本神戶東畑謙三處。各鐘鑄銘數不盡相同，其一、二同銘共五十字，其三為二十一字，其四為二十四字，其五有二十字，其六、七各二十五字，其八為二十四字，其九、十有二十二字，其十一為二十四字，其十二計二十字。者汈鍾著錄頗豐，較早見者如吳大澂民國七年（公元一九一八年）所著之《愙齋集古錄》，稍後有一九三七年羅振玉編纂之《三代吉金文存》等，故可推知其出土時間或在晚清民國之初。

（四）

本編收錄最多亦是最為重要的即陝西寶雞地區出土的商周青銅彝器款識原拓之本。

在燦爛的中國古代文明長河中，周秦兩代尤其重要；而陝西寶雞更有著獨特的歷史地位，它曾經是周秦文明發生和發展的重要地區之一，地下埋葬著極其豐富的古代文明之遺存。近百年來，這裏不斷出土的商周時期青銅器，其數量之巨、造型之美、工藝之精、銘刻內容之重要，著實令世人驚嘆。如清際所出之虢季子白盤即為典型一例。此盤傳在道光年間出土於寶雞之虢川司，即今寶雞市陳倉區，初為時任眉縣縣令徐燮钧所得，其卸任返籍，將銅盤帶回常州，至太平天國時期，護王陳坤書鎮守常州，虢季子白盤易為護王之藏品。同治三年（公元一八六四年）初，時任提督之淮軍將領劉銘傳隨李鴻章鎮壓太平軍後，住進護王府內。某午夜，他聽得悅耳金屬叩擊聲，秉燭往尋至馬廄細察，見馬槽碩大，似為銅鑄，且重不可舉，輕叩之聲清遠玄妙耳。劉氏竊喜，此槽絕非尋常物也。次日一早命馬夫洗淨之，衹見整個外壁佈滿紋飾，內底具長銘，通篇字體工整秀美，實乃寶物也。劉得此寶盤，即藏至合肥老家之劉老圩村之西鄉大潛山下之盤龍墩，並深埋土中。直至新中國成立，劉銘傳第四代孫劉肅曾遂將虢季子白盤獻出，今藏於中國國家博物館。此盤通高四十一點三，口橫

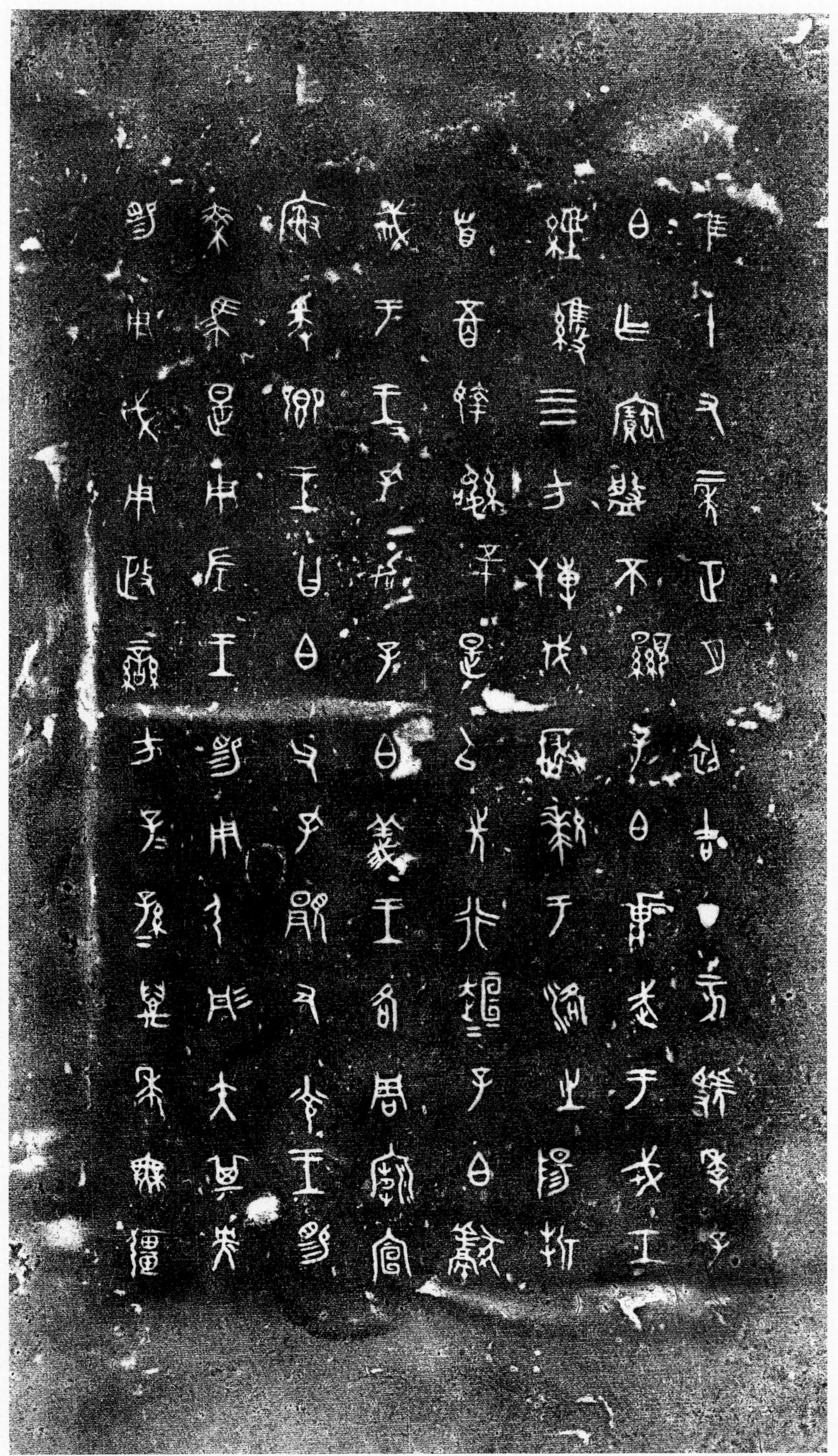

插圖⑰
虢季子白盤銘拓

案：虢季子白盤，西周宣王世器，清道光年間陝西省寶雞虢川司（即今寶雞市陳倉區）出土，今歸中國國家博物館收藏。器之內底鑄銘八行一百十一字，言器主虢季子白搏伐玁狁於洛之陽事。其通篇端莊整齊，字形較大，體勢優美而有莊重典雅之感。用筆謹慎，圓轉周到，一絲不苟，字距與行氣甚是規矩凝練。此路書風或即史書所謂之籀文或其濫觴乎？西周之金文書體至此而一變矣。若後世之秦公簋、秦公鐘，以及石鼓文等，那種圓轉之書風恐皆受其影響，其意義甚為深遠也。

插圖⑱
何尊銘拓

案：何尊，西周成王世器，一九六三年陝西省寶雞縣（今寶雞市陳倉區）賈村西街出土，今歸陝西省寶雞青銅器博物院收藏。器之內底鑄銘十二行一百二十二字，言王在洛邑（今河南洛陽）營建都城之事，對武王進行豐福之祭，並對器主何進行訓誥，內容涉及何的先父公氏追隨文王，文王受天命統治天下。武王滅商後告祭於天，以此地作為天下之中心。其中"宅茲中國"的意思是在"中國"這個地方營建都城，則"中國"一辭，蓋濫觴於此。其結體隨形而施，大小偎依，自然交替，錯落有致，筆意純樸凝重，行氣縝密有序，為西周早期金文之典範。

二百三十點二，口縱八十三點七釐米，重二百十五點三公斤。器為圓角長方槽形，直口，方唇，下腹收斂，平底，下有四個曲尺形足，四壁各設一對龍首銜環耳，口沿下飾竊曲紋，腹飾環帶紋，線條柔美對稱，鑄工精良。內底鑄銘一百十一字，重文四字，合文一字，大意是周宣王十二年，虢季子白在洛河北岸大勝玁狁（即匈奴之祖先），殺敵五百人，宣王舉行隆重慶典，以表彰其功績，賞賜馬匹、斧鉞、彤弓與矢。虢季子白專門製作此寶盤來紀念此事，以使子子孫孫萬年享用之。值得一提的是，此篇銘文語句以四字為主，且修飾用韻，文辭優美，行文類詩，實乃一篇鑄於青銅器上之散文詩（插圖⑰）。其銘文通篇整齊，字形較大，體勢優美而有莊重典雅之感。其用筆謹慎，圓轉周到，一絲不苟，甚有情趣也。此路風格或即史書所謂之籀文或其濫觴乎？西周金文書體至此而一變矣。若後世之秦公簋、秦公鐘，以及石鼓文等，那種圓轉之書風恐皆受其影響，其意義甚為深遠也。

又，一九六三年寶雞陳倉區賈村西街出土之何尊，更是以銘文中所載"宅茲中國"而名揚天下。傳此器初出因鏽斑厚實而不知有銘，七十年代馬公承源慧眼識得何尊有銘耳。其通高三十九，口徑二十八點六釐米，重十四點六公斤。器呈橢方形，口圓而外侈，四面中線均隆起透雕之棱脊，器表所飾主體紋樣為高浮雕之獸面紋，巨目利爪，獰厲可怖，口沿與圈足皆滿工，分別飾蟬紋、蛇紋與獸面紋，整個器型華麗凝重，具譎秘威儀之感。其內底鑄銘十二行一百二十二字，殘損三字，合文三字（插圖⑱）。銘文大意是周成王五年四月，王在洛邑（今河南洛陽）營建都城之事，對武王進行豐福之祭，並對器主何進行訓誥，內容涉及何的先父公氏追隨文王，文王受天命統治天下，武王滅商後告祭於天，以此地作為天下之中心。其中"宅茲中國"的意思是在"中國"這個地方營建都城，則"中國"一辭，蓋濫觴於此，何尊亦因此名聞天下，譽滿神州也。

更，一九七八年在寶雞陽平公社楊家溝太公廟附近，村民取土時發現一處窖藏，計秦公

插圖⑲
秦公鐘（甲器）銘拓

插圖⑳
秦公鐘（乙器）銘拓

案：秦公鐘（甲、乙器），春秋秦武公世器，一九七八年陝西省寶雞陽平公社楊家溝太公廟出土，今歸陝西省寶雞青銅器博物院收藏。鐘之甲乙刻銘連篇，共一百三十五字，言器主之祖先承受天命而建國，諸公前輩功勳卓著，不失天命，謹慎處理與戎狄關係。器主秦武公表示作為後代不敢絲毫怠惰，盡夜虔誠祭祀，以求福蔭。又聚攬賢能治理國家，戎狄都來歸附，故製作此音色和諧與洪亮之樂鐘祭祖，願多福為壽，廣有天下。其書法筆畫細勻勁健，結體趨於圓活，字姿儁永靈秀，起筆重，落筆輕，實乃大篆向小篆過渡之秦篆典範也。

鐘五件與秦公鎛三件。根據地理位置與歷史記載，該處應是春秋早期秦國首都之平陽舊地。秦公鐘、秦公鎛的出土被視為平陽封宮或宗廟之唯一遺物也，彌足珍貴。余幸獲秦公鐘之甲器乙器銘文二拓（插圖⑲、⑳），其二銘連續成篇，共一百三十五言，大意是：器主之祖先承受天命而建國，諸公前輩功勳卓著，不失天命，謹慎處理與戎狄關係。器主秦武公表示作為後代不敢絲毫怠惰，晝夜虔誠祭祀，以求福蔭。又聚攬賢能治理國家，戎狄都來歸附，故作此音色和諧與洪亮之樂鐘祭祖，願多福為壽，廣有天下。鐘、鎛刻銘一致，然鐘之它器丙、丁、戊銘文雖亦可連續卻不完整矣。此秦公鐘甲器通高四十八，甬高十七，銑間二十七，鼓間二十點四釐米，重二十四公斤；秦公鐘乙器通高四十七，甬高二十七，銑間二十六點四，鼓間十六點五釐米，重二十一點五公斤。二器形制紋飾皆同，其甬上飾四條小龍，龍體相互纏繞，幹上飾目雲紋，旋飾重環紋，舞部飾變形夔龍紋，篆間飾兩條相向之夔龍紋，鼓部飾兩對鳳鳥，鐘體內側各有六道調音槽。鐘之銘文則分別刻在鉦間、上邊、左欒與左鼓。若據銘文和音律組合推測，是套青銅編鐘完整的組合應在六至八件左右。當然此套鐘被發現的最大意義在於銘文，它為研究秦國歷史提供了寶貴的史料；而就書法而言，銘文字體雋永靈秀，起筆重，落筆輕，實乃大篆向小篆過渡之秦篆典範也。

（五）

一九七四年至一九八一年，寶雞地區的考古工作者對該區域的渭水南北兩岸茹家莊、竹園溝以及紙坊頭等地進行發掘，出土文物表明，此處是西周古強國之遺存。余由友人處覓得數量可觀之強國青銅器銘拓片一批，輯入本編者達五十件（套）之多，器物鑄造的時間跨度為商晚期至西周中期。如子亹鼎（圖版010-1）、趩父乙壺（圖版010-2）、秉毌父辛鼎（圖版010-3）、目父癸鼎（圖版010-4）等都是寶雞竹園溝所出之商代晚期器，雖然鑄銘僅三至四字，卻亦有若干特別富有趣味的字體，如趩父乙壺銘即為典型也（插圖㉑）。此壺一九八〇年六月寶雞竹園溝西周墓葬出土，今歸寶雞青銅器博物院收藏。其通高三十三點二，口徑寬處十一點八，腹深二十二點九釐米。器呈橢圓體，直口，高頸，鼓腹，矮圈足，蓋隆起，上有圈狀捉手，頸兩側有半環鈕套接提梁，頸飾雲雷紋襯底的獸面紋帶，蓋沿飾一週雲雷紋，腹部飾十字形凸起之寬帶紋樣。蓋器同銘，各三字，首字如人形，若肩排兩串貝狀物，形態生動有趣，可隸這為趩或趯，故名。當然，強國墓地出土最豐富和最具特色的是西周早期和中期的帶“強伯”銘之青銅彝器。圖版014是將強伯器之銘拓本裝成一卷，稱為《強國八器銘文卷》。此八器皆為寶雞渭濱地區茹家莊古國墓地出土，即強伯簋、強伯甗兩器，強伯貘尊、強鼎、強伯鬲、強伯鼎（兩器），其中較有特色的如下：一、強伯簋，西周中期器，通高十二，口徑十六點五，腹深九點三釐米。器為侈口，鼓腹，圈足較高，兩側有一對獸首形耳，下有鈎狀珥，有蓋，但不盡吻合，似為他器之蓋也。器之口下飾連珠紋鑲邊之雲雷紋，並以對稱之犧首相隔，腹飾斜格乳釘紋，圈足飾目雷紋，蓋上紋飾與器腹基本一致。內底鑄銘二行七字（插圖㉒）。二、西周中期強伯鼎，通高十五點六，口徑十三點九釐米。器為斂口，斜窄折沿，方唇，有方形附耳，淺鼓腹，圜底近平，三柱足。有蓋，蓋面近平。頸部飾一週目雲紋，腹部滿飾菱形乳釘紋，蓋面之紋飾與之雷同，足部上端飾浮雕獸首紋樣。內壁鑄銘二行七字（插圖㉓）。三、同時期同墓葬所出之強伯貘尊，亦稱強伯井姬貘尊，通高十八點六，通長三十，腹深九點七釐米。器呈類似馬來貘樣式，盤角平額，嘴部前伸為之流，圓目突出睛，頸粗體壯碩，腿矮而結實，彎尾為鋬，背上設蓋，蓋鈕為虎，前

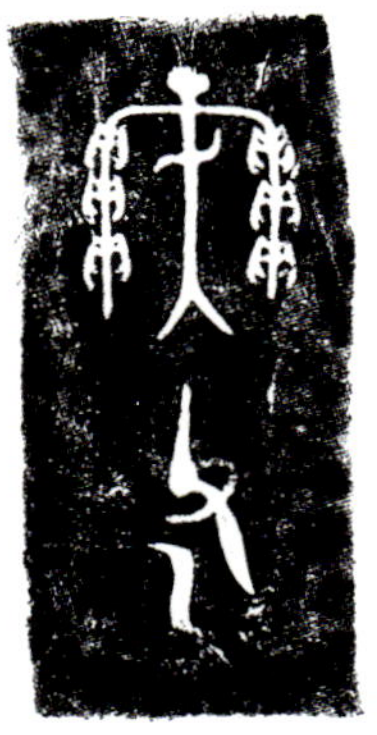
插圖㉑
趩父乙壺銘拓

插圖㉒
強伯簋銘拓

插圖㉓
強伯鼎銘拓

插圖㉔
強伯貘尊銘拓

插圖㉕
強伯方座簋（甲器）銘拓

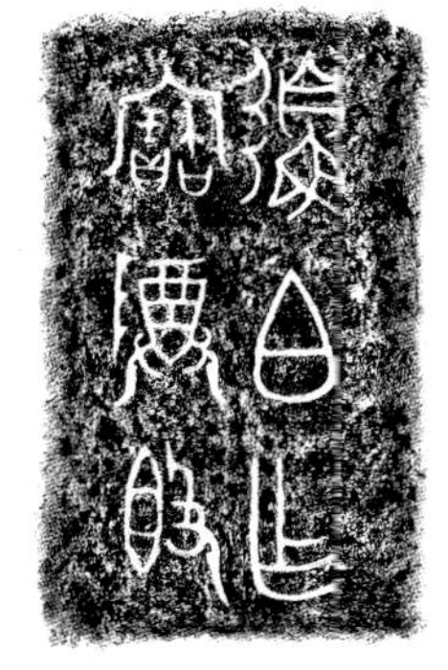

插圖㉖
強伯方座簋（乙器）銘拓

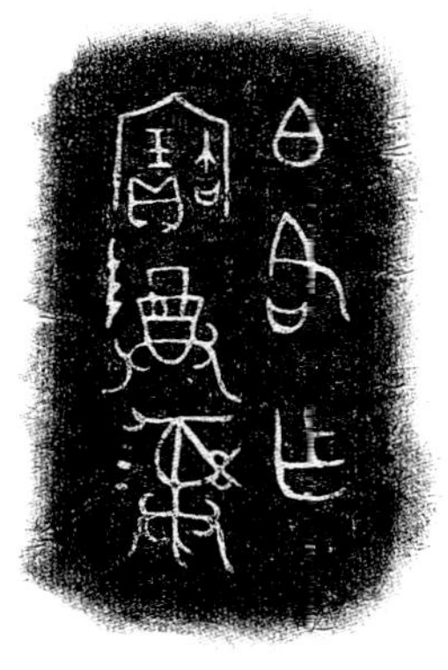

插圖㉗
伯各卣（甲器）蓋銘拓

插圖㉘
伯各卣（乙器）蓋銘拓

後腿上皆飾一團狀變形夔紋。蓋内鑄銘二行八字（插圖㉔）。

這些銘文的書體較為鬆馳，頗具隨意性而不夠嚴肅規範，這在強國墓所出青銅器銘文鑄造上具有普遍性。

圖版015—020所示的是余收穫的又一批原出寶雞西周墓葬的強國青銅器銘文拓片，合成六條屏，其中以寶雞金臺區紙坊頭所出之強伯簋為最精美。這是一對西周早期的方座簋，甲器通高三十八點七，口徑二十六釐米。器口微斂，平折沿，方唇，圓肩蓋，蓋頂有一個圈足形捉手。有兩對獸首耳，正對四個方位，下接方形長珥，間有一道鈎形鏤空紋樣。高圈足，下折起臺，有連體式方座。器之主體紋樣皆為淺浮雕式，蓋面與腹壁紋飾雷同，分飾四組倒置之直身龍紋與渦紋相結合的裝飾帶，圈足之表飾以龍紋，方座的四個面壁以四角為中心飾淺浮雕獸面紋，一對大牛角凸現其上，瞪目隆鼻，十分威嚴。余器之表皆無底紋。蓋之内壁鑄銘二行六字（插圖㉕）。又，同墓所出的強伯方座簋乙器則多有不同。其通高三十一，口徑二十三點五釐米。無見蓋，器為敞口，卷沿方唇，設以雙耳，耳之上部為圓雕虎噬牛首狀裝飾，下接方珥，表面淺浮雕鳥爪反垂尾紋樣，高圈足，下折起臺，有連體式方座，方座之内中心有一懸鈴。其器表紋樣頗豐富，皆以雲雷紋襯底，器身以雙身為界飾兩組淺浮雕獸面紋，每組中心是一條鳥紋狀扉棱。獸面以高卷角，瞪目，隆鼻，翹耳，略去軀體，側配龍紋，高圈足表面是兩個相對的側身爬行龍紋。方座四側壁以四角處為中心各飾一獨立獸面紋，其圓雕之牛角翹出座表，圓目隆鼻，立體感較強，整個器形充滿著獰厲之美，極具動態。簋内底鑄銘二行六字（插圖㉖）。這二簋之銘較前述的強伯器銘要規範得多，其行氣整齊，字體亦端正，筆道圓潤而中規中矩，柔弱中顯出一絲優雅之美。這《強國彝器六品》中的伯各卣是出自竹園溝古強國遺址的一對十分精美的青銅名品，其甲器通高三十三點六，口徑縱十點四，橫十二點六，腹深十七釐米。器為橢圓體，直口，鼓腹，圈足折沿起臺，頸之兩側有半環鈕，套接羊首提梁，有蓋，高蓋沿，蓋頂高聳，頂部有十分別緻的四瓣獸面式如花蕾綻放的花鈕。通體四隅有透雕之扉棱。提梁上設立體牛首一對，蓋面與器腹飾卷角獸面紋，其角尖的表現是立體的，完全翹出器表。蓋沿與頸部飾以回首垂冠側身龍紋，身軀修長彎曲，卷尾上揚，圈足亦飾龍紋，只是龍頸前傾，全部紋飾皆有雲雷紋襯底。整個器物滿工而無隙處，高級而有富貴之氣也。蓋器同銘，各二行六字（插圖㉗）。伯各卣之乙器與甲器，無論形制和紋飾都基本一致，只是尺寸略異。其通高二十七點五，口徑縱八點五，橫十點七，腹深十三釐米。蓋器亦同銘，各鑄二行六字（插圖㉘）。“伯”應是爵稱，“各”私名，“強”字省。“伯各”可能是一代強伯，即強伯各也。其銘文書體與前述之強伯方座簋銘類似，比較正，也比較雅。

余幸獲強國青銅器銘文拓片近乎全套，十分難得，已悉數輯入是編，然大多簡率，在此不多贅述矣。

（六）

被稱為新中國成立以來出土規模最大、器物最多的陝西寶雞市扶風縣莊白村一號西周青銅器窖藏，盡管已經過去了將近五十年，卻始終讓人津津樂道，而要覓得其中如“青銅史書”牆盤，或“藝術瑰寶”折觥銘文拓片者，如同頭撞天花板一般。余先獲史牆盤銘之原拓（初編錄之），又獲其紋飾並折觥之紋飾（續編錄之），再獲折觥銘拓（插圖㉙），萬幸也。折觥，或稱作冊折觥，西周早期器。其通高二十九點二，通長三十八，腹深十三點一釐

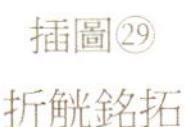
插圖㉙
折觥銘拓

插圖㉚
豊卣蓋銘拓

插圖㉛
商卣蓋銘拓

米。其蓋為一羊首，曲角，鼓目，獠牙，隆鼻，後端飾以獸面，蓋之脊上有兩個形態不同的獸首，蓋之側則飾以回首卷尾夔龍紋。觥體的前部有流，紋飾與蓋一致。下部呈長方體，腹部略鼓，中線與四角皆有透雕扉棱，滿飾夔龍紋，製作精美華麗，乃西周早期之上上品也。蓋器同銘，各六行四十二字。銘文大意是：昭王十九年五月戊子這天，王在厈命作冊折代天子去為相侯贈望土，同時又賜折許多青銅與奴仆。為宣揚王之美德與恩惠，折鑄此觥以為紀念。文中自謂“尊彝”，故折觥當為酒器也。然其飲酒乎？盛酒乎？詩經《豳風・七月》曰：“稱彼兕觥，萬壽無疆”，似有飲酒之意。但其如此體量與重量，當認其為盛酒之具更妥。

圖版022所示之豊卣亦是“莊白一號”同出之名品。其通高二十一，口徑最大處十一點二，腹深十一點八釐米。器呈橢圓形，低體垂腹，矮圈足，提梁兩端有圓雕羊頭，梁上飾四組變形蟬紋，其間以菱形突起區隔，蓋面飾四對蟠蛇與回首鳳鳥攀交紋樣，器身口沿為八隻垂冠分尾鳳鳥紋帶，間以浮雕獸面為中心裝飾，器腹以四隻兩兩相對的垂冠分尾鳳鳥構成全器之主體紋樣，整個器表皆滿工，隙處有雲雷紋作為底紋。蓋器同銘，六行三十三字（插圖㉚）。又，同出的商卣，亦稱庚姬卣，通高三十五，口徑寬處十六點二，腹深二十點七釐米。器體呈橢圓，長子口，直頸，鼓腹，高圈足外撇，有蓋，蓋面隆起，蓋鈕作花苞狀，飾蟬紋，提梁兩端飾圓雕龍頭，巨角圓目，造型威武。自蓋至器之四面皆有透雕扉棱，蓋沿、蓋頸及圈足皆飾形式雷同的花冠側身鳳鳥紋帶，蓋面與器腹則飾以獸面紋樣。整個器表裝飾得極為精緻富麗，器蓋內鑄以同銘卻不同行，各見三十字，合文一字（插圖㉛）。

就銘文書風看，無論折觥還是豊卣、商卣，都被視為西周早期金文之典型作例。其文字縱向基本齊整而有規律，橫向則顯得較為自由，略見錯落而依然有序，字形稍長，筆畫堅定挺拔，整個字體柔中見剛，優雅之中略顯鋒芒也。

插圖㉜
三年㾓壺銘拓

插圖㉝
十三年㾓壺銘拓

插圖㉞
𤼈簋（甲器）蓋銘拓

插圖㉟
𤼈盨（甲器）銘拓

（七）

"莊白一號"窖藏的一百零三件西周青銅器，其中有七十四件鑄有銘文，井然有序地記述了微氏家族自高祖、烈祖、乙祖、亞祖（即折）、乙公（即豐）、丁公（即牆）到微伯𤼈共七代人的家族史，時間跨度自西周初至西周後期，為研究西周史提供了極為珍貴的實物資料。其有銘之器中以牆之子𤼈之用器最多最豐富。如圖版024的三年𤼈壺即為一例，壺之通高六十五點二，口徑二十點三，腹深四十八點七釐米。其頸部修長，腹微扁圓，有獸首銜環雙耳，圈足低矮，蓋有長子口。器表與蓋面基本滿工，蓋頂内凹，飾垂冠團鳥紋，外圍重環紋一週，蓋沿與圈足飾竊曲紋，壺身紋飾以口沿、頸部、腹部三段由窄至寬三段環帶紋，間有變體鳳鳥紋，均以雲雷紋襯底。其紋樣設計之波曲流動之狀令人眼花繚亂。同出成對，此拓之原壺編為甲。兩壺之蓋榫外壁皆鑄銘十二行六十字（插圖㉜）。因銘有"三年"之記，故名"三年𤼈壺"，以與其他紀年之壺別。又，十三年𤼈壺者，通高五十九點九，口徑十六點八，腹深四十三點九釐米。其頸部為多長型，腹扁鼓，有一對獸首銜環耳，矮圈足，沿下折。有蓋，蓋為長子口，蓋頂凹下，飾以鳳鳥團紋，外圍裝飾帶一週，蓋沿飾重環紋，腹飾開光式鱗帶紋，圈足飾環帶紋一週。器之口沿至頸部上端鑄為銘文一篇，頸部下端飾兩兩相對之鳳鳥紋。蓋榫外壁亦見鑄銘，與頸部銘文同，十四行五十六字（插圖㉝）。此十三年𤼈壺亦成對出土，此為乙器。

"莊白一號"又出𤼈簋八器，編為甲、乙、丙、丁、戊、己、庚、辛，余得甲器之蓋銘之拓一幀（插圖㉞）。此簋通高三十六點一，口徑二十二點七，腹深十一點九釐米。器作低體，寬腹，侈口，方唇矮圈足，下承方座，兩側設獸形耳，下接方珥，有蓋，隆起，頂部有圈足狀捉手。蓋面飾直棱紋，蓋沿與器頸皆飾重環紋，而頸部重環紋帶居中加飾浮雕獸首。腹部與座側四面皆為直棱紋，方座四角飾以簡化獸面紋。器蓋同銘，不同行，蓋内六行，器内底七行，各四十四字，重文二字。又，𤼈盨出兩器，余獲其甲器之銘拓一幀（插圖㉟）。此盨通高十二點四，口縱十七，口橫二十三點五，腹深八點九釐米。失蓋。器呈橢方形狀，有設獸首雙耳，圈足外撇，下加矮足，口下飾雲雷紋襯底之回首垂冠分尾鳳鳥紋，腹飾瓦紋。器之内底鑄銘六行六十四字，重文二字。吳鎮烽先生定其為西周中期後段懿王世器，然馬承源先生據銘文"四年二月戊戌"，查年表懿孝夷三世之四月二月既望前皆無戊戌，故據相關名氏定其為孝王世物妥也。

鐘是"莊白一號"窖藏中數量較多的一類，計二十一件。其因鑄銘形式與分布不同定為七式，本編共收集其一式、二式、三式，共八幀銘文原拓，按序錄之。初為一式𤼈鐘，通高四十七點二，甬高十四，銑間二十七點五，鼓間十九點八，舞修二十四，舞廣十七釐米，重十六點三公斤。器為合瓦形體，管狀甬，内存泥心，各無凸棱，界格兩面各六組兩段式枚，篆間飾連珠紋鑲邊之雲紋，鼓部飾細線之雲紋，腔壁有四道調音槽。鐘體一面之鉦間與左右鼓側鑄以連續銘文一篇，間有界欄共八行一百零三字，重文三字（插圖㊱）。其次，為二式𤼈鐘，其出四枚，編為甲、乙、丙、丁四器，余得乙器之拓。此鐘通高六十五，甬長二十二點五，銑間三十七點五，鼓間二十六點九，舞修三十三，舞廣二十三釐米，重四十點八公斤。合瓦形體，管狀甬，中空，與鐘相通，鉦篆間以凸棱相間，篆間與舞間飾雲紋，鼓部飾卷鼻式鳳鳥紋。鐘體兩側與鉦間鑄銘八行，共一百零四字，重文四字（插圖㊲）。再者，即三式𤼈鐘一套，共六器，余得鐘銘全套，故集而合成一卷，唯此裝裱樣式，恐為孤品也。其甲者，通高七十，甬高二十三點八，銑間三十九，鼓間二十八點三，舞修三十三，舞

插圖㊱
一式𤼈鐘銘拓

案：𤼈鐘（一式、二式、三式），西周孝王世器，一九七六年山西寶雞扶風縣莊白村一號西周青銅器窖藏發現，今歸陝西省周原博物館收藏。本編共收三式之𤼈鐘，其中一式𤼈鐘八行一百零三字，二式𤼈鐘八行一百零四字，三式𤼈鐘一套共六器，分鑄連篇共十六行一百零九字，皆言追孝祖考，眉壽告廉事。其書風屬規整端莊一路，字體圓潤秀美，筆畫收放自如，形態優雅，乃西周中期金文書法之佼佼者。

插圖㊲
二式𤼈鐘（乙器）銘拓

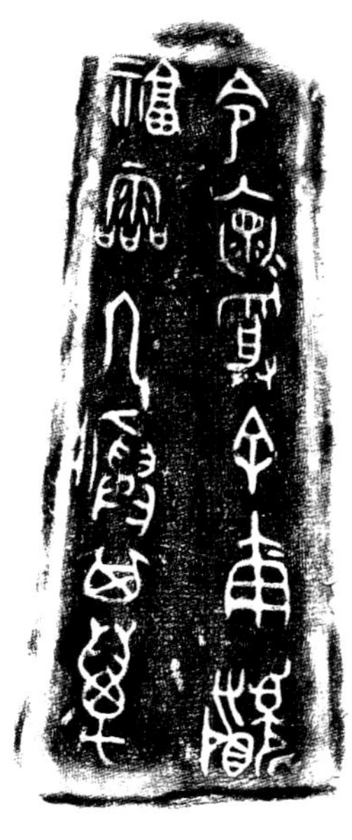

插圖㊳
三式𤼈鐘銘拓

廣二十四釐米，重三十九點五公斤。合瓦形體，長筒甬，兩段式長枚，旋部飾目雲紋，舞部飾大雲紋，篆間飾對角雙頭夔紋，鼓部飾象鼻式鳳鳥紋，鉦間鑄銘四行共三十三字，合文一字。乙者通高六十四，甬高二十二，銑間三十六點五，鼓間二十六，舞修三十一，舞廣二十三釐米，重三十七公斤。其形制與紋飾與甲同，鉦間鑄銘四行共三十五字，重文二字，合文一字。丙者通高四十二，甬高十五，銑間二十二點三，鼓間十六，舞修二十點五，舞廣，十六點五釐米，重十三點八公斤，形制紋飾與前一致，鉦間鑄銘二行十二字。丁者通高三十九，甬高十四點五，銑間二十一點二，鼓間十四點三，舞修十九，舞廣十三點六釐米，重十二點六公斤，形制紋飾類前。鉦間鑄銘二行十二字。戊者通高二十九，甬高十點五，銑間十五點五，鼓間十一，舞修十四點五，舞廣十點五釐米，重五點七五公斤，形制紋飾同前，鉦間鑄銘二行十字。己者通高二十四點五，甬高九，銑間十三，鼓間十六，舞修十一點五，舞廣九點五釐米，重四點二公斤，形制與紋飾類前，鉦間鑄銘二行八字。整個一套三式𤼈鐘銘文分鑄連續共十六行一百零九言（插圖㊳），頗為特殊，甚是難覓也。

綜觀上述諸器，不論𤼈壺、𤼈簋、𤼈盨，還是𤼈鐘各式，其鑄銘格式皆屬規整一路，字體端莊圓潤，縱向橫向都齊整劃一、一絲不苟，其形態更是優美典雅，乃西周中期金文書法之佼佼者。

(八)

一九七五年二月寶雞岐山縣董家村發現的西周青銅器窖藏共出三十七件西周重器，有銘之器達三十件，內容之重要，文字之精美，被視為寶雞三大青銅器窖藏之一。其中以五祀衛鼎、九年衛鼎、三年衛盉，以及二十七年衛簋為最著名，合稱“裘衛四器”。余初獲二十七年衛簋、九年衛鼎、三年衛盉銘三拓，皆錄入《慎堂藏拓》初編中，唯缺五祀衛鼎，去歲終

獲，甚悅也！凡四器中，以五祀衛鼎分量最重，價值最高，鑄銘亦四器之最也，今歸陝西省歷史博物館收藏，其他三器則歸寶雞青銅器博物院保管。

五祀衛鼎，西周恭王世之鑄器，通高三十六點五，口徑三十四點三，腹深十九點五釐米，重十一點五公斤。器為平沿外折，雙立耳，下腹向外傾垂而微鼓，三柱足，鼎之外底積有一層煙炱。口沿下飾以細雷紋襯底之竊曲紋。內壁鑄銘十九行，共二百零七字，重文五字，合文一字（插圖㊴）。銘文大意是：西周恭王五年正月裘衛氏向邢伯、伯邑父、定伯等宰輔官員告發，與鄰人邦君厲之間發生土地糾紛，經過一番詢問，在邦君厲同意償付並立誓言情況下，又由三有司，即司從、司馬、司空，和內史實地勘察與劃定地界，衛以田五田交換邦君厲臨河川之田四田而了結官司。這是一篇反映西周中期部分土地實際已屬私有，但土地之轉讓、交換和買賣仍需通過王朝重臣監管之實錄性銘文，同時有其確切的紀年，是彼時極具價值的研究西周時期土地私有與社會經濟發展的第一手資料。囬觀其他三器：二十七年衛簋，記述了衛在周穆王二十七年得到了一份掌握管理動物皮毛生意之職的受職盛況，這是“裘衛”之名的由來，也可知裘衛自此已得到王的賞識而嶄露頭角；三年衛盉記周恭王三年，諸侯為朝覲天子需要以田地向裘衛交換毛皮，足見其生意蒸蒸日上；而九年衛鼎則記載了恭王九年裘衛用車及車飾換取矩的下屬顏的一塊林地事宜等等，這不僅真實記錄和反映了裘衛一族的政治與經濟地位，同時亦對所謂“普天之下，莫非王土；率土之濱，莫非王臣”之舊有傳說提出了挑戰與新的思考。

又如西周晚期之仲涿父鼎，亦是董家村一號青銅器窖藏同出之器。其通高二十九點一，口徑二十九點五，腹深十六點二釐米。器體呈半球形，口沿平折，上置一對索狀立耳，略外傾，圜底腹部下收，其上端近口沿處飾兩道弦紋，三蹄足，稍外展。腹內壁鑄銘三行十七

插圖㊴

五祀衛鼎銘拓

案：五祀衛鼎，西周恭王世器，一九七五年陝西省寶雞岐山縣董家村西周青銅器窖藏發現，今歸陝西省博物館收藏。器之內壁鑄銘十九行共二百零七字，言裘衛氏向邢伯、伯邑父、定伯等宰輔官員告發，與鄰人邦君厲之間發生土地糾紛，經過一番詢問，在邦君厲同意償付並立誓言情況下，又由三有司，即司從、司馬、司空，和內史實地勘察與劃定地界，衛以田五田交換邦君厲臨河川之田四田而了結官司之事。其書風圓潤均勻，用筆勁健遒美，行氣疏密有致，為西周恭王時期金文書體代表作之一。

插圖㊵
仲溹父鼎銘拓

插圖㊷
成伯孫父鬲銘拓

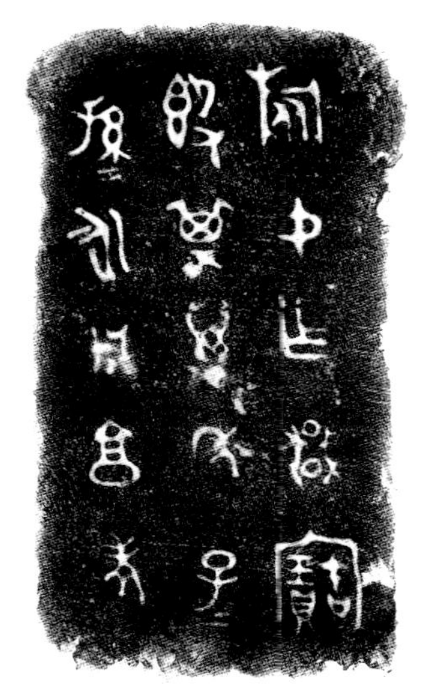
插圖㊶
旅仲簋銘拓

字，重文二字（插圖㊵）。又，旅仲簋亦是同期同出之具。其通高十七點一，口徑十九點六，腹深十一點三釐米。蓋已佚。器作弇口，鼓腹，兩側是一對長舌獸首耳，下接垂珥，圈足下附有三扁足。頸部飾一週重環紋帶，圈足表面亦見有較小之重環紋，上下呼應。腹部則飾以瓦紋。內底鑄銘三行十七字，重文二字（插圖㊶）。又，成伯孫父鬲，器亦出自董家村一號窖藏，西周晚期鑄。其通高十一點二，口徑十六點五，腹深七點二釐米。其為寬沿平向外折，束頸，平襠，足半實，下端略呈蹄形，三足之上各有一道扉棱。肩飾大小相間之重環紋，腹部飾直線紋，襠部積結一層煙炱，即西周晚期常見樣式。口沿鑄銘十六字，重文二字（插圖㊷）。以上三品雖非重器，但其圓潤之字體、柔美之線形，倒與五祀衛鼎書風有幾分相似之處。

（九）

圖版037所示之外叔鼎銘，其原器一九五二年岐山縣丁童家村青化鎮農民童氏二人起土時發現，一九五八年文物普查時主動交給國家，現藏陝西省歷史博物館。通高八十九點五，口徑六十一點三，腹深四十四釐米，重達一百公斤，是乃大器也。器為平折沿，深腹，有一對立耳，下腹向外傾垂，三柱足，甚粗壯。口沿下飾垂冠回首尾下卷之夔龍與倒立之夔龍相配之紋樣，共見三組，均以雲雷紋襯底。耳上飾一對虎紋，足上端飾浮雕獸面，下有四道弦紋。腹內壁鑄銘二行六字，字體端莊遒美，刻畫精緻典雅，乃西周早期金文大字書法之代表作（插圖㊸）。如果就重要性論，西周時期的大鼎當首推鑄有長篇銘文者。諸如大盂鼎、大克鼎之類，雖然外叔鼎之器體僅次於前者，但其少字之銘則不可同日而語了。中期以後有些青銅大鼎，雖然器型的碩大程度和紋飾的精美程度無法類比前者，但其銘文的內容表述和書風的體現還是值得關注的。如圖版066的師𩛥鼎，西周中期之器，一九七四年陝西扶風縣黄堆公社強家村一處西周青銅器窖藏發現，亦為陝西省歷史博物館收藏。其通高八十五，口徑六十四，腹深三十九點六釐米，重一零五公斤，與外叔鼎尺寸與重量相近，亦大器也。器口

插圖㊸
外叔鼎銘拓

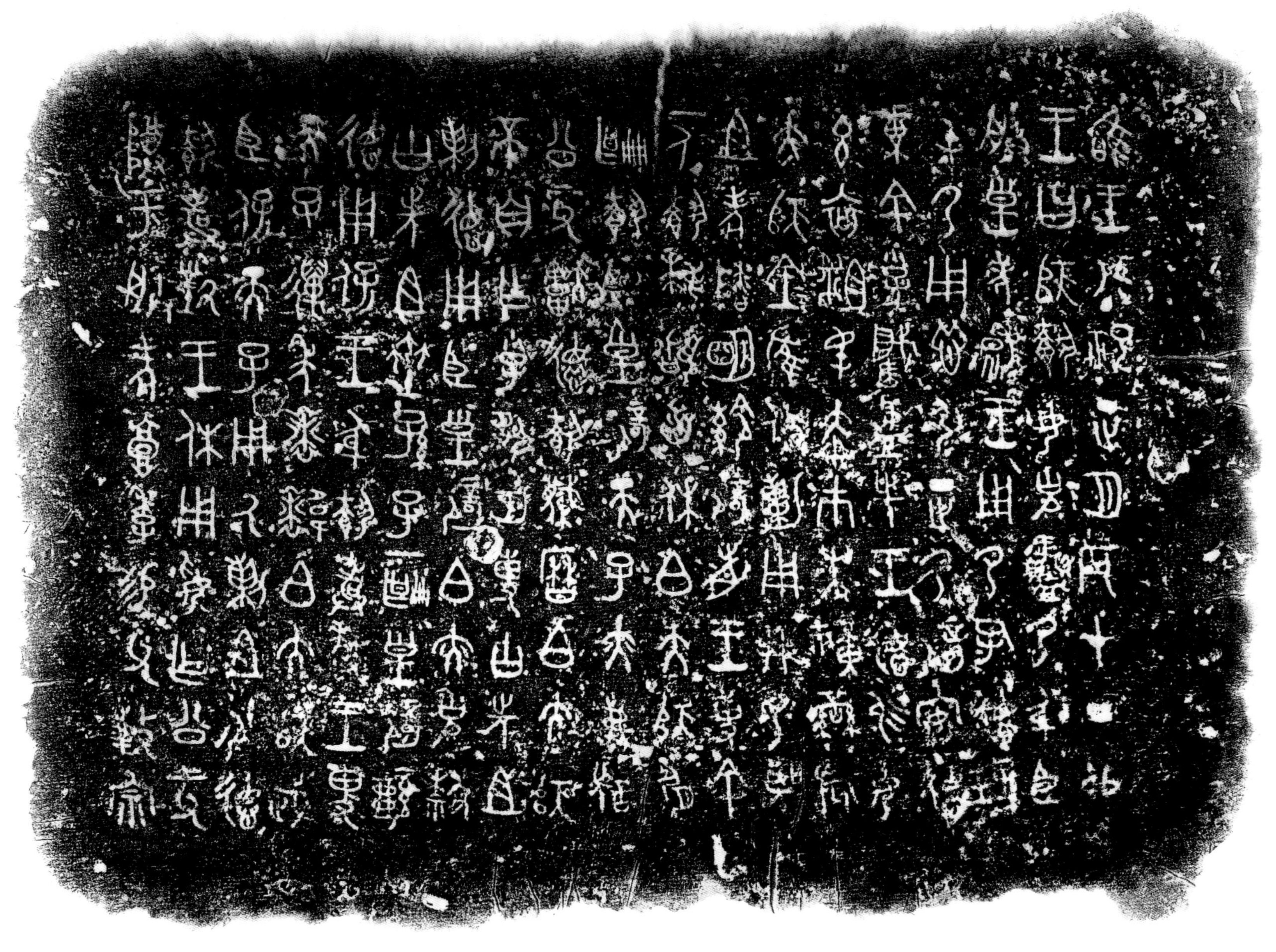

插圖㊹
師訊鼎銘拓

案：師訊鼎，西周恭王世器，一九七四年陝西省扶風縣黄堆公社強家村西周青銅器窖藏發現，今歸陝西歷史博物館收藏。器之內壁鑄銘十九行共一百九十七字，記恭王命辭。其筆勢勁健，結體寬疏遒美，行氣縝密凝聚，為西周恭王時期金文書體的又一風格。

微斂，平沿外折，下腹略鼓，兩耳直立，三足呈蹄形。頸部飾兩道帶狀雷紋，間加一突脊，中段陰弦紋，下有一道陽弦紋，腹外壁與足部凝結一層很厚的煙炱，應係長期使用所致。內壁鑄銘十九行，共一百九十七字，其中重文一字，合文六字，惜字口略顯蝕損，拓之效果不佳（插圖㊹）。其銘文內容比較重要，乃斷代之標準器也。又，陝西省歷史博物館所藏之多友鼎，西周厲王世器，一九八〇年十一月，陝西西安市長安區斗門鎮下泉村農民在村頭東北河道旁深約四米的細沙堆中發掘而出。其通高五十一，口徑五十，腹深三十一釐米，重三十五公斤。形類毛公鼎，器作侈口，方唇，平折沿，雙立耳，體呈半球形，深腹，下內收，三蹄足，略外撇。口沿下僅飾兩道弦紋，無見他飾。內壁鑄銘二十二行，共二七八字，重文一字，合文一字（插圖㊺）。銘文所涉與當時北方玁狁發生戰爭之事，是西周晚期諸多青銅器銘文記載周人反擊玁狁中最為重要與詳盡的一篇。其言玁狁入侵及京畿腹地，王命武公遣多友率兵迎戰，共戰四仗，皆獲勝利，並詳述戰果，多友受賜，故而鑄是鼎以為紀念。這對於研究西周晚期之歷史，以及同北方少數民族關係等都有著重要的史料價值。可見，多友鼎外觀簡樸大方，內鑄之銘文不僅篇幅較大，內容重要，而且字體精美，筆意從容穩健，結構與佈局亦十分講究，每個字的造型都十分優美，結構嚴謹，給人以穩重典雅之感。它已完全沒有了西周前期銘文書寫上的那些隨意性與鬆散性，而是出現了一種端正穩定、規範整齊、均勻協調，雖有行無列，卻井然有序之書風。比較其前之師訊鼎之銘，二者同為一路穩健風度，既有傳承關係，又具發展之勢，皆可謂西周中晚期金文書法之經典作品也。

插圖㊺
多友鼎銘拓

案：多友鼎，西周厲王世器，一九八〇年陝西省西安市長安區斗門鎮下泉村發現，今歸陝西歷史博物館收藏。器之內壁鑄銘二十二行共二百七十八字，言玁狁入侵及京畿腹地．王命武公遣多友率兵迎戰，共戰四仗，皆獲勝利，並詳述戰果，多友受賜，故而鑄是鼎以為紀念事。其字體精美，筆意從容穩健，結構與佈局十分講究，每個字之造型都頗為優美，給人以穩重典雅之感。它已完全沒有了西周前期銘文書寫上的那些隨意性與鬆散性，而是岀現了一種端正穩定、規範整齊、均勻協調，雖有行無列，卻井然有序之書風，是為西周中晚期金文書法的經典作品。

（十）

細數慎堂近年所獲青銅器銘文拓片，以源自陝西扶風地區所示青銅器作品為數量最多。圖版031—033，是一九七五年三月扶風縣法門公社莊白村西周墓葬出土的一對㦛方鼎和一個㦛簋。㦛方鼎甲器之通高二十七點五，口橫二十六，口縱十七，腹深十五點五釐米，重六點五一九公斤。鼎之體呈橢方形，窄沿，方唇，下腹向外傾垂，口沿上有一對立耳。有蓋，蓋面平整，蓋沿下折，中置一環鈕，蓋之四角有曲尺形扉，倒置之似可作案俎。器之頸部飾以雲雷紋襯底之夔龍紋，夔無足，垂冠回首，尾下卷作刀形，其下加飾一道陽弦紋，他則素面。器蓋同銘，各鑄八行共六十五字，重文二字（插圖㊻）。㦛方鼎乙之通高二十二點五，口橫二十一點二，口縱十六，腹深十三點五釐米，重三點九一公斤。佚蓋，器與紋飾與甲器同。內壁鑄銘十一行一一六字，重文三，合文二（插圖㊼）。銘文記王命㦛禦淮夷事，可與彔㦛卣銘對應，當穆王世之器也。查上海博物館亦藏有一㦛簋，傳世之品，鑄銘僅見三行十七字。又，㦛簋者，通高二十點三，口徑二十二點三，腹深十二點三釐米，重約五公斤。有蓋，高隆起，上有圈狀捉手。器作斂口，微束頸，腹部豐圓有下垂感，矮圈足。器之兩側設以兩豎冠立鳥形大耳，鳥嘴尖銳，瞪目直望，具嚴厲之態。下有珥，浮雕鳥足代之。其蓋面與器身均飾垂冠卷尾之大鳳鳥紋，圈足飾三重式弦紋。蓋器同銘，各十一行一三四字，重文二字（插圖㊽），言器主㦛受王命抵禦淮戎勝得以賞賜事。其器型獨特，裝飾華麗，乃西

插圖㊻
㦰方鼎（甲器）銘拓

插圖㊼
㦰方鼎（乙器）銘拓

插圖㊾
陵方罍銘拓

插圖㊿
王盂銘拓

插圖㊽
㦰簋銘拓

案：㦰簋，西周穆王世器，一九七五年陝西省扶風縣法門公社莊白大隊出土，今歸陝西省周原博物館收藏。器蓋同銘，各十一行共一百三十四字，言器主㦰受王命抵禦淮戎獲勝得以賞賜事。其字體圓潤，筆畫流轉，書風優雅端麗，行氣疏松，乃彼時之典型作品。

插圖51
伯幾父簋蓋銘拓

插圖52
習尊銘拓

插圖53
鬮卣銘拓

插圖54
鄧叔山父簋蓋銘拓

插圖55
伯公父盨蓋銘拓

周青銅簋之上品也。三器作銘風格規整，字體圓潤，筆畫流轉，書風頗為優雅。

圖版040—055共十六幀銘拓，其原物皆為上世紀六十年代至本世紀初陝西扶風地區所出土之青銅器，歸周原博物館收藏。其雖鑄銘字數不為多，但皆字體精美者，余集而裝池合成十六條屏，以饗同道也。若西周早期之陵方罍，一九七六年陝西扶風縣法門公社莊白村一號窖藏發現。其通高三十八點二，腹深三十三釐米。佚蓋。器為高頸，直口，溜肩，收腹，肩之兩側置一對獸首銜環耳，下腹有一獸首繫鈕，頸下肩表飾浮雕圓渦紋與獸首。器內口鑄銘三行九字（插圖㊾）。若西周早期之王盂，一九九四年陝西扶風縣法門鎮莊白村劉家組發現。其殘高十四，底徑四十，圈足徑四十四點六釐米。底內凹，圈足沿下折成較高的邊圈，上飾雲雷紋組合而成對稱的獸面紋，頗為精緻，是乃典型的西周早期紋樣。內底鑄銘二行八字（插圖㊿）。若西周中期伯幾父簋，一九八一年陝西扶風縣黃堆鄉強家村一號西周墓出土。其通高十八點三，口徑十八點一，腹深十釐米。器為弇口，鼓腹，有一對獸首銜環耳，圈足較高，下連鑄三個小足。蓋沿與器沿飾雲雷紋襯底之昂首分尾鳳鳥紋，下腹為多重瓦紋。蓋器同銘，各二行十四字（插圖51）。若西周中期之習尊，一九七六年陝西扶風縣雲塘村西周墓出土。其通高二十，口徑十七點五，腹深十六點六釐米。其造型已具有大口筒狀三段式向低體垂腹型過渡之特徵，圈足變矮，沿下折，腹微鼓，間飾雲紋帶，中部浮雕一貘首。內底鑄銘二行九字（插圖52）。若西周中期之鬮卣，一九七六年陝西扶風縣雲塘村十三號墓出土。佚蓋。其通高二十四點三，口徑最寬處為十二點八，腹深十三點九釐米。器呈橢圓形，長子口，鼓腹，頸兩側有環鈕套接獸首提梁，器頸飾兩道雷紋帶，間有浮雕獸頭。內底鑄銘二行八字，合文一字（插圖53）。若西周晚期之鄧叔山父簋蓋，一九六〇年春陝西扶風縣黃堆公社召陳村西周銅器窖藏出土，曾散失，一九八一年徵集回歸，另有一蓋三器分藏他處。此蓋高七，口徑十九點一釐米。蓋面隆起，上有圈狀捉手，捉手內飾盤龍紋，蓋沿飾重環紋，上有多層瓦紋。蓋內鑄銘三行十三字（插圖54）。若西周晚期之伯公父盨蓋，一九七六年陝西扶風縣雲塘村窖藏發現。器佚。蓋通高八，口縱十五點五，橫二十三點四釐米。蓋呈橢方形，上有四卷夔形扉，蓋頂見有夔紋，夔龍之卷鼻與尾均作龍首。蓋沿飾重環紋，其上有多重瓦溝紋。蓋內鑄銘二行十三字（插圖55）。若西周晚期之伯公父壺蓋，一九七六年陝西扶風縣雲塘村窖藏發現。其高十點九，口徑十點七釐米。蓋作長子口，蓋面微隆，上有圈狀捉手，頂飾卷夔紋，捉手飾鱗紋，蓋沿飾變形夔龍紋。蓋內鑄銘六行十七字，重文二字（插圖56）。若西周晚期之伯多父盨，一九七六年陝西扶風縣雲塘村一號窖藏

發現，同出四盨，此為丙器。其通高二十點八，口橫二十四點九，口縱十六點八，腹深十點四釐米。器呈橢方形，斂口，鼓腹，有一對獸首耳，圈足外撇，蓋上有四個曲尺形扉，蓋沿與器沿、圈足皆飾變形獸體紋，腹部飾瓦紋。蓋器同銘，各二行十字（插圖57）。若西周晚期之弈仲雩父甗，一九七六年陝西扶風縣莊白村二號西周銅器窖藏發現。其通高四十七點五，口縱二十三點二，口橫三十一點五，腹深二十一點五釐米。器為連體式，甑部長方箱形，有一對立耳，腹內有箅，鬲部分襠，四足鬲，腹飾目紋。器內壁鑄銘二行七字（插圖58）等等。這些器之銘文雖然不過十數，但皆規整精緻，西周中晚期金文書風可見一斑也。

當然，像出現在西周晚期的師同鼎（圖版060）這種鑄銘多字者亦不在少數。是鼎一九八一年十二月陝西扶風縣黃堆鄉下務子村西周青銅器窖藏發現，亦藏周原博物館內。其通高三十五，口徑三十四，腹深二十點五釐米，重十點五公斤。器作窄沿外折，口沿上有一對立耳，深腹，圜底，三足若蹄形，口沿下飾一週重環紋，其下加飾一條弦紋，未有他飾。器之內壁鑄銘七行五十四字，重文二字，合文一字（插圖59）。銘文記述器主師同從征封伐鬼方，斬殺並俘獲敵人，並得到不少戰利品，又繳得銅豆鼎之類金屬製品，用以鑄成此鼎，此作紀念之事。這對於研究西周後期歷史，尤其是與彼時北方少數民族關係等提供了重要資料。攷師同者，此名曾在前述之永盂銘中出現，可見師同之任職歷經了多個王世。

圖版065所示的宰獸簋更是一件出土於扶風地區的鑄銘洋洋灑灑、字數過百的西周中期後段之重器，一九九七年七月陝西扶風縣段家鎮大同村西周墓出土，今歸周原博物館所藏。其通高三十七點五，口徑二十四點五，腹深十三釐米，重十四點四公斤。器為侈口，束頸，鼓腹，有一對獸首耳，下見較長之垂珥，圈足連鑄方座。有蓋，蓋面隆起，上有圈形捉手，捉手外和蓋沿均飾雲雷紋襯底之變形獸體紋樣，蓋上和腹部飾覆瓦紋，圈足與頸部飾獸目交連紋，方座四壁亦各飾以雲雷紋襯底之獸目交連紋。蓋內鑄銘十二行，共一二九字（插圖60），記述周王在師彔宮冊命宰獸之全過程，這也是迄今所見記錄西周冊命制度最完整的銘文之一。

綜觀上述兩器，雖然在鑄造時間上有跨度，但就書風而言，通篇皆甚為精美，字形大小兼之，字行之距錯落有致，規範中富有變化，筆路圓潤，優雅中飽含張力，乃西周金文書法之典範作品也。

插圖56
伯公父壺蓋銘拓

插圖57
伯多父盨（丙器）銘拓

插圖58
弈仲雩父甗銘拓

（十一）

圖版070西周中晚期幷人妄鐘，一九六六年冬陝西扶風縣黃堆公社齊鎮出土，今歸陝西寶雞青銅器博物院收藏。其通高五十四，甬高十六，銑間三十二點五，鼓間二十二，舞修二十七點五，舞廣十九釐米。甬中空，篆間飾雙頭獸紋，斡飾目雲紋，舞飾粗雲紋，鼓部飾夔鳥紋，右鼓有以一鸞鳳紋，以作基音點標誌。鉦間及左鼓有鑄銘，共八行四十八字，其中重文八字（插圖61）。上海博物館亦藏有一枚幷人妄鐘，傳世之品。其通高六十九點五，舞修二十六點五，舞廣三十二點八，鼓間二十九，銑間三十八釐米，鑄銘七行四十三字，重文二字。據銘文可知，此鐘為首枚也，且可與扶風所示之妄鐘銘續讀，祇是啟首之"處"字乃銜接文耳。除上述兩鐘外，傳其有五枚妄鐘存世，查得藏於東瀛有二：其一原潘祖蔭、端方舊藏，今歸日本東京書道博物館，鑄銘內容與扶風鐘同；其二原劉喜海、陳介祺舊藏，今亦歸泉屋博古館收藏，鑄銘內容與上博鐘一致。則另一妄鐘不知所踪。又，楚公冡鐘，一九九八年七月陝西扶風縣黃堆鄉召陳村西周青銅器窖藏發現，現藏陝西省寶雞市周原博

插圖59
師同鼎銘拓

案：師同鼎，西周晚期器，一九八一年陝西省扶風縣黄堆鄉下務子村西周青銅器窖藏發現，今歸陝西省寶雞市周原博物館收藏。器之內壁鑄銘七行共五十四字，言器主師同從征討伐鬼方事。其書風端莊嚴謹，字體圓潤遒美，筆畫柔中帶剛，優雅中飽含張力，乃西周晚期金文書法之典範作例。

插圖60
宰獸簋銘拓

案：宰獸簋，西周中期後段器，一九九七年陝西省扶風縣段家鎮大同村西周墓出土，今歸陝西省寶雞市周原博物館所藏。蓋之內鑄銘十二行共一百二十九字，言周王在師彔宮冊命宰獸之事。其通篇端麗精美無比，字行之距錯落有致，規範中富有變化，筆路圓潤，優雅中見出俊健，實為西周中晚期金文書法之典範。

插圖61
井人妄鐘銘拓

插圖62
楚公豪鐘銘拓

物館內。其通高三十三，甬高七點六，銑間十八點七，鼓間十三點九，舞修十五點五，舞廣十三釐米。長腔，長甬，甬之斷面呈圓形，幹旋齊備，枚為平頂。兩段式旋飾目雷紋，鉦、篆、枚之間隔以微凸之弦紋，篆間飾兩頭龍紋，隧部飾交疊式雷紋，鉦間鑄銘二行十七字（插圖62）。同銘同形之楚公豪鐘共五枚，依尺寸，前三者皆藏日本京都泉屋博古館，早歲曾在陳介祺處，後流出。鐘之五僅見著錄，未知藏身處，唯此楚公豪鐘之四有明確出土地點，彌足珍貴。又，南宮乎鐘，亦扶風之地所出，一九七九年扶風縣南陽公社五嶺大隊豹子溝出土，今歸陝西扶風博物館收藏。此鐘作為國家一級文物，備受關注。其通高五十四，甬高十九點八，銑間二十八點七，鼓間十九點八，舞修二十三點五，舞廣十六釐米，重二十九公斤。其高枚長甬，旋作夔龍狀，幹與篆間飾竊曲紋，甬上飾環帶紋，鼓部飾夔鳥紋，右鼓一鸞鳥，作為基音點標誌。甬上鉦間及左鼓部皆鑄銘，共十二行六十八字（插圖63）。攷南宮乎者，陝西省歷史博物館所藏之山鼎，亦稱膳夫鼎銘，有“南宮乎人右膳夫山人門”之記，故推知南宮乎鐘應與山鼎同期，即西周宣王世器也。南宮乎鐘之特點有二：一是鑄於甬上銘文有三行十六字之多，頗為少見；二是其內壁鑄有調音槽。通常情況下，人們祇知弦樂器需要調音，以保證其音準，殊不知三千多年前的編鐘亦需要進行調音才可奏之，這是西周中晚期周人鑄造編鐘頗具特技含量之發明。西周晚期以後，編鐘的鑄造進入了新的發展期，其數量也大為增加。這體現了周人對樂懸制度的重視，其音量亦遠超以往，南宮乎鐘的出現為今人研究周樂提供了珍貴的實物資料。

最值得一提的是出土於一九八五年八月陝西眉縣馬家鎮楊家村西周青銅器窖藏的逨鐘。其通高六十五，舞修三十二，舞廣二十三，銑間三十六，鼓間二十六釐米，重四十四公斤。幹上飾獸目交連紋，篆間飾雲紋，鼓部飾夔鳳紋，鉦間與左右鼓部連鑄十五行，共一二九字（插圖64）。銘文大意是器主逨之祖先曾事先王並受恩惠，受天子賜封虞林一職，逨弘揚天子美德，為紀念其父龔叔而作此套編鐘。這應該是八件為一套的編鐘，編為甲、乙、丙、丁、戊、己、庚、辛，被盜出土，經全力追繳，得逨鐘乙、丙、丁、辛四器，今歸藏於陝西歷史博物館。後知一九八九年，同套之逨鐘甲器已入藏美國克利夫蘭藝

插圖63
南宮乎鐘銘拓

插圖㉔
逨鐘銘拓

案：逨鐘，西周晚期器，一九八五年陝西省眉縣馬家鎮楊家村西周青銅器窖藏發現，今歸陝西歷史博物館收藏。其鉦間與左右鼓部連鑄十五行共一百二十九字，言器主逨之祖先曾事先王並受恩惠，受天子賜封虞林一職，逨弘揚天子美德，為紀念其父龔叔而作此套編鐘事。鐘之書風端秀典雅，屬纖麗甜美一路，字形圓潤柔和，字之間距與行距不拘一格，自然隨意，錯落有致，極富美感也。

插圖65

池陽宮銅行鐙銘拓

案：池陽宮銅行鐙，西漢宣帝世器。器之壁刻銘十四行共二十九字，曰："池陽宮銅行鐙重二斤六兩甘露四年工虞德造守屬陽徼邑丞聖佐博臨。"皆以小篆體為之，字體方正，且筆道堅定有力，如秦詔版一路，極美品也。

術博物館，逑鐘庚器歸紐約首陽齋范季融處，餘逑鐘之戊器與己器未知何處矣。余之所獲乃逑鐘丙器之原拓，實在稀品也。

西周之鐘銘大多鑄而為之，上海博物館自香港購回之晉侯蘇鐘則是刻銘，甚稀也。曾有非議，然晉墓中有原物為證，不攻自破。

西周中晚期之鐘銘書體與同期他器基本相類，中規中矩，排列整齊，字形圓潤，屬俊秀甜美一路，至春秋初，則變以如秦公鐘之類的篆法新樣。

（十二）

本編的尾聲部分是一件頗多興味的西漢時期銅鐙，比之前述的商周銅器，它的輯入似乎有些勉強，但其所擁有的"特殊身份"倒是可以說一說的。

癸卯秋，吳郡廉亮兄持池陽宮銅行鐙見我，大驚也！

池陽宮銅行鐙，漢器也。其連柄通高七點九，直徑十一，柄長十三，足高三點八釐米。器作扁圓形，附三蹄足，微外侈，側高長柄狀，如瓢葉而略上揚。其壁上圍刻銘文十四行，計二十九字，曰："池陽宮銅行鐙重二斤六兩甘露四年工虞德造守屬陽徼邑丞聖佐博臨。"又，一足底見一"莊"字，皆以小篆體為之，字體方正，且筆道堅定有力，如秦詔版一路，極美品（插圖65）。池陽宮銅行鐙銘，觀銘文可知，此鐙於漢宣帝甘露四年由工匠虞德為池陽宮所造。《漢書·宣帝記》載:"甘露三年上自甘泉宿池陽宮" ，則可推知此鐙為漢宣帝行幸池陽宮後一年所造。池陽，地名，漢惠帝四年置池陽縣。池陽宮，因地而名，漢帝之離宮，初建年代不詳。其遺址在今咸陽城東北六十二公里處三原縣嵯峨鄉天齊原上，北起東狼溝村，南越涇陽龍泉鄉界，西至天井岸村，東達後坡頭村，惜僅存部分臺基，無他可尋矣。唯此銅質行鐙實物存世可證，此其珍貴之一也。珍貴之二，此鐙銘明確為宮中行鐙，亦即漢帝之日常用具，故其宮廷器用之身價非同一般也。珍貴之三，此鐙流傳有緒，著錄頗豐，據《重修泾陽縣志》載，池陽宮鐙曾經典史姜君榮所藏。典史，古之縣令之佐雜官。又據《陝西石刻文獻目錄集存》 載，姜氏乃吳縣人，道光間曾任泾陽縣尉，傳《張倅墓誌銘》即其所藏，可知其收藏興趣。後劉墉侄孫劉喜海在陝西任延榆绥道，當於是時獲藏池陽宮銅行鐙。劉氏字吉甫，號燕庭，富收藏，精鑒賞，尤嗜金石，得此寶鐙詳作攷釋，又賦《池陽鐙歌》。今見紅木鐙座上所刻洋洋灑灑之詩文，足以說明其酷愛程度。劉喜海之後，銅鐙移藏至簠齋陳介祺處。陳與劉相交甚篤，又同為山東籍人士，興趣愛好更是十分一致，劉過世後所藏部分金石類名品多歸簠齋購藏，其中就包括池陽宮鐙在內。其不僅將劉喜海對此鐙之題跋全文及長歌悉數收錄於《簠齋金石文攷釋》之中，更補以漢鐙攷記，再一次對漢代之青銅鐙進行較為系統與全面之梳理，故劉氏或陳氏有關池陽宮鐙之拓片並題跋一度在市肆流出，頗受金石愛好者追捧。然我們發現，池陽宮銅行鐙之座上除了劉氏刻詩及收藏印記外，又有一段跋文，即己巳年雪庵步陳簠齋後得此銅燈。推知己巳年即公元一九二九年，雪庵乃海上巨富周湘雲是也，則池陽宮鐙再於彼時轉藏至周雪盦處。其亦富藏金石名品，尤將陳介祺不少重器歸入家中，又與金石諸家如羅振玉、褚德彝、趙叔孺、王福庵等過往甚密，其大多收藏印皆由叔孺所治。有趣的是，此漢宮鐙之錦盒上之王福庵題簽有云 "池陽宮鐙二弩精舍藏器，福厂王禔獲觀並題"。 二弩精舍即趙叔孺齋名，可知此鐙更入叔孺之手。其之後銅鐙終歸吳樸堂。吳氏殊為珍視此寶，以"味鐙室"顔其齋，更遍邀是時之名家為之作《味鐙室圖》，如吳湖帆、謝稚柳、唐雲、申石伽、高络园、钱镜塘、张石园等，以吳謝唐製圖最精，並請王福庵、吳湖帆、潘伯鷹、冒廣生、周煉霞諸賢題記吟詩，是可謂藝林盛舉也。

余入職上博，因拜觀樸堂先賢以鐵線篆所治館藏用印佩服得五體投地，又傳聞其嘗鐵筆一方《曹雪芹之印》"戲弄"一衆紅學者而讓我捧腹不止，更因其"文化大革命"初被小人讒言而蒙難，令人痛惜！我雖未與吳公謀面，今日觀此古鐙則如見其人，那種愛物如命、珍藏之細膩程度乃我輩追摹不及也。故亦拓其銘，摹其銘，且集而成卷，朱批墨題，題之又跋，並附於是編末端，以與同道共饗也。

要之，本編對於商周青銅器銘文拓片的釋讀與題記是下了些工夫的，這不僅僅著眼於銘文內容的本身，而且對商周金文書體書風作了一次美的瀏覽和較為全面的點評。因為在那個漫長的歷史時期內，作為中國書法表現形態的先秦文字，已不再是"畫八卦，造書契以代結繩"，更不是朦朧、神秘、奇譎的圖像符號，而是具備了用筆、結體、章法之書法大要，孕育着書法藝術之美的萌芽。從藝術形態上看，這些鐘鼎彝器上的鑄銘當屬大篆書體，它們經過了初創、發展、演化和成熟等不同階段，最終統一為小篆書體。盡管這種大篆（或稱古籀）書體的流行期距離我們現在達三千多年之久，它那古雅純樸的藝術形態至今為書法愛好者所激賞，甚至到了一種如醉如痴、無休止追求的地步。面對這一件件具體的作品，人們不僅僅需要在其中獲取美感，還希望在這種書體的完整發展過程中窺覓中國書法的某種原始內涵，找尋出華夏民族實用文字藝術觀形成的支點，甚至弄清楚我們的祖先在創作這些把主客觀世界融為一體的文字上面傾注了多少激情與意念。因此，金文（即大篆）——這種先秦書法的藝術主體雖然對記錄上古語言的符號的美化作用已經成為歷史，但它的自身價值並未消逝，而那些沉積下來的審美趣尚卻被人們在之後的書法藝術創作活動中重新表達了出來，這便是商周金文書法的魅力所在。

慎堂季崇建

甲辰年夏至日寫於建業文房之南隅

目錄 Catalogue

001 亞褱饗鼎銘文拓片
'Ya Fu Xiang' Ding vessel (rubbing)

商晚期
內壁後　縱 5.7 釐米　橫 5 釐米
內壁前　縱 9 釐米　橫 5 釐米

釋文　內壁後鑄銘
嚮（饗）

內壁前鑄銘
亞褱竹宔矨（知）光䥝

題一　商亞褱饗鼎，癸卯年正月海上慎堂崇建題首。

題二　去歲偶獲此拓，傳民國時故宮舊拓，故可推知此鼎曾入藏故宮，今據吳鎮烽著書言國博收藏，後調撥之乎？待核也。崇建又及。

題三　商器中鑄銘嚮（即饗）者可見若干，如上海博物館所藏之饗爵，美國佛利爾博物館藏饗方斝，而美國舊金山亞洲藝術博物館，更有饗字銘壺、鼎等三器。余在主持崇源首拍亦獲善齋藏饗壺一器，今歸滬上張氏庋藏。慎堂再題。

季按：此鼎因嚮銘有釋"鄉""宁"二字，故亦稱亞褱鄉宁鼎，乃商代晚期之器。鼎為窄平沿，口沿上有一對立耳，鼓腹淺分襠，三條柱足，頸部飾雲雷紋，腹飾上卷角獸面紋，以雲雷紋襯底。其內壁前後皆鑄銘，後壁鑄一字，前壁見七字。此鼎見有著錄多處，如一九四二年黃濬撰集之《鄴中片羽三集》即見此銘拓，應為較前著錄者，新中國成立亦見著錄若干，器歸國家博物館藏。

鈐印　慎堂藏拓
慎堂藏拓
愛不釋手
季氏
崇建印信
崇建
慎堂
心血來潮
季氏
崇建

商亞㠱饗鼎

癸卯年正月海上慎堂學建題首

右藏器雖以拓傳民國時故宮舊拓均可據知此鼎曾入藏故宮亦據吳鎮烽著書言國博所藏得調撥之事待校也　學建又及

內壁後鑄銘

釋文

鄉（饗）

內壁前鑄銘

釋文

亞㠱竹室矨（知）光徽

為器外鑄銘鄉（即饗）字可見若干件上海博物館所藏之饗爵美國佛利爾博物館藏饗方斝而美國舊金山亞洲藝術博物館更有饗字銘壺具等三器余生平於學海首拍亦獲為齋藏饗壺一器今歸滬上張氏庋藏　慎堂存題

季按　此鼎因饗銘有釋鄉宁二字故亦稱亞㠱鄉宁鼎乃商代晚期之器鼎為窄平沿口沿上有一對立耳鼓腹淺分檔三條柱足頸部飾雲雷紋腹飾上卷角獸面紋以雲雷紋襯底其內壁前後皆鑄銘後壁鑄一字前壁見七字此鼎見有著錄多處如民國二十年黃濬攥集之鄴中片羽三集所見此銘拓應為較早著錄者新中國成立亦見著錄若干當歸國家博物館藏

古亞簋

北京故宮博物院藏
《故宮青銅器圖典》著錄

002 古亞簋銘文拓片
'Gu Ya' Gui vessel (rubbing)

商晚期
蓋　縱 9 釐米　橫 5 釐米
器　縱 10 釐米 橫 5.5 釐米

釋文　蓋之鑄銘
己亥王易（賜）貝 / 才（在）𠨘（管）用乍（作）/ 父己隩（尊）彝亞古

器之鑄銘
己亥王易（賜）貝 / 才（在）𠨘（管）用乍（作）/ 父己隮（尊）彝亞古

題　商古亞簋，癸卯年元月，海上慎堂季崇建題首。

季按：是簋亦稱作父己簋，乃商晚期之器，傳出河南洛陽，原藏章乃器處，今歸北京故宮博物院收藏。其通高二十二點四，口徑二十點三，寬二十六釐米。器為圓體，深腹，腹側置一對獸耳。圈足，有蓋，蓋頂有圈狀捉手，蓋沿、器頸與圈足均飾夔紋組成之獸面紋，頸之前後各一犧首，器、蓋各十五字。

鈐印　慎堂藏拓
慎堂藏拓
癸卯
季氏
崇建印信
心賞
季氏
崇建
慎堂藏拓
季崇建印

商古亞簋

癸卯年元月海上慎堂季學建題首

蓋之鑄銘

釋文

乙亥王易（賜）貝
才（在）[illegible]（管）用乍（作）
父己隩（尊）彝亞古

器之鑄銘

釋文

乙亥王易（賜）貝
才（在）[illegible]（管）用乍（作）
父己隩（尊）彝亞古

季按是簋亦稱作父己簋乃商晚期之器傳出河南洛陽原藏章乃器後歸北京故宮博物院收藏其通高二十二點四口徑二十點三寬二十六釐米器為圓體深腹腹側置一對獸耳圈足有蓋蓋頂有圈狀捉手蓋沿器頸與圈足均飾夔紋組成之獸面紋頭頭前後各一犧首器蓋各十五字

耶簋

北京故宮博物院藏

《故宮博物院藏文物珍品大系·青銅禮樂器》著錄

003 耶簋銘文拓片

'Ting' Gui vessel (rubbing)

商晚期

器 縱 9.7 釐米 橫 5.6 釐米

釋文 易（錫）貝二朋用乍（作）大子丁𦘔 / 耶亯（享）京麗 / 辛巳王畬多亞

題一 商晚耶簋，癸卯年二月初五，海上慎堂崇建題首。

題二 此拓片頗為特殊，銘文反鑄。然故宮博物院所編之《故宮青銅器館圖錄》著錄時則將銘文拓片轉正，似為釋讀之便，然原狀反映不實，未妥也，余依原貌重裝並題之。

季按：是簋乃商代後期器，原藏章乃器處，一九六〇年捐贈北京故宮博物院。其通高十四點二，口徑十九點七釐米。器為折口，直壁，深腹，雙耳，圈足，頸飾獸面紋一周，間有凸起犧首。兩個圈足飾獸面紋，耳上部飾獸頭，下有垂珥，器內壁鑄銘三行二十字，言貴族宴饗賞賜事。

鈐印 慎堂藏拓
癸卯
季氏
崇建印信
慎堂
崇建
心賞
季氏
崇建
季崇建印
慎堂藏拓

商晚耶簋

癸卯年二月初五湖上慎堂崇建題首

器內壁鑄銘拓片

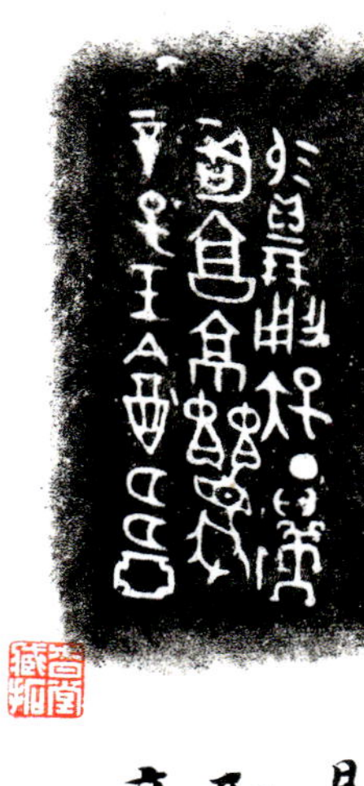

釋文

易(錫)貝二朋用乍(作)大子丁𠭯

耶亯(享)京麗

辛巳王畬多亞

此拓頗為特殊，銘文反鑄，經故宮博物院所編之故宮青銅器館圖錄著錄時則將銘文拓片轉正，似為釋讀之便，然原狀反映不實，未妥也。余依原貌重裝並題之。

季按：是簋乃商代晚期器，原藏章乃器處，一九六零年捐贈北京故宮博物院。其通高十四點二，口徑十九點七釐米。器為侈口直壁深腹雙耳，圈足，頸飾獸面紋一週，前有凸起犧首，兩側圈足飾獸面紋，耳上部飾獸頭，下有垂珥。器內壁鑄銘三行二十字，言貴族宴饗賞賜之

004 釗鬲銘文拓片

'Shi' Li vessel (rubbing)

商晚期

縱 7 釐米　橫 5 釐米

釋文　乍（作）父乙彝亞沚 / 光商（賞）釗（倢）貝用 / 桒□才（在）寢（寢）王 / 庚寅釗（倢）

題一　商晚釗鬲，癸卯年二月初八，海上慎堂崇建題首。

題二　此拓傳為民國時故宮博物院舊拓，故推知原器應庋藏於故宮內。其著錄多處，流傳有緒，據羅振玉一九三〇年所撰集之《貞松堂集古遺文》所記"此器近年出土"，則可知釗鬲當在一九三〇前已存世也。崇建再題。

季按：是鬲乃商代晚期器，原藏陶祖光、劉體智，今或為故宮博物院所藏。據劉體智《善齋吉金錄》所記，其身高六點四，口徑六點四，耳高一點四寸。器為侈口，束頸，口沿上有一對立耳，溜肩，分襠，三足下端呈圓柱狀，頸部飾雷紋與浮雕之獸頭。內壁鑄銘四行十九字，現存十八字。

鈐印　慎堂藏拓
慎堂藏拓之印
癸卯
季氏
崇建印信
慎堂
崇建
心賞
季氏
崇建
季崇建印
慎堂藏拓

商晚鄉鬲

癸卯年二月初八濟上慎堂樊建題首

器內壁鑄銘拓片

釋文

乍（作）文乙彝亞址
先商（賞）鄉（健）貝用
棄□才（在）寝（寢）王
庚寅鄉（健）

此拓傳為民國時故宮博物院舊拓按知原器應屬藏於故宮內其
著錄多據海內傳有諸齋羅振玉一九三零年所撰集之貞松堂集古遺
文所記此器近年出土則可知鄉鬲當在一九三零年前已存世也樊建又題

樊按是鬲乃商代晚期器原藏陶祖光劉體智等或為故宮博物院所藏據劉體智善齋吉金錄所記其鬲高六點四口徑六點四耳高一點四寸器為侈口束頸口沿上有一對立耳溜肩分襠三足六端呈圓柱狀頸部飾雷紋與浮雕之獸頭內壁鑄銘四行十九字現存十八字

二祀邲其卣

北京故宮博物院藏

《故宮博物院藏文物珍品大系·青銅禮樂器》著錄

005 二祀邲其卣銘文拓片

'Er Si Yi Qi' You vessel (rubbing)

商晚期
蓋　縱 11.4 釐米 橫 7 釐米
器内　縱 9.4 釐米 橫 6.8 釐米
器外　縱 12 釐米 橫 12 釐米

釋文　蓋之内底鑄銘

亞獏父丁

器之内底鑄銘

亞獏父丁

器之外底鑄銘

丙辰王令（命）邲[1] / 甾（其）兄（貺）麗 / 扗（于）夆[2]田渴穹[3]（賓）/ 貝五朋[4]才（在）正月遘 / 扗（于）匕（妣）丙[5]彡（肜）日大乙。爽[7] / 隹（唯）王二祀既 / 娥[8]扗（于）上下[9]帝

朱批　1. 邲，亦可釋郯。2. 夆，地名也。3. 穹，賓，贈也。《國語·楚語下》"公貨足以賓獻"，韋昭《注》"賓，饗贈也"。4. 五朋，合文。5. 匕丙，合文。6. 大乙，合文。7. 爽，亦可釋儷。8. 娥，假借祼，即灌酒之祭。9. 上下，合文。

題　商二祀邲其卣。

傳在一九四〇年河南安陽出土，甚殘。初歸陳鑑堂，交張蘭會脩復，後經張沛霖、蘇體仁、章乃器遞藏，今歸北京故宮博物院收藏。癸卯正月，海上慎堂並識。

季按：是卣亦稱二祀𠨘其卣，乃商代晚期器。其通高三十八點四，口徑十六釐米。器體橢圓，斂口，隆蓋出沿，鼓腹，圈足，肩有雙鈕，套鑄扁提梁。蓋頂有花卷鈕，提梁飾蟬紋，蓋面與器頸飾象鼻形獸紋，圈足飾龍紋。提梁曾殘斷，有後補一段，蓋口及圈足亦多破殘，後經脩復如原貌。頸部之前面獸頭即原狀未損，後面之獸頭係後配也，而頸以下至腹，皆後配。此器重在鑄銘，商器能見如此數十字亦屬珍貴，且鑄器之外底乃稀見也，又蓋器内底亦有同銘之鑄，奇哉！今獲此三拓，當寶之。

鈐印　慎堂藏拓
慎堂藏拓
慎堂藏拓
心賞
季氏
慎堂藏拓之印
崇建
季氏
崇建印信
慎堂

商二祀邲其卣

傳五九四零年河南安陽出土甚殘初歸陳鑑塘交張蘭會修複後經張沛雩蘇體仁章乃器遞藏以歸北京故宮博物院收藏　癸卯正月滬上慎堂並識

蓋之內底鑄銘

釋文
亞獏父丁

器之內底鑄銘

釋文
亞獏父丁

器之外底鑄銘

釋文

丙辰王令（命）邲（亦可釋邲）

甘（其）兄（貺）䖵（地名也）

邘（于）夆田渴宾（賓）（賓，贈也。國語·楚語下：公貨足以賓獻。韋昭注：賓，饗贈也）

貝五朋（合文）才（在）正月遘

邘（于）匕（妣）（合文）丙彡（肜）日大乙爽（合文）（亦可釋儷）

隹（唯）王二祀（合文）既

䍃（假借，謂邲灌酒之祭）邘（于）上下帝

季按是卣亦稱二祀邲其卣乃商代晚期器其通高三十八點四口徑十六釐米器體橢圓斂口隆蓋出沿鼓腹圈足肩有雙鈕套鑄扁提梁蓋頂有花苞鈕提梁飾蟬紋蓋面與器頸飾象鼻形獸紋圈足飾龍紋提梁曾殘斷有後補一段蓋口及圈足亦多破碎後經修復如原貌頸部正前面獸頭取原狀未損後面之獸頭係後配也兩頸以六至腹皆後配此器重在鑄銘為器所見如此數十字亦屬珍貴且鑄器之外底乃稀見也又蓋器內底亦有同銘之鑄奇哉今獲此三拓當寶之

006 母魚卣銘文拓片

'Mu Yu' You vessel (rubbing)

商晚期
器　縱 9 釐米　橫 7 釐米
蓋　縱 6.5 釐米　橫 5.5 釐米

釋文　器之鑄銘
母魚

蓋之鑄銘
母魚

題　商母魚卣，甲辰年立夏後一日，海上慎堂崇建題首。

季按：是卣乃商晚期器，一九四〇年河南安陽出土，今歸上海博物館收藏。其器呈橢圓，斂口，鼓腹，圈足，沿外撇，外罩式蓋沿，下折作束腰形，頂部有花卷鈕。頸兩側有半環套接索狀提梁，蓋頸部飾雲雷紋帶，前後增飾浮雕虎頭，圈足飾弦紋。器蓋同銘，各二字 "母魚"。

鈐印　慎堂藏拓
慎堂藏拓
慎堂
崇建
季
崇建印信
開來品拓

商母魚卣

甲辰年立夏後一日海上慎李學建題首

器之鑄銘

釋文

母魚

蓋之鑄銘

釋文

母魚

李按母魚卣乃商晚期器一九四零年河南安陽出土今歸上海博物館收藏其器呈橢圓形口鼓腹圈足沿上飾以罩式蓋沿上折作束頸形頂部有花苞鈕頸兩側有半環套接索狀提梁蓋頸部飾雲雷紋蕉葉其間增飾浮雕犧首頸圈足飾弦紋器蓋同銘各二字母魚

007 車方彝銘文拓片

'Che Fang' Yi vessel (rubbing)

商晚期
器　縱 7.5 釐米　橫 7 釐米
蓋　縱 4 釐米　橫 4.5 釐米

釋文　器
車

蓋
車

題一　商轈方彝，甲辰年三月廿八，海上慎堂季崇建題耑。

題二　是彝上世紀五十年代古董商喬氏曾以彼時三百萬作價詢問上海市文管會，未果，終歸北京故宮收藏。其著錄多處，以《巖窟吉金圖錄》為最早，建又及。

季按：此為商晚期器。器作長方形，直口，直壁，蓋為四阿屋頂形，脊中部有屋頂形鈕，圈足，每邊有門洞狀缺口。其裝飾樸素，蓋上與四壁上下各飾兩條弦紋。器蓋同銘，各鑄一"車"字，然字形與樣式反差極大，器銘陰文粗勁生辣，蓋銘陽文纖細柔美，甚妙也。

鈐印　慎堂藏拓
慎堂藏拓
甲辰
慎堂
崇建
季
季
崇建

商載方彝

甲辰年三月廿八海上慎堂季崇建題耑

彝

是器上世紀五十年代古董商喬氏曾以約的三百萬作價詢問上海市文管會未果後歸北京故宮收藏其著錄多處以巖窟吉金圖錄為最早 建又及

季按：此為商晚期器，器作長方形，直口直壁，蓋為四阿屋頂形，脊中部有屋頂形鈕，圈足每邊各門洞狀缺口，其裝飾樸素，蓋上與四壁上亦各飾兩條弦紋，器蓋同銘，各鑄一車字，然字形與樣式迥異極大，器銘陰文粗勁生辣，蓋銘陽文纖細秀雅，甚妙也。

008 葡盤銘文拓片

'Bei' Pan vessel (rubbing)

商晚期
盤表　縱 7.5 釐米　橫 6.8 釐米
盤內　縱 7.4 釐米　橫 7.4 釐米

釋文　葡（箙）

題一　商代葡盤，癸卯年閏二月初六，海上慎堂季崇建題首。

題二　此為楊季華所藏之民國葡盤舊拓，有盤表、內二拓，甚稀見。尤表拓所顯，楊曰"紋飾"，恐未妥，或一字也。崇建又題。

季按：此盤亦稱箙盤，商代晚期之器，北京故宮博物院舊藏。此銘拓著錄多處：一九五七年于省吾所編《商周金文錄遺》為最早，稍後如一九八三年嚴一萍所編之《金文總集》，二〇〇七年中國社會科學院考古研究所所編之《殷周金文集成》，以及近年吳鎮烽所編之《商周青銅器銘文暨圖像集成》，皆見之葡銘一拓。余偶獲盤之表一拓，字蹟若雙鈎，未可識也。

鈐印　慎堂藏拓
慎堂藏拓
慎堂藏拓
慎堂藏拓
癸卯
季氏
崇建印信
慎堂
崇建
季氏
崇建

商代葡盤

癸卯年閏二月初六海上愼堂李崇建題首

盤表之拓片

盤內之銘拓片

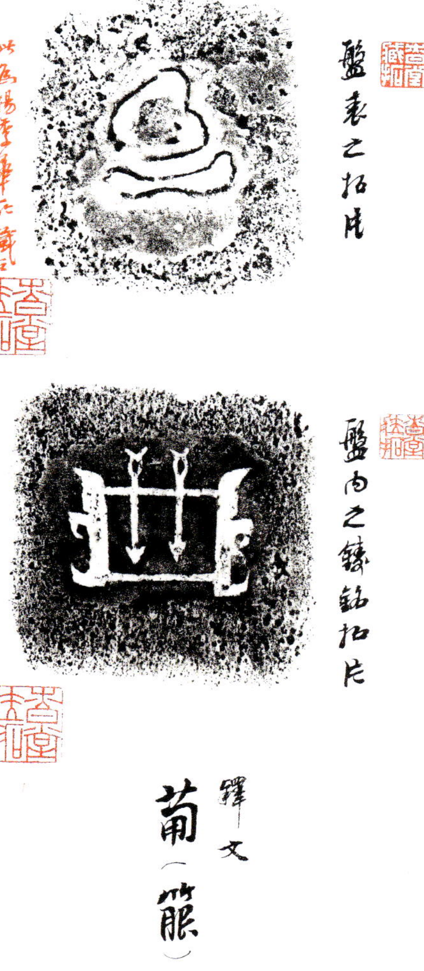

釋文

葡（箙）

此為楊季華所藏之民國葡盤舊拓有盤表內二拓甚稀見尤表拓所顯揚回紋飾其中含武一字也崇建又題

李按此盤亦稱箙盤商代晚期之器北京故宮博物院舊藏此銘拓著錄多處一九五七年于省吾所編商周金文錄遺為最早精印出版一九八三年嚴一萍所編之金文總集二零零七年中國社會科學院考古研究所所編之殷周金文集成收錄近年吳鎮烽所編之商周青銅器銘文暨圖像集成皆見之葡銘一拓余偶獲盤之表一拓字蹟若雙鉤未可識也

009 戈鉞銘文拓片

'Ge' Yue vessel (rubbing)

商晚期
正　縱 5 釐米 橫 4.5 釐米
背　縱 5 釐米 橫 4.5 釐米

釋文　戈

題一　商代晚期戈鉞，癸卯年仲夏，海上崇建題。

題二　此雙拓即戈鉞之長方形內上正背皆鑄之銘，頗稀見，僅知荷蘭萬氏所藏一戈鉞，同銘同期。是拓為民國之舊拓，今揀出重裝並識。慎堂。

季按：此雙拓得自金陵金石家楊季華所舊藏民國時故宮博物院收藏之《商周彝器款識集冊》，原器今未知歸於何處。吳鎮烽《商周青銅器銘文暨圖像集成》著錄有一戈鉞，應與此拓原物類，亦同時期。然據銘拓尺寸可推知，是鉞恐大於彼鉞也。

鈐印　慎堂藏拓

慎堂藏拓
慎堂藏拓
慎堂藏拓
別部將軍
癸卯
季氏
崇建印信
慎堂
崇建
季
季氏
崇建

商代晚期戈鉞

癸卯冬仲於海上李廷題

内上鑄銘拓片（正）

内上鑄銘拓片（背）

釋文

戈

此雙拓即戈鉞之長方形内上正背皆鑄之銘頗稀見僅知三代蘭篤氏所藏一戈鉞同銘同期是拓為民國之舊拓亦堪可重矣並識慎宏

李按此雙拓得自金陵金石家楊季華所舊藏民國時故宮博物院收藏之商周彝器款識集存原器只未知歸于何處吳鎮烽為周青銅器銘文暨圖像集成著錄有一戈鉞應與此拓原物類亦同時期然據銘拓尺寸可推知是鉞恐大於彼鉞也

慎堂所藏有周銅器銘文小品冊

序文

余入職上海博物館初研碑帖刻石有賴汪公慶正指導汪與吾父以東吳大學同窗自然方便不少又知其館長沈公之晚年時拜於家啟蒙先生陳公穉草門下豈不是同門師兄乎後偶遇馬公承源留我研習金石之學愧愧乎廿餘載一頭鑽進象牙塔內志我耕耘終有所獲也然

臨晉陽譜彝起拍賣一葉緣分似乎天賦般一千便是十年惜六場面支款卻因疾止乎矣但如此的翻來覆去總不滅我金石之緣餘暇博廣收金石之類總括之年九嗜銘拓器銅器銘刻石銘造像銘磚石銘已達數百近年更以重裝題跋釋自娛以陳西陝西寶雞地區所西有周青銅器銘文拓件中少字小品三十六幀集冊合為上下二函裝裱墨題以與同道共饗壬寅冬於海上慎堂學建

雪泥鴻爪

語出宋蘇軾和子由澠池懷舊詩人生到處知何似應似飛鴻踏雪泥泥上偶然留指爪鴻飛那復計東西以喻遺痕之珍貴也題爲銘拓小品初編堂建

《慎堂所藏商周銅器銘文小品冊》上、下

此套余冊頁共三十六開，皆陝西寶雞地區所出商周青銅器銘文少字之小品也，分編上下兩冊，余朱批墨題，以與同道共饗也。

商子亶鼎

壬寅冬月海上慎堂頓首

釋文

子亶

是拓去歲獲觀並入慎堂藏拓之陳以裝冊爲首頁學建記

季按子亶鼎乃商代晚期器一九七六年一九八一年間陝西省寶雞市渭濱區竹園溝西周墓葬出土今歸寶雞青銅器博物院收藏其通高二十一點九口橫十七點二口縱十四點一腹深八點六釐米器爲長方體平折沿口沿之上有一對立耳腹壁向下漸收四隅與四壁中線有扉棱平底四柱足口下飾夔龍紋腹飾以對夔組成之獸面紋均有雲雷紋襯底足飾則有變形蟬紋裝飾內壁鑄銘二字字字生辣結體端莊美哉

子亶鼎

陝西省寶雞青銅器博物院藏

《寶雞青銅器博物院藏商周青銅器》卷二著錄

商趩（或稱𨑻）父乙壺

壬寅冬月滬上慎堂題首

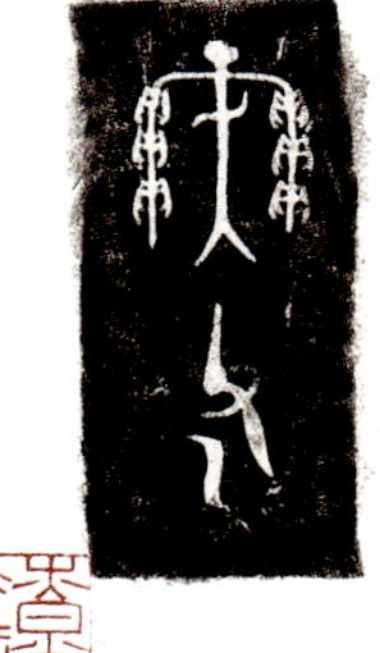

趩父乙壺蓋銘

釋文

𨑻（趩或𨑻）父乙

是拓獲得偶然時在辛丑六月陳出裝冊為頁二以與同道共饗之 學建

李按是壺乃商代晚期之器一九八零年六月陝西省寶雞市渭濱區竹園溝西周墓葬出土今歸寶雞青銅器博物院收藏其通高三十三點二口徑寬處十一點八腹深二十二點九釐米器呈橢圓體直口高頸鼓腹矮圈足蓋隆起上有圈狀捉手頸兩側有半環鈕套接提梁頸飾雲雷紋組成之獸面紋帶蓋沿飾一週雲雷紋腹部飾十字形凸起之寬帶紋樣蓋器同銘各三字首字隸定為趩或𨑻故器亦得二名也

趩父乙壺

陝西省寶雞青銅器博物院藏

《陝西金文集成·寶雞卷·8》著錄

商秉毌父辛鼎

壬寅冬月十一日海上慎堂題首

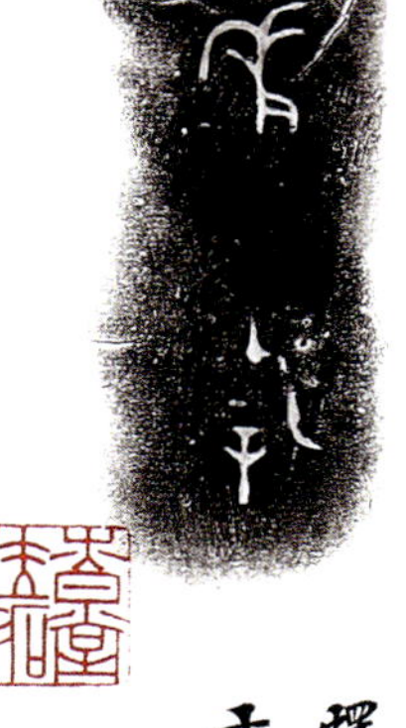

釋文

秉毌父辛

此鼎或稱秉干父辛鼎拓片偶獲今據以入冊編為頁三慎堂學達記

季俟墨鼎乃商代晚期至西周初之器一九七六年陝西省寶雞市渭濱區竹園溝西周墓葬出土今歸寶雞青銅器博物院收藏其通高二十一點二口徑十六點八腹深九點五釐米器為斂口窄平折沿方唇方形雙立耳鼓腹分襠三柱足前二足為補鑄頸以下腹壁飾三組獨立獸面紋其鼻梁微隆獸面兩側各一倒置之直身龍紋整個腹部以雲雷紋襯地頸部有一周連續雲紋內壁鑄銘四字第二字殘泐不清或釋毌亦有釋干者

秉毌父辛鼎

陝西省寶雞青銅器博物院藏

《寶雞青銅器博物院藏商周青銅器》卷二著錄

商目父癸鼎

壬寅冬月慎堂題首

釋文

目父癸

是拓去歲偶得寶雞青銅館藏品也。甲辰八月入冊編為頁四。海上學逸記

季按：此鼎乃商代晚期至西周初之器。一九七六年陝西省寶雞市竹園溝七號墓甲室出土，後歸寶雞青銅器博物院收藏。其通高二十四點一，口徑寬處為十六點二釐米。器為斂口，窄斜折沿，方唇，有方形雙立耳，深鼓腹，分襠，三柱足。頸部飾六組粗陽線獸面紋，腹部飾三組獨立式獸面紋，每組中心有扉棱，皆以雲雷紋襯底。然通體紋樣多見磨損，且周身留有煙炱痕跡，較重。內壁鑄銘一行三字。字型修美，線條纖細。

目父癸鼎

陝西省寶雞青銅器博物院藏

《寶雞青銅器博物院藏商周青銅器》卷二著錄

周父庚爵

壬寅暢月滬上慎堂題首

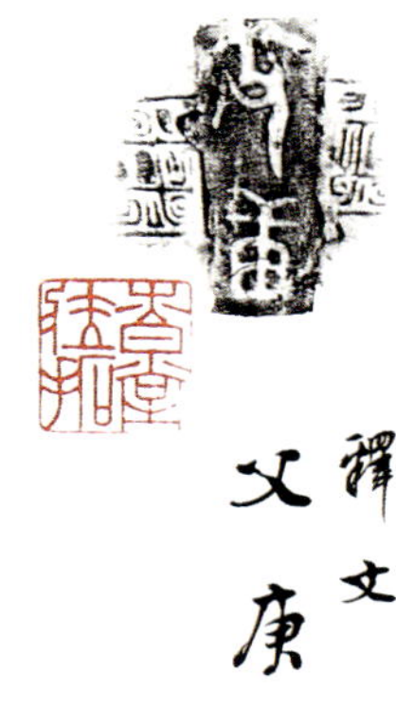

釋文

父庚

此拓偶獲頗愛之見銘文見紋飾亦博出裝池入冊編為頁五慎堂堂建記

季按是爵乃西周早期後段之器一九八一年陝西省扶風縣法門鎮齊家村西周墓葬出土今歸周原博物館收藏其通高二十二點三流長八點四腹深八點四釐米器身瘦高寬長流有尖尾長卵形腹口沿上有一對傘形柱腹內側有獸面浮雕裝飾之鋬腹下有三棱錐式足甚為挺拔其柱帽飾以雲紋腹飾三列雲雷紋組成之獸面紋鋬內鑄銘一行二字今獲古拓銘文紋飾皆拓出全在上傳亦習拓銅爵鋬內銘文上乘入墨工夫也

父庚爵

陝西省寶雞市周原博物館藏

《周原出土青銅器》卷九著錄

周豐公[illegible]鼎

壬寅仲冬慎堂題首

釋文

豐公[illegible]
乍(作)障(尊)彝

此拓得於市肆字字端麗賞心也矣
使之重裝集冊滿為頁六學建記

季按此鼎西周早期之器一九七六年陝西省寶雞市渭濱區竹園溝西周墓葬出土今歸寶雞青銅器博物院收藏其通高二十四口徑二十點二腹深十二釐米器口稍斂腹微鼓口沿上一對索狀立耳三隻柱足腹部上端有一條裝飾紋樣是為以雲雷紋襯底之變體夔龍紋間飾浮雕圓渦紋內壁鑄銘二行六字其中䵼字不得一字合識然此篇銘文結體嚴謹端莊大而樸也

豐公[illegible]鼎

陝西省寶雞青銅器博物院藏

《寶雞青銅器博物院藏商周青銅器》卷一著錄

周偁戊冊鼎

壬寅仲冬學建題首

釋文

偁戊冊乍（作）

父辛寶

此拓友識獲觀並入藏頃獨齋〻

博古重裝輯入是冊編爲頁七學建記

學按此鼎乃西周早期之器一九七六年至一九八〇年陝西省寶鷄市渭濱區竹園溝西周墓葬出土今歸寶鷄青銅器博物院收藏其通高三十五點二口徑二十點二腹深十二點八重二點公斤器口呈桃形窄沿雙立耳口微斂圓鼓腹圜底三柱足口下與腹壁之上端飾一週紋飾以雲雷紋襯底之變形夔龍紋間有淺浮雕之圓紋呈渦狀內壁鑄銘二行七字亦有釋爲作父辛鼎者

偁戊冊鼎

陝西省寶雞青銅器博物院藏

《陝西金文集成·寶雞卷·8》著錄

周伯各卣

壬寅仲夏海上李學逵頓首

蓋銘

釋文

白(伯)各乍(作)
寶隮(尊)彝

此拓偶獲字口纖細秀美以褾函重裝並輯入是冊編為頁一 海上慎堂記

李按此卣乃西周早期成康王世之器一九八零年陝西省寶雞市渭濱區竹園溝西周墓葬出土同出二卣形制紋飾銘文皆同稱甲器乙器此拓取乙卣之蓋銘其通高二十七點五口徑寬處十點七腹深十三釐米器為橢圓體有蓋蓋鈕隆起頸兩側套接羊頭提梁上飾圓雕羊首通體四隅有透雕扉棱蓋面與器腹飾卷角獸面紋獸角上卷並翹出器表蓋沿頸部圈足皆飾夔紋器蓋同銘二行六字甲器亦然

伯各卣（乙器）

陝西省寶雞青銅器博物院藏

《寶雞青銅器博物院藏商周青銅器》卷六著錄

周鷸觶

壬寅仲冬海上慎堂營建頓首

釋文

鷸乍（作）父己

冀庸（庚）冊

此拓去歲所獲其銘鑄於觶之內底甚難拓現當寶之以集入是冊適為頁九　營建

季按此觶乃西周早期之器一九八零年陝西省寶雞市渭濱區竹園溝西周墓葬出土收歸寶雞青銅器博物院收藏其通高十二點一口徑八點二（釐米）腹深十點三釐米器呈橢圓形侈口束頸鼓腹圈足頸部與圈足皆飾基本相似的以雲雷紋襯地的小型鳳鳥紋上下對稱呼應鼓腹之器則飾為細密之直棱紋其器形雖小然飾紋尚精獨也內底鑄銘二行七字字形纖柔優雅飄逸秀美余甚喜

鷸觶

陝西省寶雞青銅器博物院藏

《寶雞青銅器博物院藏商周青銅器》卷五著錄

周史父乙豆

壬寅仲冬海上慎堂題首

釋文

史父乙

此拓之工雅美鑄銘亦極佳上品也六博生重裝入冊偶為頁千慎堂學達記

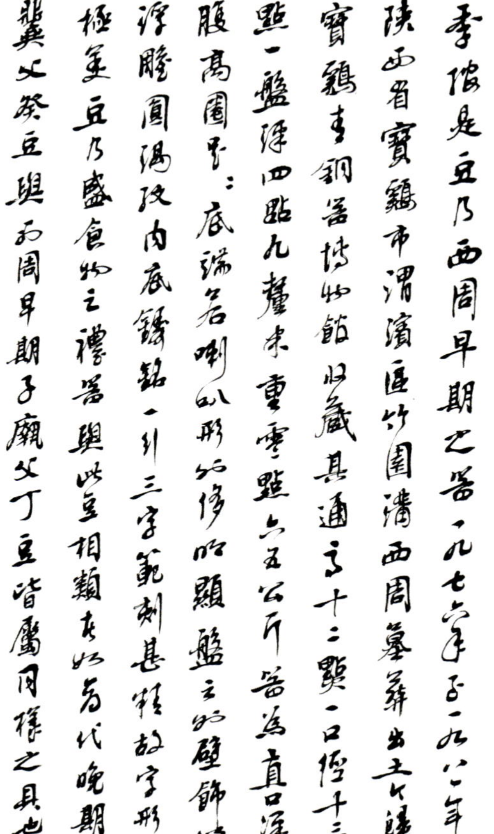
季陵是豆乃西周早期之器一九七六年至一九八〇年陝西省寶雞市渭濱區竹園溝西周墓葬出土七號寶雞青銅器博物館收藏其通高十二點一口徑十三點一盤深四點九釐米重零點六五公斤器為直口深腹高圈足足底端若喇叭形外侈明顯盤之外壁飾以浮雕圓渦紋內底鑄銘一行三字範刻甚精故字形極美豆乃盛食物之禮器與此豆相類者如商代晚期冀父癸豆與西周早期子廟父丁豆皆屬同樣之具也

史父乙豆

陝西省寶雞青銅器博物院藏

《陝西金文集成·寶雞卷·8》著錄

周伯鼎

壬寅宗月吉海上慎堂學建頓首

釋文

白（伯）乍（作）彝

此拓舊觀於辛丑入藏慎堂壬寅初今傳函重裝入冊編爲頁十一學建記

李按是鼎無稱伯作彝鼎乃西周早期之器一九七六年陝西省寶雞市渭濱區竹園溝西周墓葬出土今歸陝西歷史博物館收藏亦通高二十點三口橫十五口縱十二腹深五點九釐米器作長方槽形立耳淺腹方唇折沿四隅及四壁中央有扉棱六有四條鳥形扁足四壁飾雲雷紋襯底之卷角獸面紋長壁的獸面紋兩側則加飾倒立的變形夔龍紋內壁鑄銘一行三字整個器形頗爲特殊價值較高

伯鼎

陝西省歷史博物館藏

《陝西金文集成·寶雞卷·8》著錄

周伯卣

壬寅章月滬上慎堂崇建題首

蓋銘

釋文

白（伯）乍（作）障（尊）彝

此銘乃伯卣之蓋銘去歲得之以博出售
裝盆入匣丹隔為頁十二慎堂崇建記

季跋是卣亦稱伯作尊彝卣乃西周早期之器一九七五年三月陝西省扶風縣召李村一號西周墓出土今歸扶風縣博物館收藏其通高二十點六口橫十一口縱八點六腹深十一點一釐米器呈橢方體直口垂腹圈足蓋沿下折蓋面隆起頂有圈形捉手頸兩側各鈕連接獸首提梁通體有四道扉棱提梁飾蟬紋蓋沿與頸部飾渦紋蓋與腹部飾獸面紋圈足飾夔龍紋均以雲雷紋襯底器蓋同銘文一行四字

伯卣

陝西省寶雞扶風縣青銅器博物院藏

《周原出土青銅器》卷七著錄

周伯甗

壬寅年月海上慎堂學建題首

釋文

白(伯)乍(作)寶彝

此甗亦稱伯作寶彝甗偶得之拓片重裝入冊編為頁十三慎堂學建記

學按此甗亦稱伯作寶彝甗乃西周早期後段之器一九六零年出自陝西省寶雞市渭濱區竹園溝四號西周墓葬出土原藏寶雞市博物館今歸陝西歷史博物館收藏其通高三十九點八口徑二十五點七腹深十五點三釐米重四點九五公斤器為連體式侈口深腹索狀立耳一對束腰內有箅鬲部分襠三足呈圓柱狀甑口下飾雲雷紋組成的扉棱脊獸面紋鬲之腹部飾牛角獸面紋其內壁鑄銘一行四字

伯甗

陝西省歷史博物館藏

《陝西金文集成 · 寶雞卷 · 8》著錄

周彊季尊

壬寅辜月海上慎堂題

釋文

彊（強）季乍（作）寶旅彝

近獲是拓甚悅之隨與重裝入此册編為頁十四 海上季崇建記

季按此尊乃西周早期偏晚之器一九八零年六月陝西省寶雞市渭濱區竹園溝四號西周墓葬出土今歸寶雞青銅器博物院收藏其通高二十二點一口橫十九點五口縱十九點一釐米器略呈橢圓體較低侈口高頸垂腹底近平腹部之一側有獸首裝飾之圓鋬下置四個獸蹄之扁足紋樣陰刻較為稀見頸部有兩圈弦紋腹部緊臨頸部處飾鳳鳥紋帶內底鑄銘二行六字

弖魚季尊

陝西省寶雞青銅器博物院藏

《陝西金文集成·寶雞卷·8》著錄

季按是鬲乃西周早期之器一九七六年陝西省寶雞市渭濱區竹園溝四號西周墓乙室出土今歸寶雞青銅器博物院收藏其通高十三釐八五口徑十二點三釐米器作寬沿方唇口沿置一對方形立耳束頸腹徑而略鼓柱足較粗平底襠襠如倒通體素面無裝飾器表打磨良好未見範線等明顯的鑄造痕迹於底略泛黑恐與彼時使用有關器之口沿內側鑄銘一行五字字痕清晰秀美

周㕩仲鬲

壬寅季月海上慎生堂建題首

此拓工未佳照與鑄銘位置正為上部也關以傳拓重難轉入是冊補為頁十五建

釋文

㕩中（仲）乍（作）車（旅）尊

㕩仲鬲

陝西省寶雞青銅器博物院藏

《寶雞青銅器博物院藏商周青銅器》卷三著錄

周季盤

壬寅辜月海上慎堂崇建題首

釋文

季乍（作）寶

此盤亦稱季作寶盤，本獲其拓六張，而裝入是冊，編為頁十六。海上崇建記

季作此盤乃西周早期後段之器，一九八零年六月陝西省寶雞市渭濱區竹園溝西周墓葬出土，今歸寶雞青銅器博物院收藏。其通高十二點三，口徑三十六點五，腹深六點五釐米，重三點九五公斤。器為敞口，折沿，三棱形唇，腹側置附耳一對，圓棍形耳彎向上，圈足較高，似壺型，上有兩條弦紋，腹之上端飾一週三角雷紋間目紋，內底鑄銘一行三字。相類者如一九五四年西安所出長由盤，後者時代稍晚。

季盤

陝西省寶雞青銅器博物院藏

《陝西金文集成·寶雞卷·8》著錄

周作寶尊彝卣

壬寅年月海上慎堂學建題首

器銘

釋文

乍（作）寶

隩（尊）彝

此拓爲作寶尊彝卣之器銘字體秀美可陳蘋池入冊編爲頁十七學建記

季俊是卣乃西周早期之器一九八〇年于陝西省寶雞市渭濱區竹園溝七號西周墓出土同出有二又論形制紋飾銘文皆同今歸寶雞青銅器博物院收藏具通梁高三十一點五口徑寬度十二點八腹深十七點五釐米器呈橢圓形直口斂頸下腹外鼓矮圈足下沿有邊圈頸部各一對半環耳套接獸頭扁提梁蓋面隆起上見花苞狀鈕蓋上與頸部飾夔龍紋頸之前後居中增飾浮雕獸頭器蓋同銘二行四字

作寶尊彝卣

陝西省寶雞青銅器博物院藏

《寶雞青銅器博物院藏商周青銅器》卷六著錄

周伯作南宮?簋

壬寅季月慎堂題首

此簋之器銘因鏽蝕而文字若干漫漶不清 宮?之一字損也 下仰是拓入毋論為頁十八 建

釋文

白(伯)乍(作)南宮?𣪘(簋)

考按此簋乃西周早期之器 一九七四年陝西省寶雞市茹家莊二號墓出土 今歸寶雞青銅器博物院收藏 其通高十四點五 口徑十九點八釐米 器為侈口寬沿方唇 腹壁微有弧度 圜底呈低臺式 器兩側有一對獸首耳 耳下有鉤形珥 一珥殘缺 頸部飾四組細陽線之獸面紋 分別以獸首與夔紋為中心 周鏽蝕嚴重 辨識度較差 腹壁飾直棱紋 圈足亦飾四組細陽線獸面紋 無見獸首 代之以扉棱 內底鑄銘六字

伯作南宮簋

陝西省寶雞青銅器博物院藏

《陝西金文集成·寶雞卷·8》著錄

010 慎堂所藏商周銅器銘文小品上冊（十八開）

Inscriptions of bronzes from Shang-Zhou Dynasty by Shentang collection (eighteen rubbings in folio A)

商晚期至西周早期
纵 32.5 釐米 横 22.5 釐米

題簽 慎堂所藏商周銅器銘文小品冊（上），海上崇建題

扉頁 雪泥鴻爪
語出宋蘇軾《和子由澠池懷舊》詩：“人生到處知何似？應似飛鴻踏雪泥；泥上偶然留指爪，鴻飛那復計東西！”以喻遺痕之珍貴也，題為銘拓小品初編。崇建。

鈐印 慎堂
崇建
心賞
崇建印信
慎堂藏物

《慎堂所藏商周銅器銘文小品冊·序文》
余入職上海博物館初　研碑帖刻石，有賴汪公慶正指路。汪與吾父為東吳大學同窗，自然方便不少，又知老館長沈公之喻少時拜於我啟蒙先生陳公秋草門下，豈不是同門師兄乎？再偶馬公承源留我研習金石之學，愰愰乎廿餘載，一頭鑽進象牙塔內，忘我耕耘終有所獲也。然陰差陽錯弄起拍賣一業，倒亦似有天賦般一干便是十年，惜大場面支起卻因疾止步矣。但如此的翻來覆去終不滅我金石之緣，餘暇間廣收金石之類傳拓之本，尤嗜銘拓若銅器銘、刻石銘、造像銘、磚石銘，已達數百。近年更以重裝題注跋釋自娛，今揀出陝西寶雞地區所出商周青銅器銘文拓片中少字小品三十六幀，集冊合為上下二函，朱批墨題，以與同道共饗。
壬寅年二月，海上慎堂崇建。

鈐印 愛不釋手
崇建
慎堂

第一開

子豪鼎銘文拓片

'Zi Jiu' Ding vessel (rubbing)

商晚期
縱 6.5 釐米 横 3.5 釐米

釋文 子豪

題一 商子豪鼎，壬寅冬月，海上慎堂題首。

題二 是拓去歲獲觀並入慎堂藏拓，今揀出裝冊，為首頁，崇建記。

季按：子豪鼎乃商代晚期器，一九七六至一九八一年間陝西省寶雞市渭濱區竹園溝西周墓葬出土，今歸寶雞青銅器博物院收藏。其通高二十一點九，口横十七點二，口縱十四點一，腹深八點六釐米。器為長方體，平折沿，口沿之上有一對立耳，腹壁內下漸收，四隅與四壁中線有扉棱，平底，四柱足，口下飾夔龍紋，腹飾以對夔組成之獸面紋，均有雲雷紋襯底。足部側有變形蟬紋裝飾。內壁鑄銘二字，字口生辣，結體端莊，美哉。

鈐印 慎堂藏拓
季氏
崇建
慎堂
崇建
心賞
崇建印信
慎堂藏拓之印

第二開

趆父乙壺銘文拓片

'Peng Fu Yi' Hu vessel (rubbing)

商晚期
蓋　縱 7 釐米 横 3.5 釐米

釋文 [illegible]（趆或趍）父乙

朱批 1. 或稱趍。

題一 商趆父乙壺，壬寅冬月，海上慎堂題首。

題二 是拓獲得偶然，時在辛丑，今揀出裝冊，為頁二，以與同道共饗之。崇建。

季按：是壺乃商代晚期之器，一九八〇年六月陝西省寶雞市渭濱區竹園溝西周墓葬出土，今歸寶雞青銅器博物院收藏。其通高三十三點二，口徑寬處十一點八，腹深二十二點九釐米。器呈橢圓體，直口，高頸，鼓腹，矮圈足，蓋隆起上有圈狀捉手，頸兩側有半環鈕套接提梁。頸飾雲雷紋襯底之獸面紋帶，蓋沿飾一週雲雷紋，腹部飾十字形凸起之寬帶紋樣。蓋器同銘各三字，首字隸定為趆或趍，故器亦得二名也。

鈐印 慎堂藏拓
季氏
崇建
慎堂
崇建
心血來潮
崇建印信
慎堂藏拓之印

第三開

秉毌父辛鼎銘文拓片

'Bing Gan Fu Xin' Ding vessel (rubbing)

商末周初

縱 7.8 釐米　橫 3.5 釐米

釋文　秉毌父辛

題一　商秉毌父辛鼎，壬寅冬月十一日，海上慎堂題首。

題二　此鼎或稱秉干父辛鼎。拓片偶獲，今揀出入冊，編為頁三，慎堂崇建記。

季按：是鼎乃商代晚期至西周初之器，一九七六年陝西省寶雞市渭濱區竹園溝西周墓葬出土，今歸寶雞青銅器博物院收藏。其通高二十一點二，口徑十六點八，腹深九點五釐米。器為斂口，窄平折沿，方唇，方形雙立耳，鼓腹，分襠三柱足，前二足為補鑄，略外撇。腹壁飾三組獨立獸面紋，其鼻梁微隆，獸面兩側各一倒置之直身龍紋。整個腹部以雲雷紋襯地，頸部有一週連續雲紋，內壁鑄銘四字，第二字殘泐不清，或釋"毌"，亦有釋"干"者。

鈐印　慎堂藏拓　崇建
季氏　心賞
崇建　崇建印信
慎堂　慎堂藏拓之印

第四開

目父癸鼎銘文拓片

'Mu Fu Gui' Ding vessel (rubbing)

商末周初

縱 6 釐米　橫 3.6 釐米

釋文　目父癸

題一　商目父癸鼎，壬寅冬月，慎堂題首。

題二　是拓去歲偶得，寶雞青銅館藏品也，今將其入冊，編為頁四，海上崇建記。

季按：此鼎乃商代晚期至西周初之器，一九七六年陝西省寶雞市竹園溝七號墓甲室出土，今歸寶雞青銅器博物院收藏。其通高二十四點一，口徑最寬處為十八點二釐米。器為斂口，窄斜折沿，方唇，有方形雙立耳。深鼓腹，分襠，三柱足，頸部飾六組粗陽線，獸面紋，腹部飾三組獨立式獸面紋，每組中心有扉棱皆有雲雷紋襯底，然通體紋樣多見磨損，且周身留有煙怠痕跡較重。內壁鑄銘一行三字，字型修美，線條纖細。

鈐印　慎堂藏拓　崇建
季氏　心血來潮
崇建　崇建印信
慎堂　慎堂藏拓之印

第五開

父庚爵銘文拓片

'Fu Geng' Jue vessel (rubbing)

西周早期

縱 4 釐米　橫 3.8 釐米

釋文　父庚

題一　周父庚爵，壬寅暢月，海上慎堂題首。

題二　此拓偶獲，頗愛之，見銘文又見紋飾，今揀出裝池入冊，編為頁五，慎堂崇建記。

季按：是爵乃西周早期後段之器，一九九一年陝西省扶風縣法門鎮齊家村西周墓葬出土，今歸周原博物館收藏。其通高二十二點三，流長八點四，腹深八點四釐米。器前流槍寬長，後有尖尾，長卵形腹，口沿上有一對束傘形柱，腹內側有獸面浮雕裝飾之鋬，腹下有三棱錐式足，甚外撇。其柱帽飾以雲紋，腹飾三列雲雷紋組成之獸面紋，鋬內鑄銘一行二字。今獲右拓，銘文紋飾皆拓出，余在上博亦習拓銅爵，鋬內銘文上紙入墨不易也。

鈐印　慎堂藏拓　崇建
季氏　心賞
崇建　崇建印信
慎堂　慎堂藏拓之印

第六開

豐公□鼎銘文拓片

'Feng Gong □' Ding vessel (rubbing)

西周早期

縱 6.6 釐米　橫 4.5 釐米

釋文　豐公□ / 乍（乍）隣（尊）彝

題一　周豐公□鼎，壬寅仲冬，慎堂題首。

題二　此拓得於市肆，字字端麗，賞心也。今揀出重裝集冊，編為頁六，崇建記。

季按：此鼎西周早期之器，一九七六年至一九八一年陝西省寶雞市渭濱區竹園溝西周墓葬出土，今歸寶雞青銅器博物院收藏。其通高二十四，口徑二十點二，腹深十二釐米。器口稍斂，腹微鼓，口沿上一對索狀立耳，三條柱足。腹部上端有一條裝飾紋樣，是為以雲雷紋襯底之變體夔龍紋，間飾浮雕圓渦紋。內壁鑄銘二行六字，其中"豐公"後一字無識。然此篇銘文結體嚴謹端莊，少而精也。

鈐印　慎堂藏拓　崇建
季氏　心血來潮
崇建　崇建印信
慎堂　慎堂藏拓之印

第七開

倗戊冊鼎銘文拓片

'Cheng Wu Ce' Ding vessel (rubbing)

西周早期

縱 6.6 釐米　橫 4.6 釐米

釋文　倗戊冊乍（作）/ 父辛寶

題一　周倗戊冊鼎，壬寅仲冬，崇建題首。

題二　此拓去歲獲觀並入藏慎獨齋，今揀出重裝輯入是冊，編為頁七，崇建記。

季按：此鼎乃西周早期之器，一九七六年至一九八一年陝西省寶雞市渭濱區竹園溝西周墓葬出土，今歸寶雞青銅器博物院收藏。其通高二十五點二，口徑二十點二，腹深十二點八釐米，重二點[九]公斤。器口呈桃形，窄沿，雙立耳，口微斂，圓鼓腹，圜底，三柱足。口下與腹壁之上端飾一週紋飾，飾以雲雷紋襯底之變形夔龍紋，間有淺浮雕之圓紋呈渦狀。內壁鑄銘二行七字，亦有稱其為作父辛鼎者。

鈐印　慎堂藏拓　崇建

季氏　心賞

崇建　崇建印信

慎堂　慎堂藏拓之印

第八開

伯各卣（乙器）銘文拓片

'Bo Ge' You (B) vessel (rubbing)

西周康王世

蓋　縱 7.5 釐米　橫 4.3 釐米

釋文　白（伯）各乍（作）/ 寶隟（尊）彝

題一　周伯各卣，壬寅仲冬，海上季崇建題首。

題二　此拓偶獲，字口纖細秀美。今揀出重裝並輯入是冊，編為頁八，海上慎堂記。

季按：此卣乃西周早玥前端康王世之器。一九八〇年陝西省寶雞市渭濱區竹園溝西周墓葬出土。同出二卣，形制紋飾銘文皆同，稱甲或乙器，此拓即乙卣之蓋銘。其通高二十七點五，口徑最寬處十點七，腹深十三釐米。器為橢圓體，有蓋，蓋鈕隆起，頸兩側套接羊頭提梁，上飾圓雕牛首，通體四隅有透雕扉棱。蓋面與器腹飾卷角獸面紋，獸角上卷並翹出器表，蓋沿頸部圈足皆飾夔紋。器蓋同銘二行六字。甲器亦然。

鈐印　慎堂藏拓　崇建

季氏　心血來潮

崇建　崇建印信

慎堂　慎堂藏拓之印

第九開

鶇觶銘文拓片

'鶇' Zhi vessel (rubbing)

西周早期

縱 6.5 釐米　橫 3.8 釐米

釋文　鶇乍（作）父己 / 彝康（庚）冊

題一　周鶇觶，壬寅仲冬，海上慎堂崇建題首。

題二　此拓去歲所獲，其銘鑄於觶之內底，甚難拓就，當寶之。今集入是冊，編為頁九，崇建。

季按：此觶乃西周早期之器，一九八〇年陝西省寶雞市渭濱區竹園溝西周墓葬出土，今歸寶雞青銅器博物院收藏。其通高十二點一，口徑八點二（最寬處），腹深十點三釐米。器呈橢圓形，侈口，束頸，鼓腹，圈足。頸部與圈足皆飾基本相似的以雲雷紋襯地的小型鳳鳥紋，上下對稱呼應，鼓腹之表則飾為細密之直棱紋。其器形雖小，然飾紋尚精緻也。內底鑄銘二行七字，字形纖柔優雅，飄逸秀美，余甚喜。

鈐印　慎堂藏拓　崇建

季氏　心賞

崇建　崇建印信

慎堂　慎堂藏拓之印

第十開

史父乙豆銘文拓片

'Shi Fu Yi' Dou vessel (rubbing)

西周早期

縱 6.2 釐米　橫 3.8 釐米

釋文　史父乙

題一　周史父乙豆，壬寅仲冬，海上慎堂題首。

題二　此拓拓工精美，鑄銘亦極佳，上品也。今揀出重裝入冊，編為頁十，慎堂崇建記。

季按：是豆乃西周早期之器，一九七六年至一九八一年陝西省寶雞市渭濱區竹園溝西周墓葬出土，今歸陝西省寶雞青銅器博物館收藏。其通高十二點一，口徑十三點一，盤深四點九釐米，重零點六五公斤。器為直口，深腹，高圈足，足底端若喇叭形，外侈明顯，盤之外壁飾以浮雕圓渦紋，內底鑄銘一行三字，範刻甚精，故字形極美。豆乃盛食物之禮器，與此豆相類者如商代晚期㠱父癸豆與西周早期子廟父丁豆，皆屬同樣之具也。

鈐印　慎堂藏拓　崇建

季氏　心血來潮

崇建　崇建印信

慎堂　慎堂藏拓之印

第十一開

伯方鼎銘文拓片

'Bo' squarish Ding vessel (rubbing)

西周早期

縱 5.4 釐米　橫 3 釐米

释文　白（伯）乍（作）彝

題一　周伯鼎，王寅冬月十六，海上慎堂崇建題首。

題二　此拓獲觀於辛丑，入藏慎堂在壬寅初。今揀出重裝入冊，編為頁十一，崇建記。

季按：是鼎亦稱伯作彝鼎，乃西周早期之器，一九七六年陝西省寶雞市渭濱區竹園溝西周墓葬出土，今歸陝西歷史博物館收藏。其通高二十點三，口橫十五，口徑十二，腹深五點九釐米。器作長方槽形，立耳，淺腹，方唇，折沿四隅及四壁中央有扉棱。下有四條鳥形扁足，四壁飾雲雷紋襯底之卷角獸面紋，長壁的獸面紋兩側則加飾倒立的變形夔龍紋。內壁鑄銘一行三字。整個器形頗為特殊，價值較高。

鈐印　慎堂藏拓　崇建
季氏　心賞
崇建　崇建印信
慎堂　慎堂藏拓之印

第十二開

伯卣銘文拓片

'Bo' You vessel (rubbing)

西周早期

蓋　縱 7 釐米　橫 3 釐米

释文　白（伯）乍（作）障（尊）彝

題一　周伯卣，王寅冬月，海上慎堂崇建題首。

題二　此拓乃伯卣之蓋銘。去歲得之，今揀出重裝並入是冊，編為頁十二，慎堂崇建記。

季按：是卣亦稱伯作尊彝卣，乃西周早期之器，一九七五年三月陝西省扶風縣召李村一號西周墓出土，今歸扶風縣博物館收藏。其通高二十點六，口橫十一，口縱八點六，腹深十一點一釐米。器呈橢方體，直口，垂腹，圈足，下沿外折，蓋面隆起，頂有圈形捉手，頸兩側有鈕，連接獸首提梁。通體有四道扉棱，提梁飾蟬紋，蓋沿與頸部飾渦紋，蓋與腹部飾獸面紋，圈足飾夔龍紋，均以雲雷紋襯底。器蓋同銘，各一行四字。

鈐印　慎堂藏拓　崇建
季氏　心血來潮
崇建　崇建印信
慎堂　慎堂藏拓之印

第十三開

伯甗銘文拓片

'Bo' Yan vessel (rubbing)

西周早期

縱 7.4 釐米　橫 2.7 釐米

释文　白（伯）乍（作）寶彝

題一　周伯甗，王寅辜月，海上慎堂崇建題首。

題二　此甗亦稱伯作寶彝甗，偶得之拓片，今重裝入冊，編為頁十三，慎堂崇建記。

季按：此甗亦稱伯作寶彝甗，乃西周早期後段之器，一九八〇年六月陝西省寶雞市渭濱竹園溝四號西周墓葬出土，原藏寶雞市博物館，今歸陝西歷史博物館收藏。其通高三十九點八，口徑二十五點七，腹深十五點三釐米，重四點九五公斤。器為連體式，侈口，深腹，索狀立耳一對，束腰，內有箅，鬲部分襠，三足呈圓柱狀。甗口下飾雲雷紋組成的列旗脊獸面紋，鬲之腹部飾牛角獸面紋。其內壁鑄銘一行四字。

鈐印　慎堂藏拓　崇建
季氏　心賞
崇建　崇建印信
慎堂　慎堂藏拓之印

第十四開

強季尊銘文拓片

'Yu Ji' Zun vessel (rubbing)

西周早期

縱 8 釐米　橫 4.2 釐米

释文　彇（強）季乍（作）/ 寶旅彝

題一　周強季尊，王寅辜月，海上慎堂題。

題二　近獲是拓，甚悅。今揀出重裝入此冊，編為頁十四，海上季崇建記。

季按：此尊乃西周早期後段之器，一九八〇年六月陝西省寶雞市渭濱區竹園溝四號西周墓葬出土，今歸寶雞青銅器博物院收藏。其通高二十二點一，口橫十九點五，口縱十九點一釐米。器略呈橢圓體較低，侈口，高頸，垂腹底近，中腹部之一側有獸首裝飾之圓鋬，下置四個獸蹄之扁足紋樣，淺刻較為稀見。頸部有兩圈弦紋，腹部緊臨頸部處飾鳳鳥紋帶，內底鑄銘二行六字。

鈐印　慎堂藏拓　崇建
季氏　心血來潮
崇建　崇建印信
慎堂　慎堂藏拓之印

慎堂所藏商周銅器銘文小品冊

序之二

是冊所集皆上世紀七十至九十年代陝西寶雞地區出土之商周青銅器上鑄銘較少者所謂少字銘銘字數不過十字最少僅一字共三十六品每品占一開每開趣右為拓片釋文及朱批論頁左側為拓語就器之形制尺寸紋飾並出土時間地點收藏機構皆一一詳錄與簡述其首函輯入商代晚期器銘拓片四幀西周早或中期銘文拓片十四幀總計不知有十五件青銅器為陝西寶雞渭濱竹園溝墓葬出土乃古𢐗國之遺物也𢐗國青銅器乃寶雞所出銅器之大宗余早歲獲觀並入藏慎堂幾近全套銘文重要者已重裝單做此乃餘剩之品函內其地若齊家村李村茹家莊各一等等函二所錄為器銘一西周器銘十七器出茹家莊與竹園溝為多能為扶風周原等等收此銘拓久已難覓當寶之慎堂撰

第十五開

厥仲鬲銘文拓片
'Ao Zhong' Li vessel (rubbing)

西周早期
縱 7 釐米　橫 3.8 釐米

釋文　厥中（仲）乍（作）車（旅）尊

題一　周厥仲鬲，王寅辜月，海上慎堂崇建題首。

題二　此拓工未佳，恐與鑄銘位置不易上紙有關，今揀出重整輯入是冊，編為頁十五，建。

季按：是鬲乃西周早期之器，一九七六年陝西省寶雞市渭濱區竹園溝四號西周墓乙室出土，今歸寶雞青銅器博物院收藏。其通高十三點八五，口徑十二點三釐米。器作卷沿，方唇，口沿置一對方形立耳，束頸，腹深而略鼓，柱足矮粗，足底微微外侈。通體素面無裝飾，器表打磨良好，未見範線等明顯的鑄造痕跡，外底略泛黑，恐與彼時使用有關。器之口沿內側鑄銘一行五字，字痕清晰秀美。

鈐印　慎堂藏拓　崇建
季氏　心賞
崇建　崇建印信
慎堂　慎堂藏拓之印

第十六開

季盤銘文拓片
'Ji' Pan vessel (rubbing)

西周早期
縱 9 釐米　橫 4 釐米

釋文　季乍（作）寶

題一　周季盤，王寅冬月，海上慎堂崇建題首。

題二　此盤亦稱季作寶盤，幸獲其拓。今揀出裝入是冊，編為頁十六，海上崇建記。

季按：此盤乃西周早期後段之器，一九八〇年六月陝西省寶雞市渭濱區竹園溝西周墓葬出土，今歸寶雞青銅器博物院收藏。其通高十二點三，口徑三十六點五，腹深六點五釐米，重三點九五公斤。器為敞口，折沿，三棱形唇，腹側置附耳一對，圓棍形平彎向上，圈足較高似臺型。上有兩條弦紋，腹之上端飾一週三角雷紋間目紋。內底鑄銘一行三字，相類者如一九五四年西安所出長由盤，後者時代稍晚。

鈐印　慎堂藏拓　崇建
季氏　王寅
崇建　崇建印信
慎堂　慎堂藏拓之印

第十七開

作寶尊彝卣銘文拓片
'Zuo Bao Zun Yi' You vessel (rubbing)

西周早期
器　縱 6 釐米　橫 5 釐米

釋文　乍（作）寶/隫（尊）彝

題一　周作寶尊彝卣，王寅辜月，海上慎堂崇建題首。

題二　此拓為作寶尊彝卣之器銘，字體秀美。今揀出裝池入冊，編為頁十七，崇建記。

季按：是卣乃西周早期之器，一九八〇年陝西省寶雞市渭濱區竹園溝七號西周墓出土。同出有二，不論形制紋飾銘文皆同，今歸寶雞青銅器博物院收藏。其通梁高三十一點五，口徑最寬處十二點八，腹深十七點五釐米。器呈橢圓形，直口斂頸，下腹外鼓，矮圈足，下沿有邊圈，頸部有一對半環耳套接獸頭扁提梁。蓋面隆起，上見花卷狀鈕，蓋上與頸部飾夔龍紋，頸之前後居中增飾浮雕獸首。器蓋同銘，二行四字。

鈐印　慎堂藏拓　崇建
季氏　愛不釋手
崇建　崇建印信
慎堂　慎堂藏拓之印

第十八開

伯作南宮簋銘文拓片
'Bo Zuo Nan Gong' Gui vessel (rubbing)

西周早期
縱 9.8 釐米　橫 7.2 釐米

釋文　白（伯）乍（作）南宮？段（簋）

題一　周伯作南宮？簋，王寅冬月，慎堂題首。

題二　此簋之器銘因銹蝕而文字若干漫漶不清，"宮"後一字損也。今將是拓入冊，編為頁十八，建。

季按：此簋乃西周早期之器，一九七四年陝西省寶雞市茹家莊二號墓出土，今歸寶雞青銅器博物院收藏。其通高十四點五，口徑十九點八釐米。器為侈口，卷沿，方唇，腹壁微有弧度，圜底，呈低臺式。器兩側有一對獸首耳，耳下接鈎形珥，一珥殘缺。頸部飾四組細陽線之獸面紋，分別以獸首與雙耳為中心，因銹蝕嚴重辨識度較差。腹壁飾直棱紋，圈足亦飾四組細陽淺獸面紋，無見獸首，代之低扉棱。內底鑄銘六字。

鈐印　慎堂藏拓　崇建
季氏　王寅
崇建　崇建印信
慎堂　慎堂藏拓之印

吉光片羽

語出明李贄李氏焚書序數篇殘
沈等於吉光片羽以喻殘存之珍貴文物
余集商周銅器銘拓三十六少字小品成冊
亦可謂吉光片羽也壬寅冬月慎堂題

慎堂所藏商周銅器銘文小品冊（下）海上學建題

周矢伯鬲

壬寅暢月滬上慎堂題首

釋文

矢白（伯）乍（作）旃（旅）鼎

此拓乃周西矢伯鬲甲器之銘也以陳西重裝輯入是冊濡毫頁十九紫建記

季按是鬲乃西周早期之器一九八一年九月陝西省寶雞市金臺區紙坊頭一號西周墓出土今歸寶雞青銅器博物院收藏其通高十六點五口徑十三點一腹深九點五整器重一點三五公斤其形侈口束頸鼓腹分檔三足足部呈圓柱形口沿上置一對立耳頸部飾以雲雷紋組成之獸面紋口沿內壁鑄銘二行五字曰矢伯鬲為一對不論形制尺寸紋樣及重量均一致鑄銘亦然典型周早之器

矢伯鬲（甲器）

陝西省寶雞青銅器博物院藏

《寶雞青銅器博物院藏商周青銅器》卷三著錄

周興鼎

壬寅暢月海上慎堂學建題首

釋文

興乍（作）

寶鼎

此拓去歲偶獲得之，曾見興鼎之拓未可比擬，今特入是冊，偏為頁廿。學建記

學按：是鼎乃西周早期常見之器，一九七六年十二月陝西省扶風縣黃堆公社齊家村西周墓葬出土，今歸陝西周原博物館收藏。其通高十九點六，口徑十六點九，腹深九點六釐米，重一點四一七公斤。器作圓唇鼓腹，口沿上置一對索狀立耳，下見三柱足，略顯修長，內側削平，口下飾兩道弦紋。內壁鑄銘二行四字。同銘興鼎傳世見一，傳為陝西鳳翔出土，曾藏潘祖蔭處，時代較前偏晚，今未知歸何。

興鼎

陝西省寶雞市周原博物館藏

《周原出土青銅器》卷七著錄

周父乙甗

壬寅暢月海上慎堂題首

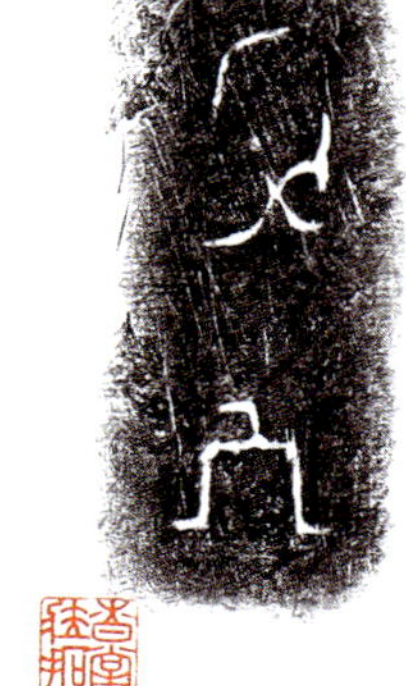

釋文

乙父亢

銘鑄乙父當讀父乙二字一字未識今陳出此仍輯入冊內編為頁廿一學廷記

季按是甗乃西周早期之器一九七八年陝西省扶風縣齊家村東壕西周墓葬出土今歸陝西省寶鷄市周原博物館收藏其通高三十九點五口徑二十六點九甑深十六點二釐米重約五點六公斤器為甑鬲連體甑部敞口深腹腹部漸收下端微有下垂甑口沿置一對索狀立耳甑鬲連接處內束鬲部分襠三足呈柱狀外直內略凹曲線流暢甑部之頸飾一周獸面紋足上為獸面內壁鑄銘三字

父乙甗

陝西省寶雞市周原博物館藏

《周原出土青銅器》卷八著錄

周荀鬲

壬寅暢月滬上慎堂崇建題首

釋文

荀乍（作）父丁隮（尊）彝

此拓去歲獲之雖拓工不佳但覓得不易故張茲入冊編為頁廿二也 滬上崇建記

季按：此鬲乃西周早期之器，一九七六年陝西省扶風縣雲塘村十三號西周墓葬出土，今歸陝西周原博物館收藏。其通高十八點二，口徑十四點五，腹深十點三釐米，重約一點四公斤。窄沿侈口束頸，口沿上置一對索狀立耳，分襠甚圓鼓，下為三款足，頸部飾弦紋兩道。口內壁鑄銘四行六字，排列頗特殊。同類之鬲傳世有見，如原藏烏程陳抱之，現藏上海博物館之寶鬲及旅順博物館之祖辛父甲鬲等。

荀鬲

陝西省寶雞市周原博物館藏

《周原出土青銅器》卷七著錄

周六六一六六一甗

壬寅暢月滬上慎堂學建題

釋文

六六一六六一

銘曰六六一六六一未知何意今藏陝此拓片重張並輯入是冊偶爲頁廿三慎堂學建記

季按此甗乃西周早期偵采之器一九七六年四月陝西省岐山縣賀家村一一三號墓葬出土今歸岐山縣周原博物館收藏其通高四十一點三公分口徑二十一點五厘米腹深二十四點三釐米重六點八公斤器爲甑鬲連體式侈口深腹口沿上有一對立耳鬲部分襠八部作圓柱形三足腹內有心形箄上有四個十字孔頸部飾單隊雲雷紋組成的獸面紋鬲腹則飾浮雕牛角獸面內壁鑄銘六字

六六一六六一甗

陝西省寶雞市周原博物館藏

《陝西金文集成·寶雞卷·1》著錄

周□鼎鬲

壬寅暢月海上愼堂題首

此鬲內壁銹蝕嚴重鑄銘二字首字模糊不清拓工亦甚小心編入集冊頁廿四崇建記

釋文

□鼎

季復此鬲乃西周早期之器一九七六年陝西省寶雞市渭濱區竹園溝四號西周墓甲室出土今歸寶雞青銅器博物院收藏其通高二十六點一口徑十三點九重約一點五公斤器作卷沿方唇口沿上置一對立耳束頸深腹圓肩分檔較籠統柱足略見外展頸部僅見一週弦紋餘皆光平無紋整個形體顯頗飽滿敦厚有趣器之打磨工藝良好未見範痕內壁口沿鑄銘一行二字一禾識

□鼎鬲

陝西省寶雞青銅器博物院藏

《寶雞青銅器博物院藏商周青銅器》卷三著錄

周婦妃罍

壬寅暢月海上慎堂題首

蓋銘

釋文

帚（婦）妃

婦妃罍亦稱帚妃方罍，此拓偶得淳[illegible]，並輯入是冊，編為頁廿五。海上學建記

季按：是罍乃西周早期偏早之器。一九八〇年陝西省寶雞市渭濱區竹園溝西周墓葬出土，今藏寶雞青銅器博物院內。其通梁高十七點五、口橫七、口縱六點七、腹深十點三釐米，重四點八公斤。體呈方形，有蓋，有提梁。蓋若四阿屋頂形，上有鈕。頸兩側有環鈕套接提梁，頸之前後有浮雕獸面紋。蓋沿、頸部與肩部各有兩道弦紋。蓋內與器內皆有鑄銘一行二字，同銘而不同形，皆同朱文。

婦妃罍

陝西省寶雞青銅器博物院藏

《寶雞青銅器博物院藏商周青銅器》卷六著錄

商父己卣

壬寅暢月海上慎堂題首

釋文
亼刀

此為商父己卣外底鑄銘為陽文頗少殊
少離又是母榻為頁廿六慎堂學建記

季按此卣乃商代晚期之器一九七六年陝西省
寶雞市渭濱區竹園溝十三號墓甲室出土今
歸寶雞青銅器博物院收藏其通高三十三點
一口徑十點五器口微敞方唇內壁加厚起稜長頸
微束兩側各有一半圓環銜接提梁腹深且圓鼓圜
底近乎橢圓足斜直外撲足底起臺圓肩蓋口沿
作子口有圈足形捉手器之頸部圈足及蓋頂各飾一週
夔龍紋內底有陰銘父己二字外底則見陽文亼刀二字

父己卣

陝西省寶雞青銅器博物院藏

《寶雞青銅器博物院藏商周青銅器》卷六著錄

周冉簋

壬寅暢月滬上慎堂李學建題首

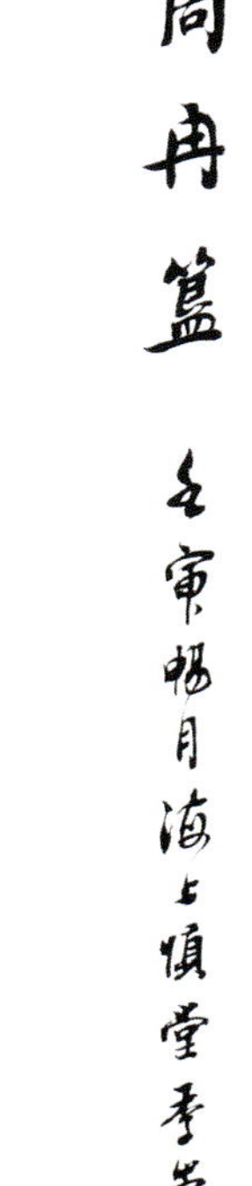

蓋銘

釋文

冈（冉）

此冉簋亦稱冈簋冉簋以陳亦此拓重裝輯入是冊編為頁廿七慎堂學建記

季按是簋乃西周早期之器一九七六年陝西省寶雞市渭濱區竹園溝二十號墓葬出土今歸寶雞青銅器博物院收藏其通高十七點七口徑十六點七釐米器為斂口卷沿方唇束頸淺鼓腹兩側置雙耳六棱鉤形垂珥矮圈足圓肩式蓋頂部有圈足形捉手蓋沿作子口蓋面之外緣頸部及圈足之外壁均飾一週顧首折身之龍紋結構皆同唯頸部龍紋居中飾以浮雕獸首器蓋同銘鑄一字

冉簋

陝西省寶雞青銅器博物院藏

《陝西金文集成·寶雞卷·8》著錄

周兒鼎

壬寅冬月海上慎堂學建題首

釋文：兒

此拓兒鼎之丁器銘，去歲偶得於陳五
解又是毋備為負廿八海上季學建記

季按：是鼎乃西周早期前段之器，一九七四年陝西省寶雞市茹家莊西周墓葬出土，今歸寶雞青銅器博物院收藏。其通高十四點五，口徑十二點六，腹深八點一釐米，重一點一公斤。器為侈口，束頸，扁圓腹，立耳，蹄柱足，足之上部粗，下細，通體光素無紋，口沿處鑄銘一兒字。同墓共出五器，是為列鼎，形制、銘文相同，大小相次。甲鼎通高十七點七，乙為十六，丙為十五，此鼎為丁器。同墓另見一套兒簋，銘同。

兒鼎（丁器）

陝西省寶雞青銅器博物院藏

《寶雞青銅器博物院藏商周青銅器》卷一著錄

周兒簋

壬寅六月滬上慎堂學建題首

兒簋甲銘

釋文 兒

兒簋乙銘

釋文 兒

兒簋共四今得甲乙二器銘拓難覓也今陳出輯入是冊編為頁廿九學建記

學按是簋乃西周中期前段之器一九七四年陝西省寶雞市渭濱區茹家莊一號西周墓葬出土同出兒簋共四又見一套兒鼎五器右見拓一為兒簋甲通高十二點八口徑十六點八腹深十一點二釐米拓二之兒簋通高十二點六口徑十六點五腹深十一點五釐米二者形制基本雷同器為直口束頸扁圓腹兩側置一對獸首耳矮圈足通體光素無紋四器皆同其口沿處鑄兒一字亦與兒鼎銘之鼎鑄法一致也

兒簋（甲、乙器）

陝西省寶雞青銅器博物院藏

《陝西金文集成·寶雞卷·8》著錄

周𩚬父盉

壬寅六月海上慎堂崇建題首

蓋銘

釋文

𩚬父乍（作）

寶彝

此拓為𩚬父盉之蓋銘其字口優於器銘以重裝入冊編為頁冊海上崇建記

李按此盉乃西周中期前段之器一九七五年三月陝西省扶風縣莊白村西周墓葬出土今歸扶風縣博物館收藏其通高二十點七口徑十二點七腹深十點二公分長七釐米器為侈口束頸鼓腹下接三款足前有管狀流有低蓋蓋面飾浮雕盤龍整作立體圓雕回首卷尾龍蓋側有環鈕與器身相連鏈條是一蛙形前足環扣蓋鈕頗有趣腹飾雙線V形紋頸飾垂冠回首之夔龍紋流飾三角雷紋器蓋同銘二行五字

𩚬父盉

陝西省寶雞扶風青銅器博物院藏

《周原出土青銅器》卷七著錄

周伯指鼎

壬寅蔭月海上慎堂頓首

釋文

白（伯）指乍（作）

肇（旅）障（尊）鼎

此拓去歲得於市肆今擇出重裝池

入册編爲頁卅一慎堂李學建記

伯指鼎乃西周中期前段之器一九七四年十

二月陝西省寶雞市渭濱區茹家莊一號西周

墓出土今歸寶雞青銅器博物院收藏其通高

十四點五口横二十四點八口縱十點五腹深八點三釐米

重一點二公斤器體呈橢方形平折沿沿口立雙耳略外

傾垂腹微鼓下有四柱足頸部飾一周以雲雷紋襯地

的鳳鳥紋與渦紋相間之紋樣下配一條弦紋他處皆光

平無飾這種方鼎樣式並不多見腹內壁鑄銘二行六字

伯𩰫鼎

陝西省寶雞青銅器博物院藏

《陝西金文集成·寶雞卷·8》著錄

周強伯甗

壬寅蕤月海上慎堂題首

釋文
強白（伯）自為
用甗（甗）

此拓得於有年以已難覓也特重裝並輯入是冊滿為卅二通海上季崇建記

季按：此甗乃西周中期前段之器，一九七四年十二月陝西省寶雞市渭濱區茹家莊一號西周墓葬出土，以歸寶雞青銅器博物館收藏。其通高三十六，口徑最寬處為二十四點五，腹深二十一點五釐米，重五點三公斤。器為連體式，侈口深腹，口沿上置一對索狀立耳，耳有三棱紋，其立口下飾雲雷紋組成之獸面紋，鬲部分檔上飾浮雕之象首形。同類形制者傳世或出土較多，唯象首紋尚少，內鑄六字銘。

強伯甗

陝西省寶雞青銅器博物院藏
《寶雞青銅器博物院藏商周青銅器》卷三著錄

周作寶尊彝簋

壬寅葭月滬上慎堂崇建題首

釋文

乍（作）寶陾（尊）彝

此拓早歲獲觀後入藏慎堂今陳正重裝並輯入是冊編為頁卅三崇建記

季按此簋乃西周中期之器一九七五年陝西省扶風縣黃堆鄉五十八號西周墓葬出土所出鼎簋各一具素簋其通高十三點九口徑二十一點四腹深十點七釐米器為侈口腹略垂沉緣圈足外侈兩側有一對精美立體圓雕鳳鳥形雙耳耳上有珥鳥冠高聳嘴尖勾極肖具威嚴之氣簋之腹部滿工乃以雲雷紋襯底之蟠體變龍紋樣左右對稱極具裝飾性圈足飾三角雲紋缺蓋內底鑄銘一行四字

作寶尊彝簋

陝西省寶雞市周原博物館藏

《周原出土青銅器》卷九著錄

周作寶彝鼎

壬寅蕤月廿三滬上慎堂學建題首

釋文

乍（作）寶彝

此鼎保存狀況欠佳故銘文字口亦多以博古是拓重裝入册編爲頁卅四 學建

季秋此鼎乃西周中期前段之器一九七四年十二月陝西省寶雞市渭濱區茹家莊一號西周墓葬出土今歸寶雞青銅器博物院收藏其通高十九口橫十二口縱十五點五腹深七點五釐米重一點四公斤器呈長方形直口方唇沿口置一對立耳四柱足倚長四角有扉棱口下飾雙身龍紋淺浮雕樣式腹部以乳釘紋作裝飾高乃齊整柱足則飾以淺刻之蟬紋內壁鑄銘一行三字凡方鼎皆珍貴也

作寶彝鼎

陝西省寶雞青銅器博物院藏

《陝西金文集成·寶雞卷·8》著錄

周伯簋

壬寅蔭月海上慎堂李建題首

釋文

白（伯）乍（作）彝

伯簋亦稱伯作彝簋保存尚完唯銘文字殘拓本難覓也以入論為頁卅五建記

李按是簋乃西周中期祭器之器一九七四年十二月陝西省寶雞市渭濱區茹家莊一號西周墓葬出土今歸寶雞青銅器博物院收藏其通高十四點五口徑二十九點二腹深十一點四厘米簋身與圈足皆有殘損殘重約一點八五公斤器為圓侈口束頸卷沿外侈深腹下垂略外鼓圈足低矮腹之兩側置一對獸首耳下有方形垂珥頸部飾一週目雷紋腹飾大方格乳釘紋圈足亦飾目雷紋內底鑄銘三字

伯簋

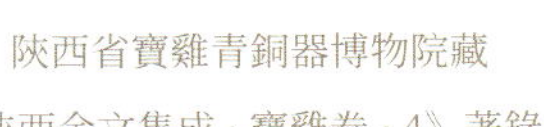

陝西省寶雞青銅器博物院藏

《陝西金文集成·寶雞卷·4》著錄

周◆山鼎

壬寅葭月滬上慎堂學建題首

釋文

◆山

此銘不識，同類見二，尤吳園範氏所藏，當與之為同一人所鑄。余早歲獲此拓，以據再重裝并輯入冊，編為頁卅六。學建記

學按：此鼎乃西周中期前段之器，一九八零年十二月陝西省扶風縣法門鎮劉家村西周墓葬出土，今歸陝西周原博物館收藏。其通高二十一點九、口徑二十點五、腹深十點八釐米，重約二點五公斤。器為平折沿，口沿上置一對立耳，微外傾，亦腹向外傾垂，有圓鼓之態。三條柱足亦略外撇。頸部飾雲雷紋襯底之夔紋，夔呈S形，垂冠回首，尾亦卷作刀形。外底有三角形範線。內壁鑄銘二字，同類銘嘗見二鼎。

◆山鼎

陝西省寶雞市周原博物館藏

《周原出土青銅器》卷八著錄

011 慎堂所藏商周銅器銘文小品下冊（十八開）

Inscriptions of bronzes from Shang-Zhou Dynasty by Shentang collection (eighteen rubbings in folio B)

商晚期至西周中期
纵 32.5 釐米 橫 22.5 釐米

題簽 慎堂所藏商周銅器銘文小品冊（下），海上崇建題

扉頁 吉光片羽
語出明李贄《李氏焚書序》："斷管殘沈，等於吉光片羽。"以喻殘存之珍貴文物。余集商周銅器銘拓三十六少字小品成冊，亦可謂吉光片羽也。壬寅冬月，慎堂題。

鈐印 慎堂
崇建
愛不釋手
崇建
慎堂藏物

《慎堂所藏商周銅器銘文小品冊・序文二》
是冊所集皆上世紀七十至九十年代陝西寶雞地區出土之商周青銅器上鑄銘較少者。所謂少，即銘文字數不過十，最少僅一字，共三十六品。每品占一開，每開起右為拓片釋文及朱批編頁，左側為按語，就器之形制、尺寸、紋飾並出土時間、地點、收藏機構皆一一詳錄與簡述。其首函輯入商代晚期器銘拓片四幀，西周早或中期銘文拓片十四幀，統計可知有十五件青銅器為陝西寶雞渭濱竹園溝墓葬出土，乃古強國之遺物也。強國青銅器乃寶雞所出銅器之大宗，余早歲獲觀並入藏慎堂幾近全套銘文，重要者已重裝單做，此乃餘剩之品。函內其他若齊家村、召李村、茹家莊各一等等，函二所錄商器銘一，西周器銘十七，器出茹家莊與竹園溝為多，餘為扶風、周原等等。如此銘拓今已難覓，當寶之。慎堂撰。

鈐印 愛不釋手
崇建
慎堂

第十九開

夨伯鬲（甲器）銘文拓片

'Ce Bo' Li vessel A (rubbing)

西周早期
縱 6.5 釐米 橫 4.5 釐米

釋文 夨白（伯）乍（作）/ 旅（旅）鼎

題一 周夨伯鬲，王寅暢月，海上慎堂題首。

題二 此拓乃同出夨伯鬲甲器之銘也。今揀出重裝輯入是冊，編為頁十九，崇建記。

季按：是鬲乃西周早期之器，一九八一年九月陝西省寶雞市金臺區紙坊頭一號西周墓出土，今歸寶雞青銅器博物院收藏。其通高十八點五，口徑十三點一，腹深九點五釐米，重一點三五公斤。器作侈口，束頸，鼓腹，分襠，三足下部呈圓柱形，口沿上置一對立耳。頸部飾以雲雷紋組成之獸面紋，口沿內壁鑄銘二行五字，同出夨伯鬲為一對，不論形制尺寸紋樣及重量均一致，鑄銘亦然，典型周早之品。

鈐印 慎堂藏拓
慎堂藏拓
季氏
崇建
崇建
愛不釋手
別部將軍
慎堂主人真賞之寶

第廿開

興鼎銘文拓片

'Xing' Ding vessel (rubbing)

西周早期
縱 5 釐米 橫 4.5 釐米

釋文 興乍（作）/ 寶鼎

題一 周興鼎，壬寅暢月，海上慎堂崇建題首。

題二 此拓去歲偶獲，傳世嘗見興鼎之拓，未可比擬。今輯入是冊，編為頁廿，崇建記。

季按：是鼎乃西周早期後段之器，一九七七年十二月陝西省扶風縣黃堆公社齊家村西周墓葬出土，今歸陝西周原博物館收藏。其通高十九點六，口徑十六點九，腹深九點六釐米，重一點四一七公斤。器作圓唇，鼓腹，口沿上置一對索狀立耳，下見三柱足，略顯修長，內側削平。口下飾兩道弦紋，內壁鑄銘二行四字，同銘興鼎傳世見一。傳為陝西鳳翔出，曾藏潘祖蔭處，時代較前偏晚，今未知歸何。

鈐印 慎堂藏拓
慎堂藏拓
季
慎堂
崇建
壬寅
別部將軍
慎堂主人真賞之寶

第廿一開

父乙甗銘文拓片
'Fu Yi' Yan vessel (rubbing)

西周早期
縱 8 釐米　橫 3.5 釐米

釋文　乙父𠘧

題一　周父乙甗，壬寅暢月，海上慎堂題首。

題二　銘鑄"乙父"當讀"父乙"，下一字未識。今揀出此拓輯入冊內，編為頁廿一，崇建記。

季按：是甗乃西周早期之器，一九七八年陝西省扶風縣齊家村東壕西周墓葬出土，今歸陝西省寶雞市周原博物館收藏。其通高三十九點五，口徑二十六點九，甗深十六點二釐米，重約五點六公斤。器為甑鬲連體，甑部敞口，深腹，腹部漸收，下端微有下垂感，口沿置一對索狀立耳。甑鬲連接處內束，鬲部分襠，三足如柱狀，外直內略凹，曲線流暢。甑部之頸部飾一週獸面紋，足上為獸面。內壁鑄銘三字。

鈐印　慎堂藏拓　崇建
慎堂藏拓　愛不釋手
季　別部將軍
慎堂　慎堂主人真賞之宝

第廿二開

苟鬲銘文拓片
'Gou' Li vessel (rubbing)

西周早期
縱 3 釐米　橫 6 釐米

釋文　苟乍（作）/ 父丁 / 隫（尊）/ 斖

題一　周苟鬲，壬寅暢月，海上慎堂崇建題首。

題二　此拓去歲獲之，雖拓工不佳，但覓得不易，故依然入冊，編為頁廿二也，海上崇建記。

季按：此鬲乃西周早期後段之器。一九七六年陝西省扶風縣雲塘村十三號西周墓葬出土，今歸陝西周原博物館收藏。其通高十八點二，口徑十四點五，腹深十點三釐米，重約一點四公斤。器作侈口，束頸，口沿上置一對索狀立耳，分襠甚圓，鼓下為三款足。頸部飾弦紋，兩道口內壁鑄銘四行六字，排列頗特殊。同類之鬲傳世有見，如原藏烏程陳抱之、現藏上海博物館之𩱜鬲及旅順博物館之祖辛父甲鬲等。

鈐印　慎堂藏拓　崇建
慎堂藏拓　壬寅
季　別部將軍
慎堂　慎堂主人真賞之寶

第廿三開

六六一六六一甗銘文拓片
'Liu Liu Yi Liu Liu Yi' Yan vessel (rubbing)

西周早期
縱 6.3 釐米　橫 3.5 釐米

釋文　六六一六六一

題一　周六六一六六一甗，壬寅暢月，海上慎堂崇建題。

題二　銘曰："六六一六六一"，未知何意。去歲得此拓，今重裝並輯入是冊，編為頁廿三，慎堂崇建記。

季按：此甗乃西周早期後段之器，一九七六年四月陝西省岐山縣賀家村一一三號墓葬出土，今歸岐山縣周原博物館收藏。其通高四十一點三，口徑二十五點三，腹深二十四點三釐米，重六點八公斤。器為甑鬲連體式，侈口，深腹，口沿上有一對立耳，鬲部分襠，下部作圓柱形三足，腰內有心形箅，上有四個十字孔。頸部飾單線雲雷紋組成的獸面紋，鬲腹則飾浮雕牛角獸面。內壁鑄銘六字。

鈐印　慎堂藏拓　崇建
慎堂藏拓　愛不釋手
季　別部將軍
慎堂　慎堂主人真賞之宝

第廿四開

□鼎鬲銘文拓片
'□ Ding' Li vessel (rubbing)

西周早期
縱 6 釐米　橫 4.5 釐米

釋文　□鼎

題一　周□鼎鬲，壬寅暢月，海上慎堂題首。

題二　此鬲內壁銹蝕嚴重，鑄銘之首字模糊不清，拓工亦差。今編入是冊，頁廿四，崇建記。

季按：此鬲乃西周早期之器，一九七六年陝西省寶雞市渭濱區竹園溝四號西周墓甲室出土，今歸寶雞青銅器博物院收藏。其通高十八點一，口徑十三點九，重約一點五公斤。器作卷沿，方唇，口沿上置一對立耳，束頸，深腹，圓肩，分襠較寵統，柱足略見外展。頸部僅見一週弦紋，餘皆光平無紋。整個形體頗顯飽滿，敦厚有趣，器之打磨工藝良好，未見範線。內壁口沿鑄銘一行二字，一未識。

鈐印　慎堂藏拓　崇建
慎堂藏拓　壬寅
季　別部將軍
慎堂　慎堂主人真賞之寶

第廿五開

婦妊罍銘文拓片
‘Fu Yi’ Lei vessel (rubbing)

西周早期
蓋　縱 3.6 釐米　橫 1.5 釐米

釋文　帚（婦）妊

題一　周婦妊罍，壬寅暢月，海上慎堂題首。

題二　婦妊罍，亦稱帚妊方罍。此拓偶得，今揀出輯入是冊，編為頁廿五，海上崇建記。

季按：是罍乃西周早期後段之器。一九八〇年陝西省寶雞市渭濱區竹園溝西周墓葬出土，今藏寶雞青銅器博物院內。其通梁高十七點五，口橫七，口縱六點七，腹深十點三釐米，重零點八公斤。體呈方形，有蓋有提梁，蓋若四阿屋頂形，上有鈕，頸兩側有環鈕套接提梁，頸之前後有浮雕獸面紋，蓋沿頸部與肩部各有兩道弦紋。蓋內與器內皆有鑄銘一行二字，同銘而不同形，皆同朱文。

鈐印　慎堂藏拓　崇建
慎堂藏拓　愛不釋手
季　別部將軍
慎堂　慎堂主人真賞之宝

第廿六開

父己卣銘文拓片
‘Fu Ji’ You vessel (rubbing)

商晚期
外底　縱 1 釐米　橫 5.8 釐米

釋文　△刀

題一　商父己卣，壬寅暢月，海上慎堂題首。

題二　此為商父己卣，外底鑄銘為陽文，頗特殊。今輯入是冊，編為頁廿六，慎堂崇建記。

季按：此卣乃商代晚期之器。一九七六年陝西省寶雞市渭濱區竹園溝十三號墓甲室出土，今歸寶雞青銅器博物院收藏。其通高三十三點一，口徑十點五。器口微斂，方唇，內壁加厚起棱，長頸微束，兩側各有一半圓環銜接提梁。腹深且圓鼓，圈底近平矮，圈足斜直外擴，足底起臺，圓肩，蓋口沿作子口，有圈足形捉手，器之頸部圈足及蓋頂各飾一週夔龍紋。內底有陰銘文“父己”二字，外底則見陽紋“△刀”二字。

鈐印　慎堂藏拓　崇建
慎堂藏拓　壬寅
季　別部將軍
慎堂　慎堂主人真賞之寶

第廿七開

冉簋銘文拓片
‘Ran’ Gui vessel (rubbing)

西周早期
縱 3.5 釐米　橫 3.2 釐米

釋文　ㄇ（冉）

題一　周冉簋，壬寅暢月，海上慎堂季崇建題首。

題二　此冉簋亦稱ㄇ簋、𠕁簋。今揀出此拓重裝輯入是冊，編為頁廿七，慎堂崇建記。

季按：是簋乃西周早期之器，一九七六年陝西省寶雞市渭濱區竹園溝二十號墓葬出土，今歸寶雞青銅器博物院收藏。其通高十七點五，口徑十六點七釐米。器為敞口，卷沿，方唇，束頸，淺鼓腹，兩側置雙耳，下接鈎形垂珥。矮圈足，圓肩式蓋，頂部有圈足形捉手，蓋沿作子口。蓋面之外緣頸部及圈足之外壁均飾一週顧首折身之龍紋，結構皆同，唯頸部龍紋居中飾以浮雕獸首。器蓋同銘，鑄一字。

鈐印　慎堂藏拓　崇建
慎堂藏拓　愛不釋手
季　別部將軍
慎堂　慎堂主人真賞之宝

第廿八開

兒鼎（丁器）銘文拓片
‘Er’ Ding vessel (rubbing D)

西周中期
縱 1.8 釐米　橫 3.2 釐米

釋文　兒

題一　周兒鼎，壬寅寒月，海上慎堂崇建題首。

題二　此拓兒鼎之丁器銘，去歲偶得。今揀出輯入是冊，編為頁廿八，海上季崇建記。

季按：是鼎乃西周中期前段之器，一九七四年陝西省寶雞市茹家莊西周墓葬出土，今歸寶雞青銅器博物院收藏。其通高十三點五，口徑十二點六，腹深八點一釐米，重一點一公斤。器為侈口，束頸，扁圓腹，立耳，矮柱足，足部上粗下細。通體光素無紋，口沿處鑄銘一“兒”字。同墓共出五器，是為列鼎，形制銘文相同，大小相次。甲鼎，通高十七點七，乙為十六，丙為十五，此鼎為丁號。同墓另見一套兒簋，銘同。

鈐印　慎堂藏拓　愛不釋手
季　別部將軍
慎堂　慎堂主人真賞之宝
崇建

第廿九開

兒簋（甲、乙器）銘文拓片

'Er' Gui vessels (rubbing A&B)

西周中期
甲器　縱 2.5 釐米　橫 2.5 釐米
乙器　縱 2.5 釐米　橫 2.7 釐米

釋文一兒

釋文二兒

題一　周兒簋，壬寅閏二月，海上慎堂崇建題首。

題二　兒簋共四，今得甲乙二器銘拓，難覓也。今揀出輯入是冊，編為頁廿九，崇建記。

季按：是簋乃西周中期前段之器，一九七四年陝西省寶雞市渭濱區茹家莊一號西周墓葬出土。同出兒簋共四。又見一套兒鼎，五器。右見拓一為兒簋甲，通高十二點八，口徑十六點八，腹深十一點二釐米，拓二之兒簋通高十二點六，口徑十六點五，腹深十一點五釐米。二者形制基本雷同，器為直口，束頸，扁圓鼓，兩側置一對獸首耳，矮圈足，通體光素無紋。四器皆同，其口沿處鑄"兒"一字，亦與兒銘之列鼎鑄法一致也。

鈐印　慎堂藏拓　崇建
慎堂藏拓　壬寅
季　別部將軍
慎堂　慎堂主人真賞之寶

第卅開

𨙶父盉銘文拓片

'Shen Fu' He vessel (rubbing)

西周中期
蓋　縱 4.5 釐米　橫 3 釐米

釋文　𨙶父乍（作）/ 寶彝

題一　周𨙶父盉，壬寅閏二月，海上慎堂崇建題首。

題二　此拓為𨙶父盉之蓋銘，其字口優於器銘。今重裝入冊，編為頁卅，海上崇建記。

季按：此盉乃西周中期前段之器，一九七五年三月陝西省扶風縣莊白村西周墓葬出土，今歸扶風縣博物館收藏。其通高二十點七，口徑十二點七，腹深十點二，流長七釐米。器為侈口，束頸，鼓腹，分襠，三款足，前有管狀流，有低蓋。蓋面飾浮雕盤龍，鋬作立體圓雕回首卷尾龍，蓋側有環鈕與器身相連，鏈條是一蛙形，前足環抱蓋鈕，頗有趣。腹飾雙線V形紋，頸飾垂冠回首之夔龍紋，流飾三角雷紋。器、蓋同銘，二行五字。

鈐印　慎堂藏拓　崇建
慎堂藏拓　愛不釋手
季　別部將軍
慎堂　慎堂主人真賞之宝

第卅一開

伯䧅鼎銘文拓片

'Bo Zhi' Ding vessel (rubbing)

西周中期
縱 7 釐米　橫 4 釐米

釋文　白（伯）䧅乍（作）/ 𣄨（旅）障（尊）鼎

題一　周伯䧅鼎，壬寅嚴月，海上慎堂題首。

題二　此拓去歲得於市肆，今揀出重裝池入冊，編為頁卅一，慎堂季崇建記。

季按：是鼎乃西周中期前段之器，一九七四年十二月陝西省寶雞市渭濱區茹家莊一號西周墓出土，今歸寶雞青銅器博物院收藏。其通高十四點五，口橫十四點八，口縱十點五，腹深八點三釐米，重一點二公斤。器體呈橢方形，平折沿，沿口立雙耳，略外傾，垂腹微鼓，下有四柱足。頸部飾一週以雲雷紋襯地的鳳鳥紋與渦紋相間之紋樣，下配一條弦紋，他處皆光平無飾，這種方鼎樣式並不多見。腹內壁鑄銘二行六字。

鈐印　慎堂藏拓　崇建
慎堂藏拓　壬寅
季　別部將軍
慎堂　慎堂主人真賞之寶

第卅二開

㺇伯甗銘文拓片

'Yu Bo' Yan vessel (rubbing)

西周中期
縱 6.8 釐米　橫 4.2 釐米

釋文　㺇白（伯）自為 / 用鬳（甗）

題一　周㺇伯甗，壬寅葭月，海上慎堂題首。

題二　此拓得於有年，今已難覓也，特重裝並輯入是冊，編為卅二，海上季崇建記。

季按：此甗乃西周中期前段之器，一九七四年十二月陝西省寶雞市渭濱區茹家莊一號西周墓葬出土，今歸寶雞青銅器博物館收藏。其通高三十六，口徑最寬處為二十四點五，腹深二十一點五釐米，重五點三公斤。器為連體式，侈口，深腹，口沿上置一對索狀立耳，下有三柱足。器之口下飾雲雷紋組成之獸面紋，鬲部分襠，上飾浮雕之象首形。同類形制者傳世或出土較多，唯象首紋尚少。內鑄六字銘文。

鈐印　慎堂藏拓　崇建
慎堂藏拓　愛不釋手
季　別部將軍
慎堂　慎堂主人真賞之宝

第卅三開

作寶尊彝簋銘文拓片

‘Zuo Bao Zun Yi’ Gui vessel (rubbing)

西周中期
縱 9 釐米　橫 4.2 釐米

釋文　乍（作）寶隫（尊）彝

題一　周作寶尊彝簋，王寅葭月，海上慎堂崇建題首。

題二　此拓早歲獲觀，後入藏慎堂，今揀出重裝並輯入是冊，編為頁卅三，崇建記。

季按：此簋乃西周中期之器，一九九五年陝西省扶風縣黃堆鄉五十八號西周墓葬出土，所出鼎簋各一，鼎素簋美。其通高十三點九，口徑二十一點四，腹深十點七釐米。器為侈口，腹略垂沉，矮圈足外侈，兩側有一對精美立體圓雕鳳鳥形雙耳，耳下有珥，鳥冠高聳，嘴尖勾，挺胸，具盛嚴之感。簋之腹部滿工，乃以雲雷紋襯底之卷體夔龍紋樣，左右對稱，極具裝飾性。圈足飾三角雲紋，缺蓋。內底鑄銘一行四字。

鈐印　慎堂藏拓　崇建
慎堂藏拓　王寅
季　別部將軍
慎堂　慎堂主人真賞之寶

第卅四開

作寶彝鼎銘文拓片

‘Zuo Bao Yi’ Ding vessel (rubbing)

西周中期
縱 5.5 釐米　橫 3 釐米

釋文　乍（作）寶彝

題一　周作寶彝鼎，王寅葭月廿三，海上慎堂崇建題首。

題二　此鼎保存狀況欠佳，故銘文字口亦劣。今揀出是拓，重裝入冊，編為頁卅四，崇建。

季按：此鼎乃西周中期前段之器，一九七四年十二月陝西省寶雞市渭濱區茹家莊一號西周墓葬出土，今歸寶雞青銅器博物院收藏。其通高十九，口橫十二，口縱十五點五，腹深七點五釐米，重一點四公斤。器呈長方形直口，左右沿口置一對立耳，四柱足修長，四角有扉棱。口下飾雙身龍紋，淺浮雕樣式，腹部以乳釘紋作裝飾，高凸齊整，柱足則飾以淺刻之蟬紋。內壁鑄銘一行三字。凡方鼎，皆珍貴也。

鈐印　慎堂藏拓　崇建
慎堂藏拓　愛不釋手
季　別部將軍
慎堂　慎堂主人真賞之宝

第卅五開

伯簋銘文拓片

‘Bo’ Gui vessel (rubbing)

西周中期
縱 6 釐米　橫 4 釐米

釋文　白（伯）乍（作）彝

題一　周伯簋，王寅葭月，海上慎堂崇建題首。

題二　伯簋亦稱伯作彝簋，保存尚差，唯銘文可辨，拓片難覓也。今入編為頁卅五，建記。

季按：是簋乃西周中期前段之器，一九七四年十二月陝西省寶雞市渭濱區茹家莊一號西周墓葬出土，今歸寶雞青銅器博物院收藏。其通高十四點五，口徑十九點二，腹深十一點四釐米。簋身與圈足皆有殘，故殘重約一點八五公斤。器為圓侈口，束頸，卷沿外侈，深腹下垂略外鼓，圓足，低矮腹之兩側置一對獸首耳，下有方形垂珥。頸部飾一週目雷紋，腹飾大方格乳釘紋，圈足亦飾目雷紋。內底鑄銘三字。

鈐印　慎堂藏拓　崇建
慎堂藏拓　王寅
季　別部將軍
慎堂　慎堂主人真賞之寶

第卅六開

◆[illegible]鼎銘文拓片

‘◆[illegible]’ Ding vessel (rubbing)

西周中期
縱 4.5 釐米　橫 4.5 釐米

釋文　◆[illegible]

題一　周◆[illegible]鼎，王寅葭月，海上慎堂崇建題首。

題二　此銘不識，同類見二，尤美國范氏所藏，當與之為同一人所鑄。余早歲獲此拓，今揀出重裝並輯入冊，編為頁卅六，崇建記。

季按：此鼎乃西周中期前段之器，一九八〇年十二月陝西省扶風縣法門鎮劉家村西周墓葬出土，今歸陝西周原博物館收藏。其通高二十一點九，口徑二十點五，腹深十點八釐米，重約二點五公斤。器為平折沿，口沿上置一對立耳，微外傾，下腹向外傾垂，有圓鼓之感，三條柱足亦略外撇。頸部飾雲雷紋襯底之夔紋，夔呈S形，垂冠回首，尾下卷作刀形，外底有三角形範線。內壁鑄銘二字。同類銘嘗見二鼎。

鈐印　慎堂藏拓　崇建
慎堂藏拓　愛不釋手
季　別部將軍
慎堂　慎堂主人真賞之宝

井姬附耳鼎

陝西省寶雞青銅器博物院藏

《寶雞青銅器博物院藏商周青銅器》卷一著錄

012 井姬附耳鼎銘文拓片

'Jing Ji' Ding vessel with handles (rubbing)

西周中期

縱 9.4 釐米 橫 7.8 釐米

釋文 丼（井）姬歸（歸）亦列祖 / 考夌公宗室 / □孝祀孝祭 / 隹（唯）彊（強）白（伯）乍（作）丼（井）/ 姬用鼎（鼎）段（簋）

題 西周井姬附耳鼎，甲辰年辰月，海上季崇建題於慎獨齋。

案：此鼎亦謂強伯鼎，一九七四年十二月陝西省寶雞市渭濱區茹家莊二號墓出土，今歸陝西寶雞青銅器博物院收藏。其通高十五點一，口徑十三點五，腹深九釐米。器為直口，厚唇，有蓋，蓋頂設三個曲尺形鈕，間有三組顧首折身龍紋。頸側置一對方形附耳，深腹，圜底，三柱足。頸部近腹部上端飾三組顧首折身龍紋，與蓋上紋樣結構大率一致。器之內壁鑄銘五行二十四字，字體很不規整，草率為之。同墓見二井姬附耳鼎，形制、紋飾、銘文皆同，余二拓盡得也，慎堂記。

鈐印 慎堂藏拓 慎堂藏拓 甲辰 季氏 崇建 季 季氏 崇建印信

弫伯簋

陝西省寶雞青銅器博物院藏

《陝西金文集成·寶雞卷·8》著錄

014 強國八器銘文卷

Eight vessels of The Kingdom of Yu (rubbings in set)

西周中期
強伯簋銘拓　縱 9 釐米 橫 5.5 釐米
強伯甗銘拓（一）　縱 9.7 釐米 橫 6.7 釐米
強伯貘尊銘拓　縱 6.55 釐米 橫 5.5 釐米
強伯甗銘拓（二）　縱 7.2 釐米 橫 5 釐米
強鼎銘拓　縱 7.2 釐米 橫 3.5 釐米
強伯鬲銘拓　縱 6.5 釐米 橫 3.8 釐米
強伯鼎銘拓（一）　縱 6.5 釐米 橫 4.5 釐米
強伯鼎銘拓（二）　縱 6 釐米 橫 5.6 釐米

題簽　西周強國八器銘文卷，壬寅臘月，崇建題

鈐印　崇建

引首　彊國八器，歲在壬寅冬月，海上崇建題。

鈐印　壬寅
季
崇建印信
慎堂藏拓

畫心　《強國八器卷》
去歲覓得四十餘年前寶雞茹家莊西周墓葬所出古強國青銅器銘文數十枚，甚悅。今揀選尺寸、字數、內容相近者八枚，集為一卷，並逐一釋之題之，以與同道共饗。壬寅冬月初九，海上慎堂季崇建于建業文房南隅。

一　強伯簋銘文拓片

釋文　彊強白（伯）乍（作）自／為鼑（鼎）段（簋）

題一　強伯簋。
是簋乃西周中期前段物，一九七四年寶雞市渭濱區茹家莊西周墓葬出土，今藏寶雞青銅器博物院。通高十二釐米，內底鑄銘二行七字。有蓋，似為他器之蓋也。崇建識。

二　強伯甗銘文拓片

釋文　彊（強）白（伯）乍（作）井／姬用鬳（甗）

題二　強伯甗，亦稱井姬甗。
是甗乃西周中期前段物，一九七四年寶雞渭濱茹家莊西周墓葬出土，今歸寶雞青銅器博物院收藏。其通高四十三點三釐米，鑄銘七字。建。

西周井姬附耳鼎

甲辰年辰日海上季崇建敬書於慎獨齋

器內壁鑄銘拓片

釋文

井（井）姬歸（歸）亦列祖

考麥公宗室

□孝祀孝祭

隹（唯）彊（強）白（伯）乍（作）井（井）

姬用鼎（鼎）殷（簋）

案此鼎亦謂強伯鼎一九七四年十二月陝西省寶雞市渭濱區茹家莊二號墓出土今藏陝西寶雞青銅器博物院收藏其通高十五點一口徑十三點五腹深九釐米器為直口厚唇有蓋蓋頂設三個曲尺形鈕間有三組顧首折身龍紋頸側置一對方形附耳深腹圓底三柱足頸部近腹部上端飾三組顧首折身龍紋與蓋上紋樣結構大率一致器之內壁鑄銘五行二十四字字體很不規整草率為之同墓見二井姬附耳鼎形制紋飾銘文皆同余二拓書得心慎齋記

井姬附耳鼎

陝西省寶雞青銅器博物院藏
《寶雞青銅器博物院藏商周青銅器》卷一著錄

013 井姬附耳鼎銘文拓片
'Jing Ji' Ding vessel with handles (rubbing)

西周中期
縱 11.8 釐米 橫 9.8 釐米

釋文 丼（井）姬晜（歸）亦列 / 祖考夌公宗 / 室□孝祀孝祭 / 隹（唯）彊（強）白（伯）乍（作）丼（井）姬用 / 鼎（鼎）毁（簋）

題 井姬附耳青銅鼎，甲辰年莺時廿九，海上慎堂崇建題首。

季按：是鼎亦稱強伯鼎，一九七四年十二月陝西省寶雞市茹家莊二號墓出土，今歸陝西寶雞青銅器博物院收藏。其通高二十點五，口徑十七點五，腹深十三點六釐米。器為直口，厚唇，有蓋，蓋上有三扉棱鈕，方形附耳一對，深鼓腹，三柱足略短粗。蓋之頂部飾一週顧首折身龍紋，頸部以三足為界，飾以三組顧首長鼻折身龍紋，每組中心有一條低扉棱。內壁鑄銘五行二十四字，字體草率，排列不齊。同墓共出二件井姬附耳鼎，同形同紋同銘，余得二鼎銘原拓，分裱別題之也。

鈐印
慎堂藏拓
慎堂藏拓
甲辰
季氏
崇建
季
季氏
崇建印信
別部將軍

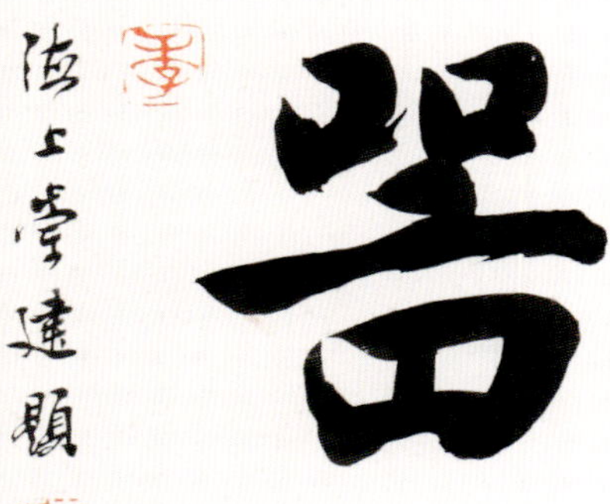

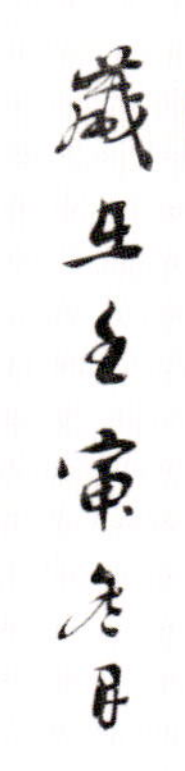

弜伯鼎

陝西省寶雞青銅器博物院藏

《寶雞青銅器博物院藏商周青銅器》卷一著錄

弜伯鼎

陝西省寶雞青銅器博物院藏

《寶雞青銅器博物院藏商周青銅器》卷二著錄

強伯甗

陝西省寶雞青銅器博物院藏

《寶雞青銅器博物院藏商周青銅器》卷三著錄

西周作寶彝簋

壬寅立冬後一日滬上慎堂季堂建題首

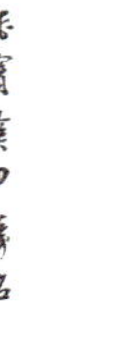

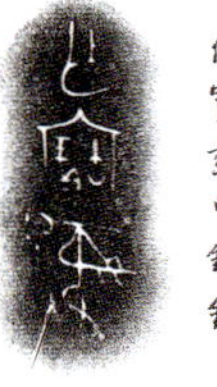

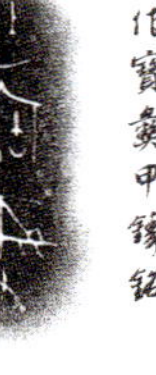

作寶彝甲簋鑄銘

作寶彝乙簋鑄銘

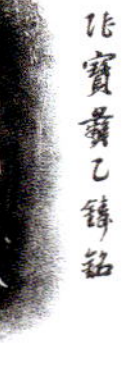

釋文

乍（作）寶彝

季按：二祖原器皆一九七六至一九八一年陝西省寶雞市渭濱區竹園溝墓葬出土，後歸陝西寶雞青銅器博物院收藏。二簋尺寸重量基本相同，通高十六點三，口徑二十一點二，腹深十一點八釐米。形制亦一致，圓口外侈，束頸鼓腹，腹較深，高圈足，左右點稱兩獸面耳，並有鉤狀垂珥，圈足亦沿有邊。圈頸和圈足飾渦紋間夔紋，腹部滿工飾以小峯角式獸面紋，內底各鑄銘一行三字。此類銅簋形式西周早期常見。

西周伯各卣

壬寅仲月滬上慎堂季堂建題首

伯各卣甲蓋鑄銘

伯各卣乙蓋鑄銘

釋文

白（伯）各乍（作）寶隫（尊）彝

季按：此卣一九八〇年陝西省寶雞市渭濱區竹園溝西周墓葬出土，今歸寶雞青銅器博物院收藏。同出有二，以甲乙編序，今獲甲乙二器之蓋銘，查資料可知此二卣尺寸略異，甲者偏大，通高三十三釐米，乙器通高二十七釐米。體形皆橢圓體，直口，鼓腹，有蓋，蓋上置花鈕，頸兩側有半環鈕套接羊首提梁，梁上又飾羊首，通體四隅有透雕扉棱，蓋面與器腹皆飾卷角獸面紋，且突出器表，極具立體氣息，乃美器也。

西周強伯盤·鎣

壬寅立冬後一日滬上慎堂季堂建題首

強伯盤鑄銘

強伯鎣鑄銘（蓋）

釋文

強白（伯）自

乍（作）般（盤）䒈（鎣）

季按：此組強伯盤鎣一九七四年十二月陝西省寶雞市渭濱區茹家莊一號西周墓出土，今皆歸陝西寶雞青銅器博物院收藏。盤之通高十七，口徑二十九釐米，窄口沿，淺腹，圈足，一對附耳，腹飾兩周雷紋，內底鑄銘二行五字。鎣亦器蓋同銘，皆言自作盤鎣也。鎣之通高二十一點七，口徑十五點五釐米，體呈分襠鬲形，侈口束頸，蓋面隆起，腹出管狀流，又見獸首鋬，蓋上器頸與流管飾三角雷紋，腹部飾獸面紋。今獲二拓難得也。

強伯方座簋（甲、乙器）

陝西省寶雞青銅器博物院藏

《寶雞青銅器博物院藏商周青銅器》卷三著錄

015 強伯簋銘文拓片

'Yu Bo' Gui vessel (rubbing)

西周早期

甲器　縱 8.5 釐米　橫 5 釐米

乙器　縱 10.5 釐米　橫 6.5 釐米

釋文　彊（強）白（伯）乍（作）/ 寶障（尊）𣪘（簋）

題　西周強伯簋，壬寅立冬日，海上慎堂季崇建題首。

季按：此二強伯簋於一九八一年九月同出陝西省寶雞市金臺區㭎坊頭之西周墓，今歸陝西寶雞青銅器博物院收藏。其中甲器有蓋，通高三十八點七釐米。直口，束頸，腹壁較直，高圈足，下連鑄方座，四獸耳，下有垂珥，蓋器表面均飾圓渦紋，間倒夔紋，圈足飾獸面紋，方座飾牛角獸面紋。乙器無蓋，通高三十一釐米。侈口，鼓腹，兩獸首耳有垂珥，圈足下連鑄方座，紋飾滿工，較甲器更豐富精彩。二器内底各鑄銘二行六字，拓片稀見也。

鈐印　心賞

慎堂

崇建

季氏

崇建印信

慎獨齋主

慎堂藏拓

季崇建印

西周強伯簋

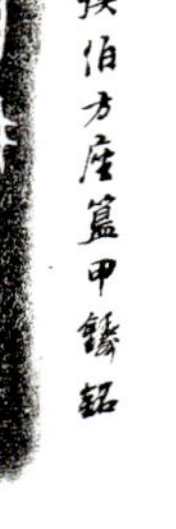

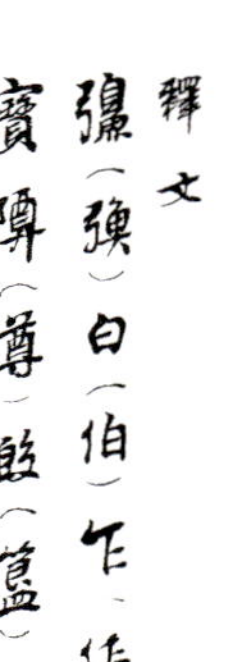

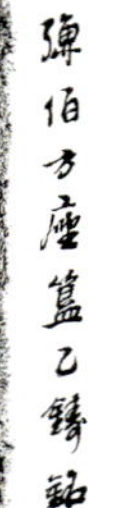

釋文 强（強）白（伯）乍（作）寶障（尊）𣪘（簋）

季按：此二強伯簋於一九八一年九月同出陝西省寶雞市金臺區㭎坊頭之西周墓，今歸陝西寶雞青銅器博物院收藏。……拓片稀見也

弜伯雙環簋（甲、乙器）

陝西省寶雞青銅器博物院藏

《寶雞青銅器博物院藏商周青銅器》卷四著錄

016 弜伯簋銘文拓片

'Yu Bo' Gui vessel (rubbing)

西周中期

甲器　縱 12.5 釐米　橫 6.5 釐米

乙器　縱 11 釐米　橫 7.5 釐米

釋文　彊（弜）白（伯）乍（作）旅 / 用鼎段（簋）

題　西周彊伯簋，壬寅立冬，海上慎堂季崇建題首。

季按：此對弜伯簋一九七四年十二月陝西省寶雞市渭濱區茹家莊西周墓葬出土。攷古發現表明，器主生前同鑄兩簋，下葬時一件置於弜伯墓中，一件入葬其妻井姬墓內，二器尺寸基本相同。通高十五點八或六，口徑約二十一，腹深十一點六或九釐米。器形亦一致，斂口，窄折沿，腹較扁，矮圈足，連鑄四小足，兩側各有一對牛首銜連環耳，通體光素無紋，内底各鑄銘二行七字。今偶得二器二拓，甚悅！重裝池並釋之題之，以與同道共饗，時在壬寅立冬之夜。

鈐印　心賞

慎堂

崇建

季氏

崇建印信

慎獨齋主

慎堂藏拓

季崇建印

𢐗季卣

陝西歷史博物館藏

《陝西金文集成·寶雞卷·8》著錄

西周𢐗季卣 壬寅檀月十二日海上慎堂崇建題首

𢐗季卣蓋鑄銘

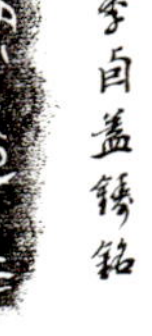

𢐗季卣器鑄銘

釋文 𢐗（𢐗）季乍（作）寶旅彝

季按是卣一九八〇年六月陝西省寶雞市渭濱區竹園溝四號西周墓出土其通高二十三點五口徑最寬處十五點五腹深十二點八釐米侈口束頸垂腹底近平下有四個獸蹄形扁足頸部有半環鈕套接獏頭之扁提梁蓋面隆起上有圈狀捉手蓋沿和器頸前後有浮雕犧首兩邊對稱飾以雲雷紋襯底之花冠夔龍紋蓋器同銘二行六字此卣今藏陝西歷史博物館內

017 𢐗季卣銘文拓片

'Yu Ji' You vessel (rubbing)

西周早期

蓋　縱 7 釐米　橫 4 釐米

器　縱 7 釐米　橫 4 釐米

釋文　𢐗（𢐗）季乍（作）/ 寶旅彝

題　西周𢐗季卣，壬寅檀月十二日，海上慎堂崇建題首。

季按：是卣一九八〇年六月，陝西省寶雞市渭濱區竹園溝四號西周墓出土。其通高二十三點五，口徑最寬處十五點五，腹深十二點八釐米。侈口，束頸，垂腹，底近平，下有四個獸蹄形扁足，頸部有半環鈕，套接獏頭之扁提梁。蓋面隆起，上有圈狀捉手，蓋沿和器頸前後有浮雕犧首，兩邊對稱飾以雲雷紋襯底之花冠夔龍紋。蓋器同銘二行六字。此卣今藏陝西歷史博物館內。

鈐印　心賞
慎堂
崇建
季氏
崇建印信
慎獨齋主
慎堂藏拓
季崇建印

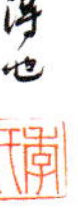

弶伯盤

陝西省寶雞青銅器博物院藏

《陝西金文集成·寶雞卷·8》著錄

弶伯鎣

陝西省寶雞青銅器博物院藏

《陝西金文集成·寶雞卷·8》著錄

018 弶伯盤·鎣銘文拓片

'Yu Bo' Pan&Ying vessel (rubbing)

西周中期

盤　縱 9 釐米 橫 5 釐米

鎣　縱 7.2 釐米 橫 4.5 釐米

釋文　弶白（伯）自/乍（作）般（盤）㸚（鎣）

題　西周弶伯盤·鎣，壬寅立冬後一日，海上慎堂崇建題首。

季按：此組弶伯盤鎣一九七四年十二月陝西省寶雞市渭濱區茹家莊一號西周墓出土，今皆歸陝西寶雞青銅器博物院收藏。盤之通高七，口徑二十九釐米。窄口沿，淺腹，圈足，一對附耳，腹飾兩週雷紋，內底鑄銘二行五字，鎣亦器蓋同銘，皆言自作盤鎣也。鎣之通高二十一點七，口徑十四點五釐米。體呈分襠鬲形，侈口，束頸，蓋面隆起，腹出管狀流，又見獸首鋬，蓋上器頸與流管飾三角雷紋，腹部飾獸面紋。今獲二拓，難得也。

鈐印　心賞

慎堂

崇建

季氏

崇建印信

慎獨齋主

慎堂藏拓

季崇建印

伯各卣（甲、乙器）

陝西省寶雞青銅器博物院藏

《陝西金文集成·寶雞卷·8》著錄

019 伯各卣銘文拓片

‘Bo Ge’ You vessel (rubbing)

西周康王世

甲蓋　縱 9 釐米 橫 5 釐米

乙蓋　縱 7.5 釐米 橫 4 釐米

釋文　白（伯）各乍（作）/ 寶隮（尊）彝

題　西周伯各卣，壬寅坤月，海上慎堂季崇建題首。

季按：此卣一九八〇年陝西省寶雞市渭濱區竹園溝西周墓葬出土，今歸寶雞青銅器博物院收藏，同出有二，以甲乙編序。今獲甲乙二器之蓋銘。查資料可知，此二卣尺寸略異，甲者偏大，通高三十三點六，乙器通高在二十七點五釐米。皆橢圓體，直口，鼓腹，有蓋，蓋上置花鈕，頸兩側有半環鈕，套接羊首提梁，提梁上又飾牛首。通體四隅有透雕扉棱，蓋面與器腹皆飾卷角獸面紋，且突出器表，極具立體感，是乃美器也。

鈐印　心賞

慎堂

崇建

季氏

崇建印信

慎獨齋主

慎堂藏拓

季崇建印

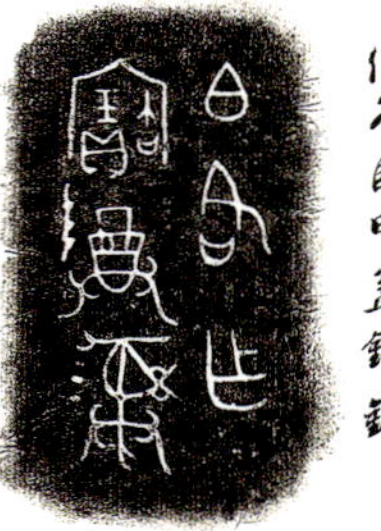

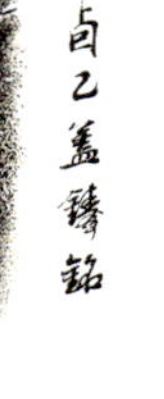

作寶彝簋（甲、乙器）

陝西省寶雞青銅器博物院藏

《陝西金文集成·寶雞卷·8》著錄

020 作寶彝簋銘文拓片

‘Zuo Bao Yi’ Gui vessel (rubbing)

西周早期

甲器　縱 8.5 釐米　橫 3.8 釐米

乙器　縱 8.5 釐米　橫 4 釐米

釋文　乍（作）寶彝

題　西周作寶彝簋，壬寅立冬後一日，海上慎堂季崇建題首。

季按：二拓原器皆一九七六至一九八一年陝西省寶雞市渭濱區竹園溝墓葬出土，今歸陝西寶雞青銅器博物院收藏。二簋尺寸重量基本相同，通高十六點三，口徑二十一點二，腹深十一點八釐米。形制亦一致，圓口外侈，束頸，鼓腹，腹較深，高圈足，左右對稱兩獸面耳，並有鈎狀垂珥，圈足下沿有邊圈，頸和圈足飾渦紋間夔紋。腹部滿工，飾以下卷角式獸面紋。內底各鑄銘一行三字。此類銅簋形式西周早期常見。

鈐印　心賞

慎堂

崇建

季氏

崇建印信

慎獨齋主

慎堂藏拓

季崇建印

作冊折觥

陝西省寶雞市周原博物館藏
《周原出土青銅器》卷三著錄

021 作冊折觥銘文拓片
'Zuo Ce Zhe' Gong vessel (rubbing)

西周早期
縱 11.8 釐米 橫 7.9 釐米

釋文 隹（唯）五月王才（在）庠戊 / 毙（子）令（命）乍（作）冊折兄（貺）朢（望）/ 土于相医（侯）易（錫）金易（錫）/ 臣䳄（揚）王休隹（唯）王十 / 又（有）九祀用乍（作）父乙 / 隫（尊）甘（其）永寶木羊冊

題一 西周作冊折觥，或稱作冊旂觥，一九七六年陝西扶風縣法門公社莊白村一號西周銅器窖藏，今藏周原博物館，海上崇建題。

題二 此觥通高二十九點二，通長三十八，腹深十三點一釐米。其蓋為一羊首，曲角，鼓目，獠牙，隆鼻，後端飾獸面，蓋之脊上有兩個形態不同獸首，蓋之側飾回首卷尾夔龍，觥體前部有流，紋飾與蓋一致。下部呈長方體，腹略鼓，中線與四角皆有透雕棱脊，滿飾夔龍紋，製作精美，乃西周早期佳品。蓋器同銘各四十二字，文中自謂尊彝，當酒器也。壬寅仲秋，慎堂記。

鈐印 慎堂藏拓
愛不釋手
慎堂
崇建
心血來潮
季氏
崇建印信

西周作册折觥

武穆作册旂觥一九七六年陕西扶风县法门公社庄白村一号西周铜器窖藏今藏周原博物馆海上崇建题

器铭

釋文

隹（唯）五月王才（在）厈戊
子（子）令（命）乍（作）册折兄（貺）皇（望）
土于相庚（侯）易（錫）金易（錫）
臣䫏（揚）王休隹（唯）王十
又（有）九祀用乍（作）父乙
隣（尊）甘（其）永寶木羊册

此觥通高二十九點二通長三十八腹深十三點一釐米其蓋為一羊首曲角鼓目獠牙隆鼻背端飾獸面蓋之脊上有兩個形態不同獸首蓋之側飾四首卷尾夔龍觥體前部有條紋飾與蓋一致六部呈長方體腹略鼓中綫與四角皆有透雕棱脊滿飾夔龍紋製作精美乃西周早期佳品蓋器同銘各四十二字文中自謂尊彝當酒器也壬寅仲穐慎全記

豐卣

陝西省寶雞市周原博物館藏
《周原出土青銅器》卷四著錄

022 豐卣銘文拓片

'Feng' You vessel (rubbing)

西周早期
縱 7.6 釐米 橫 7.5 釐米

釋文 隹（唯）六月既生 / 霸乙卯王才（在）/ 成周令（命）豐[1]寏（殷）/ 大矩[2]大矩易（錫）豐金 / 具用乍（作）父辛 / 寶隮（尊）彝木羊冊

朱批 1. 豐，或釋登。2. 大矩，重文。

題一 西周豐卣，時在壬寅霜降後一日，海上慎堂崇建題首。

季按：是卣一九七六年十二月陝西扶風縣法門公社莊白村一號西周銅器窖藏發現，今歸陝西周原博物館收藏。通高二十一，口徑最大處十一點二，腹深十一點八釐米。器呈橢圓形，低體垂腹，矮圈足，提梁兩端有圓雕羊頭，腹及頸飾鳳鳥紋，蓋上有鳥蛇攀交紋，提梁飾蟬紋。蓋、器同銘，六行三十三字，乃佳品也。

鈐印 愛不釋手
慎堂
崇建
壬寅
季氏
崇建印信
慎堂藏拓
季崇建印

西周 豐卣

時在丙申霜降後一日海上慎堂崇建題首

豐卣蓋銘

釋文

隹(唯)六月既生
霸乙卯王才(在)
成周令(命)豐(或釋豋)寓(殷)
大矩大矩(重文)易(錫)豐金
貝用乍(作)文辛
寶隩(尊)彝 木羊冊

季俊豐卣一九七六年十二月陝西扶風縣法門公社莊白村一號西周銅器窖藏發現今歸陝西周原博物館收藏通高二十一口徑寬大處十一點二腹深十一點八釐米器呈橢圓形低體垂腹矮圈足提梁兩端有圓雕羊頭腹及頸飾鳳鳥紋蓋上有鳥蛇饕餮紋提梁飾蟬紋蓋器同銘六行三十三字乃佳品也

商卣

陝西省寶雞市周原博物館藏
《周原出土青銅器》卷三著錄

023 商卣銘文拓片

'Shang' You vessel (rubbing)

西周早期
蓋　縱 9.5 釐米 橫 7.2 釐米

釋文　隹（唯）五月辰才（在）丁 / 亥帝后賁（賞）庚 / 姬貝卅朋迖丝（絲）/ 廿孚（锊）商用乍（作）/ 文辟日丁寶 / 隮（尊）彝𧾣（𡨦）

題一　西周商卣。
又稱庚姬卣，一九七六年陝西扶風縣法門公社莊白村一號銅器窖藏，慎堂題。

題二　是卣通高三十五，口徑寬處十六點二，腹深二十點七釐米。其體呈橢圓，長子口，直頸，鼓腹，蓋面隆起，鈕似花卷，提梁兩端鑄為圓雕龍首。器之四面有透雕棱脊，周身滿工獸面紋與夔龍紋，極精美，乃西周早期前段之標準器。器蓋內鑄以同銘卻不同行，共三十字，合文一，蓋銘字體行氣略優也。海上崇建二題。

鈐印　慎堂藏拓
心賞
慎堂
崇建
壬寅
季氏
崇建印信
慎堂

西周商卣

又稱庚姬卣一九七六年陝西扶風縣法門公社莊白村一號銅器窖藏憶雲題

商卣蓋銘

釋文

隹（唯）五月辰才（在）丁亥帝后賞（賞）庚姬貝卅朋迖絲（絲）廿孚（鋝）商用乍（作）文辟日丁寶隮（尊）彝𡗗（𩐁）

是卣通高三十五口徑寬廓十六點二腹深二十點七釐米其體呈橢圓長子口直頸鼓腹蓋面隆起鈕似花苞提梁兩端鑄為圓雕龍首器之四面有透雕棱脊周身滿工獸面紋與夔龍紋極精美乃西周早期青銅之標準器器蓋內鑄以同銘卻不同行共三十字合文一蓋銘字體行氣略優也海上常建之題

三年瘨壺（甲器）

陝西省寶雞市周原博物館藏
《周原出土青銅器》卷四著錄

024 三年瘨壺（甲器）銘文拓片

The 3rd year of 'Xing' Hu vessel A (rubbing)

西周懿王世
縱 9 釐米　橫 20.3 釐米

釋文　隹（唯）三年九月 / 丁子（巳）王才（在）奠[1]（鄭）/卿（饗）醴乎（呼）虢弔（叔）/ 召瘨[2]易（錫）羔俎[3] / 己丑王才（在）句 / 陵卿（饗）逆[4]酉（酒）乎（呼）/ 師壽（壽）召瘨易（錫）/ 彘俎捧（拜）䭫（稽）首 / 叡（敢）對𩀁（揚）天子 / 休用乍（作）皇且（祖）/ 文考奠（尊）壺瘨 / 亓（其）萬年永寶

朱批　1. 奠，或即西鄭。2. 瘨，即牆盤器主牆之子。3. 俎，《左傳 · 隱公五年》"鳥獸之肉，不登于俎。" 杜预《注》"俎，祭宗廟器。" 4. 逆，猶受也。

題一　西周三年瘨壺，一九七六年十二月陝西扶風縣法門公社莊白村西周銅器窖藏，今藏周原博物館，慎堂題首。

題二　此壺通高六十五點二，口徑二十點三，腹深四十八點七釐米。其頸部修長，腹稍扁圓，獸首銜環雙耳，圈足低矮，蓋有長子口，器蓋皆滿工，飾變體鳥紋與環帶紋，均以雲雷紋襯底，同出成對。兩壺皆同銘十二行，共六十字，一說孝王世之器，亦說懿王時之具，余沿懿王說。壬寅仲秋，海上崇建並識。

鈐印　慎堂藏拓
愛不釋手
慎堂
崇建
壬寅
季氏
崇建印信

西周三年𤼈壺

一九七六年十二月陜西扶風縣法門公社莊白村西周銅器窖藏以藏周原博物館慎堂題首

蓋拓鑄銘

釋文

隹(唯)三年九月

丁子(巳)王才(在)奠(鄭)

或即西鄭

卿(饗)醴乎(呼)虢弔(叔)

即牆盤器主牆之子

召𤼈易(錫)羔俎

左傳隱公五年鳥獸之肉不登于俎 杜預注俎祭宗廟器

己丑王才(在)句

陵卿(饗)逆酉(酒)乎(呼)

猶受也

師壽(壽)召𤼈易(錫)

彘俎拜(拜)頧(稽)首

敢(敢)對覭(揚)天子

休用乍(作)皇且(祖)

文考尊(尊)壺𤼈

其(其)萬年永寶

此壺通高六十五點二口徑二十點三腹深四十八點七釐米其頸部修長腹稍扁圓獸首銜環雙耳圈足低矮蓋有長子口器蓋皆滿工飾變體鳥紋與環帶紋均以雲雷紋襯底同出成對兩壺皆同銘十二行共六十字一說孝王世之器亦說懿王時之具今沿懿王說壬寅仲穐於上崇建盦識

十三年瘨壺（乙器）

陝西省寶雞市周原博物館藏

《周原出土青銅器》卷四著錄

025 十三年瘨壺（乙器）銘文拓片

The 13rd year of 'Xing' Hu vessel B (rubbing)

西周懿王世

蓋　縱 7.3 釐米 橫 16 釐米

釋文　隹（唯）十又（有）三 / 年九月初 / 吉戊寅王 / 才（在）成周嗣（司）/ 土淲宮各（格）/ 大（太）宮即立（位）/ 徲父右瘨 / 王乎（呼）乍（作）冊 / 尹冊易（錫）瘨 / 畫裛（靳）牙僰 / 赤舃瘨拜（拜）/ 𩒨（稽）首對𩛥（揚）/ 王休瘨囟（其）/ 萬年永寶

題　西周十三年瘨壺，一九七六年陝西扶風縣法門公社莊白村西周銅器窖藏，今藏周原博物館，海上慎堂題。

季按：此壺通高五十九點九，口徑十六點八，腹深四十三點九釐米。其頸部修長，腹扁圓，獸首銜環雙耳，矮圈足，沿下折，蓋有長子口插入器口，頸外壁鑄銘一篇。下飾鳳鳥紋，腹飾開光式鱗帶紋，圈足飾環帶紋，蓋榫內亦鑄銘，與頸外壁內容一致，各五十六字。一說孝王世器，又說懿王。成對發現，甚稀也。

鈐印　慎堂藏拓
心賞
慎堂
崇建
壬寅
季氏
崇建印信

西周十三年痶壺

一九七六年陝西扶風縣法門公社莊白村西周銅器窖藏今藏周原博物館 滬上慎堂題

蓋榫鑄銘

釋文

隹(唯)十又(有)三
年九月初
吉戊寅王
才(在)成周嗣(司)
土淲宮各(格)
大(太)室即立(位)
徲父右痶
王乎(呼)乍(作)册
尹册易(錫)痶
畫䇭(靳)牙僰
赤舃痶拜(拜)
䭫(稽)首對䚄(揚)
王休痶其(其)
萬年永寶

季按此壺通高五十九點九口徑十六點八腹深四十三點九釐米其頸部脩長腹扁圓獸首銜環雙耳綫圈足沿外張蓋有長子口插入器口頸外壁鑄銘一篇亦飾鳳鳥紋腹飾開光式鱗帶紋圈足飾環帶紋蓋榫內亦鑄銘與頸外壁內容一致各五十六字一說孝王世器又說懿王或斷費現甚稀也

瘨簋（甲器）

陝西省寶雞市周原博物館藏
《周原出土青銅器》卷四著錄

026 瘨簋（甲器）銘文拓片

'Xing' Gui vessel A (rubbing)

西周中期
縱 16 釐米 橫 10.5 釐米

釋文 瘨曰顯皇且（祖）考嗣（司）/ 威[1]義（儀）用辟先王不 / 叡（敢）弗師用夙（夙）夕王 / 對瘨楙（懋）易（锡）佩乍（作）且（祖）/ 考毁（簋）囟其䵼（享）祀大神大神[2] / 妥（綏）多福瘨萬年寶

朱批 1. 威，《左傳 · 襄公三十一年》有“威而可畏”，謂之威有儀而可象謂之儀。2. 大神，重文。

題 西周瘨簋，時在壬寅霜降日，海上慎堂季崇建題首。

季按：此簋一九七六年陝西扶風縣法門公社莊白村一號西周銅器窖藏發現，同出共八簋，此為甲字號。通高三十六點一，口徑二十二點七，腹深十一點九釐米。低體，寬腹，侈口，方唇，矮圈足，下有方座，兩側作獸形耳，有蓋，蓋沿與器沿飾重環紋，餘皆直棱紋。蓋、器同銘，共六行四十四字。

鈐印 慎堂藏拓
心血來潮
慎堂
崇建
心賞
季氏
崇建印信
慎堂

西周 𤼈簋

歲在壬寅霜降日滬上慎思季崇建題首

𤼈簋甲蓋鑄銘

釋文

𤼈曰顯皇且（祖）考𤔲（司）

左傳·襄公三十一年：有威而可畏謂之威，有儀而可象謂之儀

威義（儀）用辟先王不

敢（敢）弗帥用夙（夙）夕王

對𤼈楙（懋）易（錫）佩乍（作）且（祖）

考𣪘（簋）甘（其）盥（享）祀大神大神

重文

妥（綏）多福𤼈萬年寶

季按：此簋一九七六年陝西扶風縣法門公社莊白村一號西周銅器窖藏出，現同出共八簋，此爲甲字號。通高三十六點一、口徑二十二點七、腹深十一點九釐米。低體寬腹，侈口方唇，矮圈足，下有方座，兩側作獸形耳，有蓋。蓋沿與器沿飾重環紋，餘皆直棱紋。蓋器同銘，共六行四十四字。

癲盨（甲器）

陝西省寶雞市周原博物館藏

《周原出土青銅器》卷四著錄

027 癲盨（甲器）銘文拓片

'Xing' Xu vessel A (rubbing)

西周中期

縱 17 釐米 橫 10 釐米

釋文 隹（唯）三（四）年二月既生霸戊戌 / 王才（在）周師彔宮各（格）大（太）室即 / 立（位）嗣（司）馬共右癲王乎（呼）史寿[1]（敖）/ 冊易（錫）敡[2]裘（靳）虢敂（韍）攸（鋚）勒敢（敢）對 / 覨（揚）天子休用乍（作）文考寶段（簋）/ 癲囟（其）萬年子子[3]孫孫[4]囟（其）永寶木羊冊

朱批 1. 史寿，或有釋為史年，史光者。2. 敡，即易字，讀為裼。《禮記·檀弓上》“裼，表裘也”，謂裘上所加之衣。3. 子，重文。4. 孫，重文。

題 西周癲盨。是盨一九七六年十二月陝西扶風縣法門公社莊白村一號西周銅器窖藏發現，今歸周原博物館收藏。同出共二盨，以甲、乙號編序，此為盨甲，皆失蓋。器內底部鑄以同銘，共六行六十四字，其中重文二字。今覓得盨甲銘拓重裝並題，壬寅玄月，崇建。

季按：此癲盨甲，通高十二點四，口縱十七，口橫二十三點五，腹深八點九釐米。而癲盨乙，通高十二點四，口縱十七，口橫二十三點八，腹深八點八釐米。兩盨尺寸基本一致，形制雷同，皆失蓋，橢方形狀。獸首雙耳，圈足，下有矮足，口下飾雲雷紋襯底的回首垂冠分尾鳥紋，腹飾瓦紋。吳鎮烽先生定其為西周中期後段懿王世器，然馬公承源依銘文“四年二月戊戌”，查年表懿孝夷三世之四年二月既望前皆無戊戌，故據相關名氏定其為孝王世物。

鈐印 慎堂藏拓
愛不釋手
慎堂
崇建
壬寅
崇建印信
慎堂

西周 癲盨

是盨一九七六年十二月陝西扶風縣法門公社莊白村一號西周銅器窖藏發現今歸周原博物館收藏同出共二盨以甲乙編序此為盨甲皆失蓋器內底部鑄以同銘共六行六十四字其中重文二字今覓得盨甲銘拓重裝並題壬寅玄月學建

癲盨甲器銘拓本

釋文

隹(唯)三(四)年二月既生霸戊戌王才(在)周師彔宮各(格)大(太)室即立(位)嗣(司)馬共右癲王乎(呼)史秀(敖)（或有釋為史年史先者）冊易(錫)駁罷(靳)（即易字讀為裼禮記·檀弓上裼表裘也謂裘上所加之衣）虢枚(鞹)攸(鋚)勒敔(敢)對𩰫(揚)天子休用乍(作)文考寶毀(簋)癲甘(其)萬年子子（重文）孫孫（重文）甘(其)永寶木羊冊

學按此癲盨甲通高十二點四口縱十七口橫二十三點五腹深八點九釐米而癲盨乙通高十二點四口縱十七口橫二十三點八腹深八點八釐米兩盨尺寸基本一致形制雷同皆失蓋橢方形狀獸首雙耳圈足下有缺足只飾雲雷紋襯底的四首垂冠分尾鳥紋腹飾瓦紋吳鎮烽先生定其為西周中期前段懿王世器然馬公承源依銘文四年二月戊戌查年表懿孝夷三世之四年二月既生霸皆無戊戌故據相關名氏定其為孝王世物

瘐鐘（一式）

陝西省寶雞市周原博物館藏

《周原出土青銅器》卷四著錄

028 瘐鐘（一式）銘文拓片

'Xing' Zhong vessel 1 (rubbing)

西周孝王世

鼓部（左） 縱 32.9 釐米 橫 4 釐米

鉦間 縱 20.5 釐米 橫 7.8 釐米

鼓部（右） 縱 33 釐米 橫 4.5 釐米

釋文 左鼓鑄銘

瘐趄趄[1]（桓桓）夙（夙）夕聖趬追孝于高且（祖）辛公文且（祖）/ 乙公皇考丁公龢[2]鐪（林）鐘[3]用卲（昭）各[4]（格）喜侃樂

鉦間鑄銘

歬（前）文人用禱（祓）壽[5]（壽）匄永令（命）竊（綽）/ 竊[6]（绾）趙（髮）彔（祿）屯（純）魯[7]（魯）弋皇且（祖）考高 / 對爾剌（烈）嚴（嚴）才（在）上豐豐[8]彔彔[9]龢[10]（螎或融）妥（綏）/ 厚（厚）多福廣啟瘐身勵[11]（擢）于永

右鼓鑄銘

令（命）裹受余爾鸛（釐）福瘐𠀠（其）萬年槳（櫅或齊）角龔（熾）光 / 義（宜）文神無彊（疆）顛（顯）福用瑀[12]光瘐身永余寶

朱批 1. 趄趄，重文。《經籍》作“桓桓”；《爾雅．釋訓》：桓桓烈烈，感也。通達聖明也。2. 龢，調也。3. 鐪鐘，林鐘，即編鐘。4. 卲各，昭格乃周人習用語也。5. 禱壽，即祈壽義。6. 竊竊，綽也，意為寬，绾，意為緩，寬緩，即寬裕也。7. 屯魯，屯魯，即純魯，文獻作純嘏，魯、嘏古音同，《詩．小雅．賓之初筵》有“錫爾純嘏”句。8. 豐豐，重文。9. 彔彔，重文。10. 龢，可假作融，和樂也。11. 勵，勵與龠同，假借為樂。12. 瑀，璃也，从玉，是意符，美好之意也。

題一 瘐鐘，癸卯正月初三，海上慎堂季崇建題首。

題二 瘐鐘共見四式。此拓原物為一式，銘文於鉦間與左右鼓部連鑄連讀，字間有界欄，共一零三字。二式鐘共甲乙丙丁同銘四器，亦鉦間與左右鼓部連鑄連讀，無見界欄。三式鐘共甲乙丙丁戊己連銘分鑄六器，四式鐘共甲乙同銘二器。余幸獲瘐鐘之一式二式三式銘拓，尤三式分鑄分拓，合為一卷，頗具特色也，崇建題。

季按：此瘐鐘乃西周中期後段即孝王世器，一九七六年十二月陝西省扶風縣法門公社莊白村西周青銅器窖藏發現，今歸周原博物館收藏。其通高四十七點二，甬高十四，銑間二十七點五，鼓間十九點八，舞修二十四，舞廣十七釐米，重十六點三公斤。器為合瓦形體，管狀甬，內存泥心，各無凸棱。界格兩面各六組兩段式枚，篆間飾連珠紋，鑲邊之雲紋，鼓部飾細線之雲紋，腔壁有四道調音槽。鐘體一面之鉦間與左右鼓部鑄以連讀銘文一篇，八行共一百零三字，其中重文三字。

鈐印 慎堂藏拓之印

慎堂藏拓

心賞

季氏

崇建印信

癸卯

慎堂

崇建

心血來潮

季氏

崇建

修綆汲古

慎堂

痶鐘

癸卯正月初三海上慎堂季學建題首

痶鐘共見四式，此拓原物為一式，銘文於鉦間與左右鼓部連鑄連讀者，首有界欄，共一百零三字。二式鐘共甲乙丙丁同銘四器，亦鉦間與左右鼓部連鑄，連讀無界欄。三式鐘共甲乙丙丁戊己，連銘者鑄六器。四式鐘共甲乙同銘二器。余幸獲痶鐘之一式二式三式銘拓凡三式，分鑄者拓，合為一卷，頗具好意也。學建題

鼓部鑄銘釋文

痶趄趄（桓桓）夙（夙）夕聖爽追孝于高且（祖）辛公文且（祖）乙公皇考丁公龢鐳（林）鐘用卲（昭）各（格）喜侃樂

趄趄：經籍作桓桓。爾雅·釋訓：桓桓，威也。爽：通達聖哲也
龢林：林鐘即編鐘
卲各：乃周人習用語也

鉦間鑄銘釋文

歬（前）文人用祷（祓）壽（壽）匄永令（命）綽（綽）窾（綰）䋴髮（髮）录（祿）屯（純）魯（魯）弋皇且（祖）考高對爾剌（烈）嚴（嚴）才（在）上豐豐纂纂融（融）（雍）妥（綏）厚（厚）多福廣啟痶身勵（擢）于永

即祈壽義
綽也，義為寬綽，寬綽即寬裕也
屯魯：即純魯，文獻作純嘏、魯嘏，古音同。詩·小雅·賓之初筵：錫爾純嘏句
重文
重文
亦假作融，和樂也
翟與㝤同，假借為樂

鼓部鑄銘釋文

令（命）褱受余爾䲹（𪔛）福痶甘（其）萬年櫅（櫅）角（𩑱）（熾）光義（宜）文神無疆（疆）覭（顯）福用瑀光痶身永余寶

[illegible]

右臨此痶鐘乃西周中期偏晚孝王世器，一九七六年十二月陝西省扶風縣法門公社莊白村西周青銅器窖藏發現，今歸周原博物館收藏。其通高四十七點二，角高十四，鐵間二十七點五，鼓間十九點八，舞脩二十四，舞廣十七釐米，重十六點三公斤。器為合瓦形體，管狀甬，內存泥心，各無凸棱界格，兩面各六組兩段式枚，篆間飾連珠紋鑲邊之雲紋，鼓部飾細線之雲紋，腔壁有四道調音槽。鐘體一面之鉦間與右鼓部鑄以連讀銘文一篇，合計共一百零三字，其中重文三字。

瘈鐘（二式乙器）

陝西省寶雞市周原博物館藏

《周原出土青銅器》卷四著錄

029 瘈鐘（二式乙器）銘文拓片

'Xing' Zhong vessel 2-B (rubbing)

西周孝王世

左間　縱 42.8 釐米 橫 3.2 釐米

鉦間　縱 21.5 釐米 橫 7.8 釐米

右間　縱 42 釐米 橫 3 釐米

釋文　右側鑄銘

瘈曰不（丕）顯高且（祖）亞且（祖）文考克明氒（厥）心疋（胥）尹敘（敘）/ 氒（厥）威義（儀）用辟先王瘈不敢（敢）弗帥且（祖）考秉明德

鉦間鑄銘

圂（恪）夙（夙）夕左（佐）尹氏皇王 / 對瘈身楙（懋）易（錫）佩敢（敢）乍（作）/ 文人大寶龢（協）龢鐘（鐘）用 / 追孝𩫏（享）祀卲（昭）各樂大

左側鑄銘

神大神其（其）陟降嚴（嚴）祜釁（業）妥（綏）厚（厚）多福其（其）豐豐彔彔受（授）余屯（純）/ 魯（魯）通录（祿）永令（命）覺（眉）壽（壽）霝（令）冬（終）瘈其（其）萬年寶日鼓

題　西周瘈鐘，亦稱二式瘈鐘。一九七六年陝西扶風縣法門公社莊白村西周銅器窖藏發現，海上慎堂題首。

季按：自國家明令禁拓文物後，拓片收藏熱度極熾，價格亦一路上昇至無人能懂。今慎堂能二度收獲扶風莊白墓西周銅器大部分銘文拓片，而且多為上世紀八九十年代所作，實屬難得。瘈鐘已得二、三式拓，未知一、四式拓有緣否？

《跋瘈鐘並二三事》

上世紀七十年代陝西扶風法門莊白村西周青銅器窖藏發現一批編鐘，器主瘈，故名。其分四式。瘈鐘一式計一枚，二式以甲、乙、丙、丁編共四枚，三式以甲、乙、丙、丁、戊、己編共六枚，四式以甲、乙、丙編存三枚。慎堂所藏是拓乃瘈鐘（二式）乙之本，器之通高六十五，甬長二十二點五，銑間三十七點五，鼓間二十六點九，舞修三十三，舞廣二十三釐米，重四十點八公斤。其合瓦形體，管狀甬，中空，與鐘相通，鉦篆間以凸棱相間，篆間與舞部飾雲紋，鼓部飾卷鼻鳥紋。鐘體兩側與鉦間鑄銘八行，共一百零四字，其中重文四字。它與甲、丙、丁三鐘同形同飾同銘，但與瘈鐘一式、三式、四式皆不同銘，形制與紋飾亦有差異。去歲偶獲瘈鐘二式，是拓今又見得瘈鐘三式，甲、乙、丙、丁、戊、己六鐘之銘拓全套，甚悅也。

就青銅編鐘文物一族而言，名聲最噪者非曾侯宜編鐘莫屬。然對於上博，則以獲得晉侯蘇編鐘為傲。一九九二[年]山西晉侯墓地八號墓被盜，其中十四枚晉侯蘇鐘流入香港荷李活道古玩行。作為上博眼線之香港中文大學張光裕先生及時發現，並告馬公承源，後者由政府斥資百餘萬將這套編鐘購回，引起行業內轟動。因此套鐘銘為鑿刻而非鑄刻，一度傳出非議，然經發掘，晉侯八號墓內存二枚未被盜盡，如此鐵證，妄議自散矣，馬公慧眼也。過後十年，余再訪該鋪頭，亦獲四枚編鐘，雖無銘文，卻鐘體完美精緻，極佳品相，亦是建業文房與編鐘結緣美事一樁也。

壬寅秋分日，海上慎堂崇建。

鈐印　慎堂藏拓

心賞

慎堂

崇建

心血來潮

崇建

愛不釋手

季氏

崇建印信

西周瘐鐘

六器二式瘐鐘 一九七六年陝西扶風縣法門公社莊白村西周銅器窖藏出土 現藏 滬上慎堂題首

鐘體右側鑄銘

釋文一

瘐曰不(丕)顯高且(祖)亞且(祖)文考克明氒(厥)心疋(胥)尹敘(叙)氒(厥)威義(儀)用辟先王瘐不敢(敢)弗帥且(祖)考秉明德

鉦間鑄銘

釋文二

圝(協)䫻(夙)夕左(佐)尹氏皇王對瘐身懋(懋)易(錫)佩敢(敢)乍(作)文人大寶協(協)龢鐘(鐘)用追孝敦(享)祀卲(昭)各樂大

鐘體右側鑄銘

釋文三

神大神其(其)陟降嚴(嚴)祜業(業)妥(綏)厚(厚)多福其(其)豐豐彙彙受(授)余屯(純)魯(魯)通彔(祿)永令(命)眉(眉)壽(壽)霝(令)冬(終)瘐其(其)萬年永寶日鼓

季海自國家明令禁拓文物後拓本收藏難度極增價值亦一路上昇至今人能懂亦慎堂能二度收獲扶風莊白窖西周銅器大部份銘文拓本亦且多為上世紀八九十年代所作實屬難得瘐鐘已得二三式拓未知一四式拓何緣否

跋瘐鐘並二三事

上世紀七十年代陝西扶風法門莊白村西周青銅器窖藏發現一批編鐘器主瘐故名其分四式瘐鐘一式計一枚二式以甲乙丙丁編共四枚三式以甲乙丙丁戊己編共六枚四式以甲乙丙編存三枚慎堂所藏是拓片瘐鐘二式乙之本器也通高六十五厘米長二十二點五銑寬三十七點五鼓間二十六點九厘米舞脩三十三舞廣二十三厘米重四十點八公斤其合瓦形體管狀甬中空與鐘相通鉦篆間以凸棱相間篆間與舞部飾雲紋鼓部飾夔龍鳥紋鐘體兩側與鉦間鑄銘八行共一百零四字其中重文四字它與甲丙丁三鐘同形同飾同銘但與瘐鐘一式三式四式皆不同銘形制與紋飾亦有差異去歲偶獲瘐鐘二式是拓之上覓得瘐鐘三式甲乙丙丁戊己六鐘之銘拓全套甚悅也就青銅編鐘之物一族而言名揚寰宇者非曾侯乙編鐘莫屬然對於上博則以獲得晉侯蘇編鐘為傲之二山西晉侯墓地八號墓被盜其中十四枚晉侯蘇鐘流入香港荷里活道古玩行作為上博眼線之香港中文大學張光裕先生及時發現並告馬承源館長由此得來資百餘萬購回這套編鐘購回引起業內轟動因此套鐘銘為鑿刻而非鑄刻一度似亦非議然經發掘晉侯八號墓內存二枚未被盜盡之此鐵證方議自散矣馬公慧眼也過此十餘年余所藏諸鐘銘亦獲四枚編鐘雖無銘文卻鐘體完整精致極佳品相亦是搜集之處與編鐘結緣之事一樁也

壬寅臘八日滬上慎堂建

案：此鐘乙通高六十四，甬高二十二，銑間三十六點五，鼓間二十六，舞修三十一，舞廣二十三釐米，重三十七公斤。其形制與紋飾皆與㾓鐘甲同，鉦間鑄銘四行共三十五字，其中重文二，合文一字。壬寅年仲秋廿五日，海上季崇建於建業文房。

㾓鐘丙鉦間拓片

釋文　髗（蛹或融）妥（綏）厚（厚）多福廣 / 啟㾓身勵（樂）于永

題　㾓鐘丙，西周中期孝王世器，周原博物館藏，慎堂題。

案：此鐘丙通高四十二，甬高十五，銑間二十二點三，鼓間十六，舞修二十點五，舞廣十六點五釐米，重十三點八公斤。形制、紋飾與前一致，鉦間鑄銘二行十二字。海上慎堂崇建記。

㾓鐘丁鉦間拓片

釋文　令（命）褱受余爾龖（䜌）/ 福霝（令）冬（終）㾓甘（其）萬

題　㾓鐘丁，西周中期孝王世器，周原博物館藏，慎堂題。

案：此鐘丁通高三十九，甬高十四點五，銑間二十一點二，鼓間十四點三，舞修十九，舞廣十三點五釐米，重十二點六公斤。形制、紋飾類前，鉦間鑄銘二行十二字。慎堂。

㾓鐘戊鉦間拓片

釋文　年羊角義（宜）文 / 神無彊（疆）覞（景）福

題　㾓鐘戊，西周中期孝王世器，周原博物館藏，崇建題。

案：此鐘戊通高二十九，甬高十點五，銑間十五點五，鼓間十一，舞修十四點五，舞廣十點五釐米，重五點七五公斤。形制、紋飾類前，鉦間鑄銘二行十字。慎堂。

㾓鐘己鉦間拓片

釋文　用璃光㾓 / 身永余寶

題　㾓鐘己，西周中期孝王世器，周原博物館收藏，崇建題。

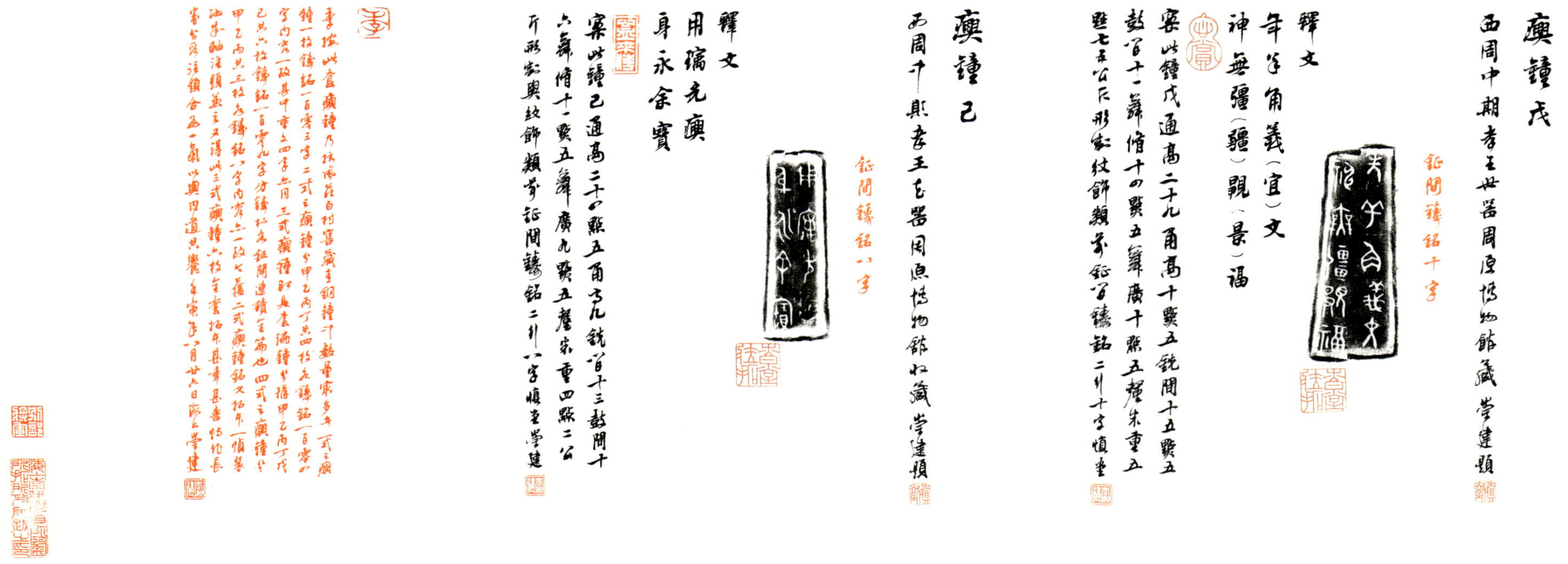

030 癲鐘（三式）銘文拓片卷

'Xing' Zhong vessels 3 (rubbing)

西周孝王世
甲器　縱 22.6 釐米　橫 9.5 釐米
乙器　縱 21.5 釐米　橫 8.5 釐米
丙器　縱 14.1 釐米　橫 6.8 釐米
丁器　縱 13.5 釐米　橫 5.5 釐米
戊器　縱 9.5 釐米　橫 4 釐米
己器　縱 8.5 釐米　橫 3.3 釐米

題簽　西周三式癲鐘銘全套拓本卷，慎堂崇建題

鈐印　崇建

引首　鐘鳴扶風。集三式癲鐘鑄銘全套成一卷，海上慎堂季崇建題於慎獨齋。

鈐印　心賞
癸卯
季氏
崇建印信
季崇建印
慎堂藏拓

畫心題　西周癲鐘，又稱三式癲鐘，一九七六年一二月陝西省扶風縣法門公社莊白大隊一號西周青銅器窖藏發現。同出癲鐘共四式。此式計六枚，全篇銘文十六行一百零九言，分鑄各鐘之鉦部，曾歸陝西省周原扶風文物管理所保管，後由周原博物館收藏。壬寅仲秋，崇建識。

癲鐘甲鉦間拓片

釋文　曰古文王初盭（戾）龢（和）于 / 政上帝降懿（懿）德大甹（粤）匍（敷）/ 有（佑）三（四）方匌（會）受萬邦雩 / 武王既𢦏殷散（微）史剌（烈）

題　癲鐘甲，西周中期孝王世器，周原博物館藏，慎堂題。

案：是鐘通高七十，甬高二十三點八，銑間三十九，鼓間二十八點三，舞修三十三，舞廣二十四釐米，重三十九點五公斤。其合瓦形體，長筒甬，兩段式長枚，旋部飾目雲紋，舞部飾大雲紋，篆間飾對角雙頭夔紋，鼓部飾象鼻鳥紋。鉦間鑄銘四行共三十三字，合文一，與癲鐘之乙、丙、丁、戊、己連讀成篇。慎堂。

癲鐘乙鉦間拓片

釋文　且（祖）□來見武王武王鼎（則）令（命）/ 周公舍寓（宇）㠯（以）五十颂㢊 / 今癲夙（夙）夕虔苟（敬）卹（恤）氒（厥）/ 死（尸）吏（事）肈乍（作）龢（和）鐳（林）鐘 /（鐘）用

題　癲鐘乙，西周中期孝王世器，周原博物館藏，慎堂題。

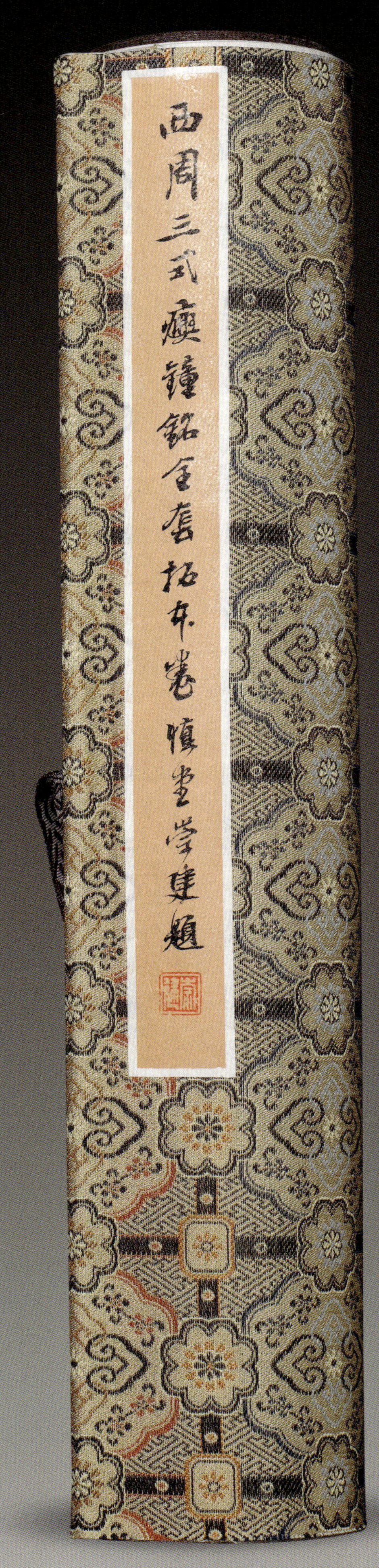

《西周三式瘋鐘銘全套拓片卷》

是卷集三式瘋鐘拓片共六幀。此三式瘋鐘共六器，為一套，全篇鑄銘文計一百零九言，分鑄於各鐘之鉦部，可連讀之，頗特殊。今合成一卷，題之跋之，以饗同道也。

㝬方鼎（甲器）

陝西寶雞扶風博物館藏
《周原出土青銅器》卷七著錄

031 㝬方鼎（甲器）銘文拓片

'Dong' squarish Ding vessel A (rubbing)

西周穆王世
蓋　縱 12.3 釐米 橫 8.6 釐米

釋文　隹（唯）九月既朢（望）乙丑才（在）/ 𡉚（堂）𠂤（師）王俎姜史（使）內史 / 友𩛥（員）易（錫）㝬玄衣朱𧝓（襮）/ 衺（裣）㝬捧（拜）韻（稽）首對䁐（揚）王 / 俎姜休用乍（作）寶𩱧（鼒）/ 障（尊）鼎囟（其）用䢼（夙）夜亯（享）孝 / 于氒（厥）文且（祖）乙公于文 / 妣（妣）日戊囟（其）子子孫孫永寶

題一　㝬方鼎，又名㝬方鼎（其一）、㝬鼎，西周穆王器。

題二　㝬方鼎一，西周中期前段之穆王世所鑄之器，一九七五年三月陝西扶風縣法門公社莊白村西周墓葬出土。其通高二十七點五，口橫二十六，口縱十七，腹深十五點五釐米，重六點五一九公斤。鼎之體形呈橢方形，窄沿，方唇，下腹向外傾垂，口沿上有一對立耳，平蓋沿下折，蓋中鑄一環鈕，蓋之四角有曲尺形扉，倒置似可作案俎。器身頸部飾以細雷紋為地之夔紋，夔無足，垂冠回首，尾下卷，作刀形，其下加飾一道陽弦紋，他皆素面。器蓋同銘，各鑄八行共六十五字，重文二，與㝬方鼎一同出㝬方鼎二，無蓋，器身尺寸略小，然器內壁鑄銘有十一行共一百十六字。海上慎堂記。

案：去歲於市肆偶得㝬方鼎二之器銘拓本，未獲㝬方鼎一銘拓而頗覺遺憾。今日友人覓來㝬方鼎一之蓋銘拓片，雖其拓工不甚理想，但已屬不易，故重裝並釋之題之耳。崇建。

鈐印　季
心血來潮
慎堂
崇建
心賞
季氏
崇建印信
慎堂藏拓
季崇建印

西周癲鐘

又稱三式癲鐘 一九七六年十二月陝西省扶風縣法門公社莊白大隊一號西周青銅器窖藏發現同出癲鐘共四式 此式計六枚 全篇銘文十六行一百零九言分鑄各鐘之鉦部 曾歸陝西省周原扶風文物管理所 現皆由周原博物館收藏 壬寅仲秋崇建識

癲鐘甲

西周中期 李王世器 周原博物館藏 慎堂題

鉦間鑄銘三十三字

釋文

曰古文王初盭（戾）龢（和）于政上帝降懿（懿）德大甹（甹）匍（敷）有（佑）三（四）方匌（會）受萬邦雩武王既𢦏殷微（微）史剌（烈）

案是鐘通高七十 甬高二十三點八 銑間三十九 鼓間二十八點三 舞修三十三 舞廣二十四釐米 重三十九點五公斤 具合瓦形體 長筒甬 兩面式長枚 旋部飾目雲紋 篆部飾大雲紋 篆間飾夔角雙頭夔紋 鼓部飾象鼻鳥紋 鉦間鑄銘四行共三十三字 合文一 與癲鐘之乙丙丁戊己連讀成篇 慎堂

癲鐘乙

西周中期 李王世器 周原博物館藏 慎堂題

鉦間鑄銘三十五字

案：此鐘己通高二十四點五，甬高九，銑間十三，鼓間十六，舞修十一點五，舞廣九點五釐米，重四點二公斤。形制與紋飾類前，鉦間鑄銘二行八字。慎堂崇建。

拖尾　季按：此套𤼴鐘乃扶風莊白村窖藏青銅鐘中數量最多者。一式之𤼴鐘一枚鑄銘一百零三字；二式之𤼴鐘分甲、乙、丙、丁共四枚，各鑄銘一百零四字，內容一致，其中重文四字亦同；三式𤼴鐘即是套編鐘，分稱甲、乙、丙、丁、戊、己共六枚，鑄銘一百零九字，分鑄於各鉦間連讀全篇也；四式之𤼴鐘分甲、乙、丙共三枚，各鑄銘八字，內容亦一致。今獲二式𤼴鐘銘文拓本一幀，裝池成軸，注題兼之，又得此三式𤼴鐘六枚全套拓本，甚幸！甚喜！特作長卷分段注題合為一氣，以與同道共饗。壬寅年八月廿六日，海上崇建。

鈐印　愛不釋手、季氏、崇建印信、慎堂、慎堂藏拓、慎堂、別部將軍、崇建、慎堂藏拓、慎堂、季、崇建、慎堂藏拓、慎堂、壬寅、崇建、慎堂藏拓、慎堂、季氏、崇建、慎堂藏拓、慎堂、心賞、崇建、慎堂藏拓、慎堂、心血來潮、崇建、季、崇建、別部將軍、海上崇建所見所鑒所拓所攷所跋之印

鐘鳴扶風

集三式𤼈鐘鑄銘全套成一卷

海上慎堂李學建題於慎獨齋

西周三式𤼈鐘銘全套拓本卷 慎堂學建題

瘐鐘（甲器）

瘐鐘（乙器）

瘐鐘（丙器）

瘐鐘（丁器）

瘐鐘（戊器）

瘐鐘（己器）

以上六件三式瘐鐘皆為陝西省寶雞市周原博物館藏，《周原出土青銅器》卷五著錄

𢧀方鼎

又名𢧀方鼎甲 一𢧀鼎 西周穆王器

𢧀鼎蓋銘

釋文

隹(唯)九月既朢(望)乙丑才(在)
臺(堂)𠂤(師)王俌姜吏(使)內史
友鼎(員)易(錫)𢧀玄衣朱褻(襮)
衾(裣)𢧀拜(拜)頴(稽)首對䚄(揚)王
俌姜休用乍(作)寶䵼(䵼)
隮(尊)鼎甘(其)用夙(夙)夜亯(享)孝
于氒(厥)文且(祖)乙公于文
妣(妣)日戊甘(其)子子孫孫永寶

寒玄藏於市肆偶得𢧀方鼎二之器銘拓本未獲𢧀方鼎一銘拓而頗覺遺憾一日友人覓來𢧀方鼎一之蓋銘拓本雖其拓工不甚理想但已屬不易故重裝並釋之題之耳 學建

𢧀方鼎一西周中期前段之穆王世所鑄之器一九七五年三月陝西扶風縣法門公社莊白村西周墓葬出土其通高二十七點五口橫二十六口縱十七腹深十五點五釐米重六點五一九公斤鼎之體形呈橢方形窄沿方唇之腹向外傾垂口沿上有一對立耳平蓋沿下折蓋中鑄一環鈕蓋之四角有曲尺形扉仰置似可作案俎器身頸部飾以細雷紋為地之夔紋夔首腹下垂冠四首尾上卷作刀形其上加飾一道陽弦紋他皆素面器蓋同銘各鑄八行共六十五字重文二與𢧀方鼎一同出𢧀方鼎二無蓋器身尺寸略小然器內壁鑄銘有十一行共一百十六字海上慎堂記

㦰方鼎（乙器）

陝西寶雞扶風博物館藏
《陝西金文集成 · 寶雞卷 · 3》著錄

032 㦰方鼎（乙器）銘文拓片

'Dong' squarish Ding vessel B (rubbing)

西周穆王世
縱 13.5 釐米 橫 12.5 釐米

釋文 㦰曰烏（嗚）虖（呼）王[1]唯念㦰辟剌[2]（烈）/ 考甲[3]（甲）公王用肇吏（使）乃子㦰 / 逹（率）虎臣[4]御（禦）雒（淮）戎[5]㦰曰烏（嗚）虖（呼）/ 朕（朕）文考甲（甲）公母日庚弋（翼）休 / 鼎（則）尚（常）安[6]永宕乃子㦰心安 / 永讋[7]（襲）㦰身氒（厥）復[8]亯（享）于天子 / 唯氒（厥）吏（使）乃子㦰萬年辟事 / 天子母（毋）又（有）䍃[9]（斁）于氒（厥）身㦰捧（拜）/ 韻（稽）首對䣄（揚）王令（命）用乍（作）文母 / 日庚寶隮（尊）䵼（鬻）彝用穆穆[10]夙（夙）夜隮（尊）/ 亯（享）孝妥（綏）福[11]囟（其）子子孫孫永寶茲剌（烈）

朱批 1. 王，即穆王。2. 剌，列，光顯之意。3. 甲（甲）公，㦰之父考。4. 虎臣，即虎賁也。5. 淮戎，即淮夷。6. 安，連辭，義為乃。7. 讋，襲之古文，及也。8. 復，義為報，即報答之意。9. 䍃，義為損。10. 穆穆，形容威儀之盛。11. 妥（绥）福，《詩 · 周南 · 樛木》有“福履绥之”句。

題 㦰鼎。此鼎一九七五年三月陝西扶風莊白村西周墓出土，扶風縣博物館藏，壬寅仲春，崇建題。

季按：西周穆王世之㦰鼎、㦰簋共四器，其中上海博物館所藏㦰簋乃傳世之品。就銘文字數言，此拓所示為最多。然另一㦰鼎有蓋，並與器身同銘，則亦具特色也。存世之鼎有蓋者寥寥，且備銘者更稀，未獲其拓，夢寐矣。今得是拓，大滿足也。崇建又題。

《跋㦰方鼎》
㦰方鼎，亦即㦰鼎，一九七五年三月陝西省扶風縣法門公社莊白大隊（後稱村）西周墓葬出土。同出二鼎，並見㦰簋一，器蓋同銘，十一行一三四字。上博藏一㦰簋，傳世品，鑄銘僅三行一七字。㦰方鼎之一，器蓋同銘，八行六五字。此拓乃㦰鼎之二，僅見器身，無蓋。其通高二十二點五，口橫二十一點二，口縱十六，腹深十三點五釐米，重三點九一公斤。器作橢方形，窄沿方唇，下腹向外傾垂，附耳高出器口，頸飾夔紋，以細雷紋襯底，夔下為陽紋一道。內壁鑄銘十一行一一六字，重文三，合文二。本銘記王命㦰禦淮夷事，可與彔㦰卣銘對應，故當穆王世之器也。慎堂。

鈐印 慎堂藏拓
修綆汲古
心血來潮
慎堂
崇建
壬寅
季氏
崇建印信
修綆汲古
慎堂

㦸鼎

此鼎一九七五年三月陕西扶风庄白村西周墓出土扶风县博物馆藏

壬寅仲穐学建题

㦸鼎内壁铭文

释文

㦸曰乌(呜)虖(呼)王唯念㦸辟刺(烈)　即穆王　烈光显之意

考田(甲)公王用肇吏(使)乃子㦸　㦸之父考

逆(率)虎臣御(禦)雒(淮)戎㦸曰乌(呜)虖(呼)　即虎贲也　即淮夷

朕(朕)文考田(甲)公母日庚弋(翼)休

鼎(则)尚(常)安永宕乃子㦸心安　连辟义为乃

永袭(袭)㦸身卑(厥)复亯(享)于天子　袭之古文足也　义为报即报答之意

唯卑(厥)吏(使)乃子㦸万年辟事

天子毋(毋)又(有)斁(斁)于卑(厥)身㦸拜(拜)　义为損

韻(稽)首对䚄(扬)王令(命)用乍(作)文母

日庚宝䵼(䵼)䵼(䵼)彝用穆穆夙(夙)夜䵼(尊)　形容威仪之盛

言(享)孝妥(绥)福甘(其)子子孙孙永宝兹刺(烈)　诗·周南·樛木有福履绥之句

跋㦸方鼎

㦸方鼎亦称㦸鼎一九七五年三月陕西省扶风县法门公社庄白大队(今庄白村)西周墓葬出土同出二鼎并见㦸簋一器盖同铭十一行一三四字上海博物馆藏一㦸簋传世品铸铭仅三行一七字㦸方鼎之一器盖同铭八行六五字此拓乃㦸鼎之二仅见器身无盖其通高二十二点五口横二十一点二口纵十六腹深十三点五釐米重三点九一公斤器作椭方形窄沿方唇六腹两侧倾垂附耳高出器口颈饰夔纹以云雷纹衬底[illegible]六为阳纹一道内壁铸铭十一行一一六字重文三合文二本铭记王命㦸率淮夷事可与[illegible]㦸卣铭对应故当穆王世之器也

学按西周穆王世之㦸鼎㦸簋共四器其中上海博物馆所藏㦸簋乃传世之品就铭文字数言此拓所示为最多然另一㦸鼎有盖并与器身同铭则亦具特色也存世之鼎有盖者寥寥且备铭者更稀未获其拓当属憾矣今得是拓亦满足也学建又题

㦰簋

陝西省寶雞市周原博物館藏
《周原出土青銅器》卷七著錄

033 㦰簋銘文拓片

'Dong' Gui vessel (rubbing)

西周穆王世
縱 17.5 釐米 橫 13.5 釐米

釋文 隹（唯）六月初吉乙酉才（在）臺（堂）𠂤（師）戎伐 / 𩁹㦰逵（率）有𤔲（司）師氏𢓜（奔）追𨚔（禦）戎于 / 𩁹林博（搏）戎㝬朕（朕）文母競敏𡨦行 / 休宕氒（厥）心永𩰟（襲）氒（厥）身卑（俾）克氒（厥）啻（敵）/ 隻（獲）馘百執嗞（訊）二夫孚戎兵𢾖（盾）矛 / 戈弓備（箙）矢裨（裨）冑凡百又卅又五 / 叡（款）孚（捊）戎孚人百又十又四人衣（卒）/ 博（搏）無𢾞于㦰身乃子㦰𢷎（拜）䭫（稽）首 / 對𩁹（揚）文母福剌（烈）用乍（作）文母日庚 / 寶隮（尊）簋卑（俾）乃子㦰萬年用夙（夙）夜 / 隮（尊）亯（享）孝于氒（厥）文母𠀠（其）子子孫孫永寶

題 西周㦰簋。一九七五年三月陝西省扶風縣法門公社莊白大隊出土，同出㦰鼎二，傳世㦰簋有一，今歸上海博物館收藏。慎堂題。

季按：去年由上海匡時拍賣行私洽獲觀並購得上世紀初拓扶風莊白西周青銅器窖藏之品一批，已入編《慎堂藏拓注釋與題跋》第一輯中。今又陸續尋得莊白墓出土之㦰鼎二器與此㦰簋舊拓共三本，甚是歡喜，故題之，釋之，以與同道共饗，亦是"慎堂藏拓續編"之重要內容也。壬寅中秋日，崇建又記。

《跋㦰簋》
是簋乃西周中期前段穆王世所鑄之器。其通高二十點三，口徑二十二點三，腹深十二點三釐米，重約五公斤。器蓋高隆，上有圈狀捉手。敞口，微束頸，腹部豐圓有下垂感，矮圈足。器之兩側鑄以兩豎冠立鳥形大耳，耳璫即以浮雕之鳥足代之，鳥嘴尖銳，瞪目直望，具嚴厲之態。蓋面與器身均飾垂冠卷尾之大鳳鳥紋，圈足飾三重式弦紋。器蓋同銘，鑄以十一行一三四字，重文二字，言器主㦰受王命抵御淮戎獲勝得以賞賜事。其造型獨特，裝飾華麗，乃西周青銅簋之上上品也。海上慎堂撰。

鈐印 慎堂藏拓
愛不釋手
慎堂
崇建
心血來潮
季
崇建
季氏
崇建印信

西周𢦚簋

一九七五年三月陝西省扶風縣法門公社莊白大隊出土同出𢦚鼎二件𢦚簋有一件歸上海博物館收藏 慎堂題

𢦚簋蓋銘

釋文

隹(唯)六月初吉乙酉才(在)臺(堂)𠂤(師)戎伐
𢦚𢦚達(率)有嗣(司)師氏奔(奔)追御(禦)戎于
棫林博(搏)戎𢦚䑵(朕)文母競敏𠭯行
休宕氒(厥)心永襲(襲)氒(厥)身卑(俾)克氒(厥)啻(敵)
隻(獲)馘百執訊(訊)二夫孚戎兵盾(盾)矛
戈弓備(箙)矢裨(裨)胄凡百又卅又五
款(款)寽(捋)戎孚人百又十又四人衣(卒)
博(搏)無眈于𢦚身乃子𢦚拜(拜)稽(稽)首
對揚(揚)文母福剌(烈)用乍(作)文母日庚
寶障(尊)簋卑(俾)乃子𢦚萬年用夙(夙)夜
障(尊)亯(享)孝于氒(厥)文母甘(其)子子孫孫永寶

季攸去年由上海匡時拍賣行弘陌獲觀並購得上世紀初拓扶風莊白西周青銅器窖藏之品一批已入編慎堂藏拓注釋與題跋第一輯中今又陸續尋得莊白墓西土之𢦚鼎二器與此𢦚簋合拓共三本甚是歡喜故題之釋之以與同道共饗亦是慎堂藏拓續編之重要內容也 壬寅中秋日學建又記

跋𢦚簋

是簋乃西周中期前段穆王世所鑄之器其通高二十點三口徑二十二點三腹深十二點三釐米重約五公斤器蓋高隆上有圈狀捉手斂口鼓腹頸腹部豐圓有小垂腹獸首圈足器之兩側鑄以兩垂冠立鳥形大耳耳端附以浮雕之鳥足代之鳥嘴尖銳瞪目直注具威嚴之態蓋面與器身均飾垂冠卷尾之大鳳鳥紋圈足飾三重弦紋器蓋同銘鑄以十一列一三四字重文二字言器主𢦚受王命抵禦淮戎獲勝得以賞賜事其造型獨特裝飾華麗乃西周青銅簋之上上品也 攸上慎堂撰

五祀衛鼎

陝西省博物館藏
《周原出土青銅器》卷二著錄

034 五祀衛鼎銘文拓片
'Wu Si Wei' Ding vessel (rubbing)

西周恭王世
縱 20 釐米 橫 32.5 釐米

釋文 隹[1]正月初吉庚戌衛㠯[2]邦君 / 厲告于井[3]白（伯）白（伯）邑父定白（伯）𠀠白（伯）白（伯）/ 俗父曰厲曰余執龔（恭）王卹（恤）工（功）/ 于卲（昭）大[4]室東逆（朔）熒（營）二川曰余 / 舍[5]女（汝）田五田正迺[6]訊厲曰女（汝）/ 貯田不[7]厲迺[8]許曰余審（審）貯田 / 五田井[9]白（伯）白（伯）邑父定白（伯）𠀠白（伯）白（伯）俗 / 父迺[10]顜[11]事（使）厲誓迺[12]令叅[13]有 / 𤔲[14]𤔲[15]土（徒）邑人趞𤔲馬頪[16]人邦𤔲[17] / 工（空）隧[18]矩內史友寺芻帥（率）眉[19]（堳）裘 / 衛厲田四田迺[20]舍[21]寓（宇）于氒[22]邑 / 氒逆（朔）疆眔[23]厲田氒[24]東疆眔[25]散 / 田氒[26]南疆眔[27]散田眔[28]政父田 / 氒[29]西疆眔[30]厲田邦君厲眔[31]付 / 裘衛田厲叔子夙[32]厲有𤔲[33]𩞁[34] / 季慶癸𤼈[35]褱[36]荊人敢井[37]人 / 陽㢓衛小子逆其卿（饗）媵[38]衛用 / 乍（作）朕文考寶鼎衛其萬年 / 永寶用隹[39]王五祀

朱批 1. 隹，唯也。2. 㠯，以也。3. 井，即邢。4. 大，太也。5. 舍，即捨。6. 迺，乃也。7. 不，否也。8. 迺，乃也。9. 井，邢也。10. 迺，乃也。11. 顜，即講。12. 迺，乃也。13. 叅，三也。14. 𤔲，即司。15. 𤔲，司也。16. 頪，或释頌。17. 𤔲，司也。18. 隧，即附。19. 眉，一釋䫉，履也。20. 迺，乃也。21. 舍，捨也。22. 氒，厥也。23. 眔，逮也。24. 氒，厥也。25. 眔，逮也。26. 氒，厥也。27. 眔，逮也。28. 眔，逮也。29. 氒，厥也。30. 眔，逮也。31. 眔，逮也。32. 夙，夙也。33. 𤔲，司也。34. 𩞁，申也。35. 𤼈，幽也。36. 褱，表也。37. 井，邢也。38. 媵，即賸。39. 隹，唯也。

題 五祀衛鼎。西周中期前段恭王五年鑄，一九七五年二月陝西省岐山縣董家村一號青銅器窖藏出土，今歸陝西省博物館收藏。海上慎堂崇建題。

案：岐山董家村所出西周青銅器群名聞於世，其中以"裘衛四器"為最著名。其特點主要是不僅皆為長篇銘文，而且曆日齊全，對青銅器斷代研究具有重要意義。從銘文內容上可推知，四器乃彼時貴族裘衛一人所為，經穆王世至於恭王世。其中以此五祀衛鼎為銘文最長，言其經營二川工事，因與鄰主發生土地糾紛，終以其獲賠成功而滿足也。余去歲嘗得三年衛盉、九年衛鼎與二十七年衛簋三器拓片，今能獲五祀衛鼎實是緣分所致，甚幸也。傳此拓曾經周原老館長羅西章收藏，羅與我熟識，豈不更巧？慎堂記。

《跋西周重器五祀衛鼎》
一九七五年二月，陝西岐山縣京當公社董家村一號西周銅器窖藏發現。其通高三十六點五，口徑三十四點三，腹深十九點五釐米，重十一點五公斤。雙立耳，三柱足，平沿外折，下腹向外傾垂，鼎外底積有一層煙炱，口沿下飾以細雷紋襯底之竊曲紋。內壁鑄銘文十九行，共二零七字，其中重文五字，合文一字。銘文大意即西周恭王五年正月裘衛氏向邢伯、伯邑父、定伯等宰輔官員告發，與鄰人邦君厲之間發生土地糾紛。經過一番詢問，在邦君厲同意償付並立誓言情況下，又由三有司，即司從、司馬、司空，和內史實地勘察與劃定地界，裘衛以田五田交換邦君厲臨河川之田四田而了結官司。這是研究西周中期土地私有與社會經濟發展的第一手資料而極具價值也。
海上慎堂季崇建撰。

鈐印 崇建手拓
慎堂藏拓
愛不釋手
崇建印信
心血來潮
慎堂
崇建
心賞
季氏
崇建印信

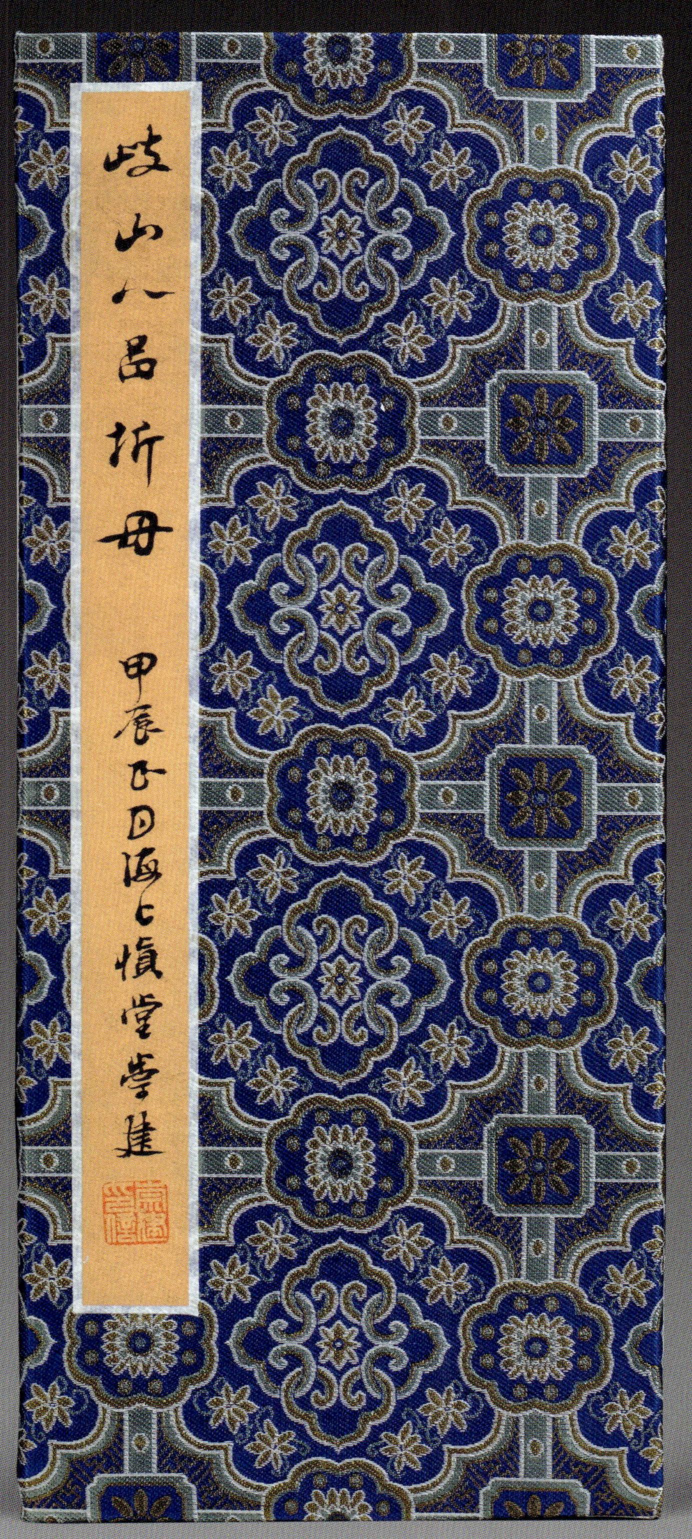

《岐山八品折冊》

是冊共十四開，集商晚及西周晚期陝西岐山縣出土、悉歸陝西省寶雞青銅器博物院收藏之八器銘文拓片，計八幀，裝成折子冊樣式，自娛耳。

西周早期師隻簋

內底鑄銘拓片

釋文

師隻乍（作）

䵼（尊）彝

季濤按：是簋一九八二年四月陝西岐山縣京當鄉雙庵村西出土，今藏寶雞青銅器博物院。其通高十一點四釐米，侈口，束頸，鼓腹，有一對獸首耳，頸與圈足飾蝸紋，腹飾乳釘紋。

西周中期中簋

器內鑄銘拓片

釋文

中（中）乍（作）

旅（旅）毁（簋）

季濤按：此簋一九七四年陝西岐山縣賀家村出土，今歸寶雞青銅器博物院收藏。其通高十四釐米，蓋器子母合口，蓋上捉手與圈足之上有一圓孔，與頸耳相對。此簋器、蓋皆鑄同銘，共二行四字。

中簋

陝西省寶雞青銅器博物院藏

《陝西金文集成·寶雞卷·2》著錄

師隻簋

陝西省寶雞青銅器博物院藏

《陝西金文集成·寶雞卷·1》著錄

拓六取西周晚期之仲㳄父鼎銘拓片原物一九七五年二月岐山縣董家村一號西周銅器窖藏出土現藏其腹之內壁鑄銘共見三行十七字重文二字拓七與拓一六同一窖藏出土銅器之鑄銘拓片其拓七為西周晚期之旅仲簋蓋已佚此乃器內底鑄銘共見三行十七字重文二字拓一八為西周晚期之成伯孫父鬲銘拓片其口沿鑄銘一週共見十六字重文二字是三品原由岐山文化館歸陝西寶雞青銅器博物院收藏而所拓片皆為八十年代九十年代之原拓也現於今國家已頒禁拓之令能如此規模覓得且能藏之銘猶如說夢一般同道見之無不瞪目驚嘆珍重裝以饗之也癸卯年出伏初日海上慎堂記

商晚至西周初史父己鼎

內壁鑄銘拓片

釋文

父己亞奇史

季按是鼎一九七五年七月陝西岐山縣北郭公社北寨子西溝崖出土後歸寶雞青銅器博物院收藏其通高二十一釐米窄口沿雙立耳深分襠三柱足腹飾獸面紋鑄五字

史父己鼎

陝西省寶雞青銅器博物院藏

《陝西金文集成·寶雞卷·2》著錄

五祀衛鼎

西周中期共王五年鑄　一九七五年二月陝西省岐山縣董家村一號青銅器窖藏出土　今歸陝西省博物館收藏　海上慎堂李學建題

釋文

隹正月初吉庚戌衛吕邦君
厲告于井白(伯)白(伯)邑父定白(伯)琼白(伯)白(伯)
俗父曰厲曰余執龔(恭)王卹(恤)工(功)
于卲(昭)大室東逆(朔)焚(營)二川曰余
舍女(汝)田五田正迺訊厲曰女(汝)
貯田不厲迺許曰余審(審)貯田
五田井白(伯)白(伯)邑父定白(伯)琼白(伯)白(伯)俗
父迺顜事(使)厲誓迺令叁有
嗣嗣土(徒)邑人趞嗣馬頞人邦嗣
工(空)隆矩內史友寺芻帥(率)眉(堳)裛
衛厲田四田迺舍寓(宇)于氒邑
氒逆(朔)疆眔厲田氒東疆眔散
田氒南疆眔散田眔政父田
氒西疆眔厲田邦君厲眔付
裘衛田厲叔子夙厲有嗣𪺁
季慶癸燹表荊人敢井人
陽屖衛小子逆其卿(饗)餟衛用
乍(作)朕文考寶鼎衛其萬年
永寶用隹王五祀

岐山董家村所出西周青銅器群名聞於世其中以裘衛四器為最著名其特點主要是不僅皆為長篇銘文而且曆日齊全對青銅器斷代研究具有重要意義從銘文內容上可推知四器乃彼時貴族裘衛一人所為經穆王世至於恭王世其中以此五祀衛鼎為銘文最長言及經營二川工事因與鄰王發生土地糾紛經以其獲賠或功而滿足也余去歲嘗得三年衛盉及衛鼎與二十七年衛簋三器拓片以今獲五祀衛鼎實是緣修所致甚幸也此拓曾經周原老館長羅西章收藏羅與余熟識豈不更巧　慎堂記

跋西周重器五祀衛鼎

一九七五年二月陝西岐山縣京當公社董家村一號西周銅器窖藏發現其通高三十六點五口徑三十四點三腹深十九點五釐米重十一點五公斤雙立耳三柱足平沿外折亦腹向外傾垂鼎外底續有一層煙炱口沿下飾以細雷紋襯底之竊曲紋內壁鑄銘文十九行共二〇七字其中重文五字合文一字銘文大意記西周恭王五年正月裘衛氏向刑伯伯邑父定伯等掌輔官員告發與鄰人邦君厲之間發生土地糾紛經過一番詢問在邦君厲同意償付并立誓言情況下又由三有司即司徒司馬司空和內史實地勘察與劃定地界裘衛以田五田交換邦君厲臨近河川之田四田而了結官司這是研究西周中期土地私有與社會經濟發展的第一手資料而極具價值也

海上慎堂李學建撰

摹西周龔吳鑄銘拓片集一冊以為自娛

周人物語

癸卯年蒲月廿九日滬上慎堂學建題

序

壬寅初古人自寶鷄歸覓得寶鷄青銅器博物院
所藏上世紀岐山縣出土為兕乙西周龔吳鑄銘原拓
一批尤以一九七五年二月陝西省岐山縣董家村一號
銅器窖藏全套有銘銅器拓片為最珍貴余集數
物二并一一重裝釋之題之跋之以饗同道之士

物其中多銘之復品一一慎摹之集冊子形式以為自娛耳
其首推此為商代晚期至西周初期之史父己鼎銘拓片原物
一九七五年七月岐山縣小鄧公社北寨子西溝崖出土其內壁
鑄銘共見一行五字 推二為西周早期之師旦簋銘拓
片原物一九七二年五月岐山縣京當鄉雙庵村出土內底鑄
銘共見二行五字 推三為西周中期之中簋銘拓片原

物一九七四年岐山縣蒙峪出土其蓋同銘此器銘共見
二行四字 推四為西周中期之伯好父簋蓋銘拓片原
物一九八一年岐山縣京當公社劉家村發現之時張濟李
戴誤置於和𢦏父簋上其蓋內鑄銘共見二行九字 推五
為西周中期之晨盤銘拓片原物傳一九四九年前於扶
風縣黃堆鄉黃堆村出土其內底鑄銘共見二行十四字

西周晚期 仲𣾰父鼎

內壁鑄銘拓片

釋文

中(仲)叱(𣾰)父乍(作)隮(尊)
鼎甘(其)萬年子子
孫孫永寶用亯(享)

季陵 此鼎乃西周晚期之器一九七五年二月陝西省岐
山縣董家村一號西周銅器窖藏發現今歸陝西省
寶雞青銅器博物院收藏其通高三十九釐米口徑二十九
點五釐米腹深十六點二釐米體呈半球形口沿平折上置一
對豎狀立耳略外傾圜底腹部斜收其上端近口沿飾兩
道弦紋三蹄足稍外展腹內壁鑄銘三行十七字重
文二字仲𣾰父作尊鼎其萬年子子孫孫永寶用享字
口雖因銹蝕略顯模糊然其結體飽滿筆道圓潤乃西
周中晚期金文書法之典型也
陝西岐山董家村窖藏西周青銅器乃上世紀一次極重要
發現同出有銘青銅彝器三十七件大多裘衛一族近半個
世紀之歷史事蹟真實記錄此鼎雖非重器然獲此拓亦可喜也

仲𣾰父鼎

陝西省寶雞青銅器博物院藏

《周原出土青銅器》卷三著錄

西周中期伯好父簋蓋

蓋內鑄銘拓片

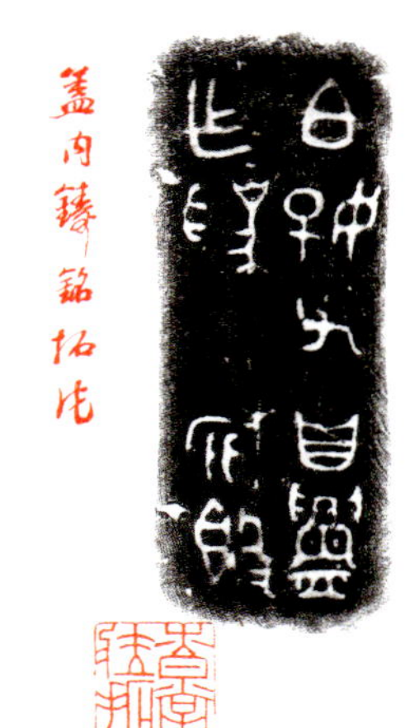

釋文

白(伯)好父自鹽(鑄)乍(作)為旅毀(簋)

季琰按此簋共二存僅見其蓋一九八一年三月陝西岐山縣京當公社劉家村發現〻〻時蓋在叔郭父簋上此蓋面隆起上有圓形捉手蓋沿飾垂冠四首鳥紋內鑄銘二行九字

西周中期晨盤

內底鑄銘拓片

釋文

晨(振)乍(作)寶般(盤)甘(其)萬年子〻孫〻永寶用

季琰按此盤一九九〇年於陝西扶風縣黃堆鄉黃堆村出土今藏岐山縣博物館共通高十三點一釐米寬沿方唇收腹一對附耳只足圈足飾雲雷紋襯底之變形夔紋內底鑄銘十四字

晨盤

陝西省寶雞岐山縣博物館藏

《周原出土青銅器》卷十著錄

伯好父簋

陝西省寶雞岐山縣博物館藏

《陝西金文集成·寶雞卷·1》著錄

西周晚期 成伯孫父鬲

口沿鑄銘拓片

釋文

成白（伯）孫父乍（作）帰（浸）嬴隮（尊）鬲，子子孫孫永寶用

季按：此青銅鬲一九七五年二月陝西省岐山縣董家村一號銅器窖藏發現，今藏岐山縣博物館。其通高十一點二，口徑十六點五，腹深七點二釐米。器爲寬沿，沿平向上斜折，束頸平襠，足半實心，端略呈蹄形。三足之上各有一道扉棱，肩飾大小相間之重環紋，腹部飾直條紋，襠部積結一層煙炱，乃西周晚期常見器物也。其口沿鑄銘十六字，重文二字。董家村一號窖藏銅器共出，現計三十七件，皆爲重器，尤銘文者居多，亦僅是拓甚難。

成伯孫父鬲

陝西寶雞岐山縣博物館藏

《周原出土青銅器》卷三著錄

西周晚期 旅仲簋

內底鑄銘拓片

釋文

旅中（仲）乍（作）𨰻（諆）寶
𣪘（簋）其邁（萬）年子子
孫孫永用亯（享）孝

季陵此簋一九七五年二月陝西省岐山縣董家村一號西周銅器窖藏發現初藏岐山縣博物館今歸陝西省寶雞青銅器博物院收藏其通高十七點一口徑十九點六腹深二點三釐米蓋已佚器作弇口鼓腹側有一對長舌獸首耳下有垂珥圈足下附有三扁足頸部飾一週重環紋蓋 圈足表面亦見較小之

重環紋上下呼應腹部則飾以瓦紋內底鑄銘三行十七字重文二字曰旅仲作諆寶簋其萬年子子孫孫永用享孝董家村一號窖藏所出西周青銅器極為重要其中有銘文器較多是研究西周中晚期一個裘衛貴族世家歷史最富價值的實物資料此簋雖為小器但能獲之銘拓亦是緣份今釋之並傾首賞

旅仲簋

陝西省寶雞青銅器博物院藏

《周原出土青銅器》卷三著錄

035《岐山八品折册》（十四開）

Eight vessels from Qishan (fourteen rubbings in folio)

商晚期至西周
縱 33 釐米 橫 13.5 釐米

題簽 岐山八品折册，甲辰正月海上慎堂崇建。

扉頁 周人物語。集西周彝器鑄銘拓片成一冊，以為自娛。癸卯年荷月廿九日，海上慎堂崇建題。

鈐印 崇建印信 季氏
慎堂藏拓 崇建

序文 壬寅初，友人自寶雞歸，覓得寶雞青銅器博物院所藏上世紀岐山縣出土商晚至西周彝器鑄銘原拓一批，尤以一九七五年二月陝西省岐山縣董家村一號銅器窖藏全套有銘銅器拓片為最珍貴。余悉數收下，並一一重裝，釋之攷之題之跋之，以饗同道。今又將其中多餘之復品八幀集而成折子形式，以為自娛耳。

其首折即商代晚期至西周初期之史父己鼎銘拓片。原物一九七五年七月岐山縣北郭公社北寨子西溝崖出土，其內壁鑄銘共見一行五字。折二為西周早期之師隻簋銘拓片，原物一九九一年四月岐山縣京當鄉雙庵村出土，內底鑄銘共見二行五字。折三為西周中期之中簋銘拓片，原物一九七四年岐山縣蔡家坡出土，器蓋同銘，此乃器銘，共見二行四字。折四為西周中期之伯好父簋蓋銘拓片，原物一九八一年岐山縣京當公社劉家村發現，發現時張冠李戴誒，置於叔𠭯父簋上，其蓋內鑄銘，共見二行九字。折五為西周中期之晨盤銘拓片，原物傳一九四九年前扶風縣黃堆鄉黃堆村出土，其內底鑄銘，共見二行十四字。折六即西周晚期之仲㳄父鼎銘文拓片，原物一九七五年二月岐山縣董家村一號西周銅器窖藏發現，其腹之內壁鑄銘共見三行十七字，重文二字。折七與折一亦同一窖藏出土銅器之鑄銘拓片，其折七為西周晚期之旅仲簋，蓋已佚，此乃器內底鑄銘，共見三行十七字，重文二字。折八為西周晚期之成伯孫父鬲銘拓片，其口沿鑄銘一週，共見十六字，重文二字。是八品多出自岐山，今悉歸陝西寶雞青銅器博物院收藏，而傳拓本皆為八十至九十年代之原拓也。現如今國家已頒禁拓之令，能如此規模覓得且館藏之銘，猶如說夢一般，同道見之無不瞪目驚嘆，故重裝以饗之也。癸卯年出伏初日，海上慎堂記。

鈐印 慎堂藏拓之印 崇建
慎堂藏拓 慎堂藏拓之印
季氏

史父己鼎銘文拓片

'Shi Fu Ji' Ding vessel (rubbing)

商晚期至周初
縱 8 釐米 橫 4 釐米

釋文 父己亞奇史

題 商晚至西周初史父己鼎。

季按：是鼎一九七五年七月陝西岐山縣北郭公社北寨子西溝崖出土，今歸寶雞青銅器博物院收藏。其通高二十一釐米，窄口沿，雙立耳，淺分襠，三柱足，腹飾獸面紋，鑄五字。

鈐印 慎堂藏拓 崇建
慎堂 慎堂審定
季氏

師隻簋銘文拓片

'Shi Zhi' Gui vessel (rubbing)

西周早期
縱 6.5 釐米 橫 4.5 釐米

釋文 師隻乍（作）/ 障（尊）彝

題 西周早期師隻簋。

季按：是簋一九九一年四月陝西岐山縣京當鄉雙庵村出土，今藏寶雞青銅器博物院。其通高十一點四釐米，器作侈口，束頸，鼓腹，有一對獸首耳，頸與圈足飾蛇紋，腹飾乳釘紋。

鈐印 慎堂藏拓 崇建
慎堂 慎堂審定
季氏

中簋銘文拓片

'Zhong' Gui vessel (rubbing)

西周中期
縱 7 釐米 橫 4 釐米

釋文 中（中）乍（作）/ 肇（旅）段（簋）

題 西周中期中簋。

季按：此簋一九七四年陝西岐山縣蔡家坡出土，今歸寶雞青銅器博物院藏。其通高十四釐米，蓋器子母合口，蓋上捉手與圈足各有一圓孔與貫耳，相對以穿繫器蓋，器蓋皆鑄同銘，共二行四字。

鈐印 慎堂藏拓 崇建
慎堂 慎堂審定
季氏

伯好父簋蓋銘文拓片

The Lid of 'Bo Hao Fu' Gui vessel (rubbing)

西周中期
縱 9 釐米 橫 3.8 釐米

釋文 白（伯）好父自鑋（鑄）/ 乍（作）為旅毁（簋）

題 西周中期伯好父簋蓋。

季按：此簋器不存，僅見其蓋。一九八一年三月陝西岐山縣京當公社劉家村發現，發現時蓋在叔𠭯父簋上。此蓋面隆起，上有圈形捉手，蓋沿飾垂冠回首鳥紋，內鑄銘二行九字。

鈐印 慎堂藏拓 崇建
慎堂 慎堂審定
季氏

晨盤銘文拓片

'Chen' Pan vessel (rubbing)

西周中期
縱 14 釐米 橫 5.5 釐米

釋文 晨（振）乍（作）寶般（盤）其（其）萬 / 年子子孫孫永寶用

題 西周中期晨盤。

季按：此盤一九四九年前陝西扶風縣黃堆鄉黃堆村出土，今藏岐山縣博物館。其通高十三點一釐米，窄折沿，方唇，收腹，一對附耳，口下及圈足飾雲雷紋襯底之變形夔紋。內底鑄銘十四字。

鈐印 慎堂藏拓 崇建
慎堂 慎堂審定
季氏

仲涿父鼎銘文拓片

'Zhong Zhuo Fu' Ding vessel (rubbing)

西周晚期
縱 10 釐米 橫 5 釐米

釋文 中（仲）旺（涿）父乍（作）障（尊）/ 鼎其（其）萬年子子 / 孫孫永寶用亯（享）

題 西周晚期仲涿父鼎。

季按：此鼎乃西周晚期之器，一九七五年二月陝西省岐山縣董家村一號西周銅器窖藏發現，今歸陝西省寶雞青銅器博物院收藏。其通高二十九點一，口徑二十九點五，腹深十六點二釐米。體呈半球形，口沿平折，上置一對索狀立耳，略外傾。圜底，腹部下收，其上端近口沿，飾兩道弦紋，三蹄足，稍外展。腹內壁鑄銘三行十七字，重文二字："仲涿父作尊鼎其萬年子子孫孫永寶用享"，字口雖因鏽蝕略顯模糊，然其結體飽滿，筆道圓潤，乃西周中晚期金文書法之典型也。
陝西岐山董家村窖藏西周青銅器乃上世紀一次極重要發現，同出有銘青銅彝器三十七件，大多裘衛一族近半個世紀之歷史事蹟真實記錄。此鼎雖非重器，然獲此拓亦不易也。

鈐印 慎堂藏拓 慎堂
別部將軍 崇建
慎堂藏拓之印 慎堂齋主
慎堂審定

旅仲簋銘文拓片

'Lü Zhong' Gui vessel (rubbing)

西周晚期
縱 11 釐米 橫 6 釐米

釋文 旅中（仲）乍（作）䜌（誖）寶 / 段（簋）其邁（萬）年子子 / 孫孫永用亯（享）孝

題 西周晚期旅仲簋。

季按：此簋一九七五年二月陝西省岐山縣董家村一號西周銅器窖藏發現，初藏岐山縣博物館，今歸陝西省寶雞青銅器博物院收藏。其通高十七點一，口徑十九點六，腹深二點三釐米。蓋已佚，器作弇口，鼓腹，側有一對長舌獸首耳，下接垂珥，圈足下附有三扁足，頸部飾一週重環紋帶，圈足表面亦見較小之重環紋，上下呼應，腹部則飾以瓦紋。內底鑄銘三行十七字，重文二字，曰：旅仲作誖寶簋其萬年子子孫孫永用享孝。董家村一號窖藏所出西周青銅器極為重要，其中有銘之器較多，是研究西周中晚期一個裘衛貴族世家歷史最富價值的實物資料。此簋雖為小器，但能獲之銘拓亦是緣分，今釋之並題以自賞。

鈐印 慎堂藏拓 季氏
別部將軍 崇建
慎堂藏拓之印 慎堂審定
慎獨齋主

成伯孫父鬲銘文拓片

'Cheng Bo Sun Fu' Li vessel (rubbing)

西周晚期
縱 16 釐米 橫 11 釐米

釋文 成白（伯）孫父乍（作）濅（浸）嬴障（尊）/ 鬲子子孫孫永寶用

題 西周晚期成伯孫父鬲。

季按：此青銅鬲一九七五年二月陝西省岐山縣董家村一號銅器窖藏發現，今藏岐山縣博物館。其通高十一點二，口徑十六點五，腹深七點二釐米。器為寬沿平向外折，束頸，平襠，足半實，下端略呈蹄形，三足之上各有一道扉棱。肩飾大小相間之重環紋，腹部飾直線紋，襠部積結一層煙炱，乃西周晚期常見器物也。其口沿鑄銘十六字，重文二字。董家村一號窖藏銅器之發現計三十七件，皆為美器，尤銘文者居多。今獲是拓，甚幸！甚幸！

鈐印 慎堂藏拓 季
別部將軍 崇建
慎堂藏拓之印 慎堂審定
慎獨齋主

戈父己鼎

陝西省寶雞市周原博物館藏
《周原出土青銅器》卷十著錄

036 戈父己鼎銘文拓片
'Ge Fu Ji' Ding vessel (rubbing)

西周早期
縱 16 釐米 橫 5.5 釐米

釋文 戈父己

題一 西周戈父己鼎，壬寅玄月廿六日，海上慎堂季崇建題首。

題二 內壁鑄銘三字，字字堅定，粗獷有力，頗稀見也。崇建。

季按：是鼎一九九五年九月陝西扶風縣齊家村出土，今歸周原博物館收藏。其殘高七十一，口徑六十二點一，腹深四十五釐米。窄沿方唇，下腹向外，傾垂雙耳，殘缺口沿。下飾六組下卷角獸面紋，以雲雷紋襯底，尤三足保存完整，飾浮雕獸面紋。依器形與紋飾論，此乃西周較早期之大鼎也。

鈐印 慎堂藏拓
別部將軍
慎堂
崇建
崇建
壬寅
季氏
崇建印信
修綆汲古
慎堂

西周戈父己鼎

壬寅玄月廿六日海上慎堂学建題首

內壁鑄銘三字，字字堅實粗獷有力頗稀見也　学建

釋文

戈父己

季旅墨泉一九六五年九月陝西扶風縣齊家村西五六歸周原博物館收藏其殘高七十一口徑六十二點一腹深四十五釐米窄沿方唇立耳向外傾垂腹耳殘缺口沿下飾六組外卷角獸面紋以雲雷紋襯底其三足保存完整飾浮雕獸面紋依器形與紋飾論此乃西周較早期之大鼎也

外叔鼎

陝西省歷史博物館藏
《周原出土青銅器》卷十著錄

037 外叔鼎銘文拓片

'Wai Shu' Ding vessel (rubbing)

西周早期
縱 14 釐米 橫 9 釐米

釋文 外弔（叔）乍（作）/ 寶障（尊）彝

題一 西周外叔鼎，歲在壬寅九月廿七日，海上慎堂崇建題。

題二 腹內壁鑄銘二行六字，字體端莊遒美，崇建再題。

季按：此鼎一九五二年陝西岐山縣法華鎮丁童家村南壕出土，今歸陝西歷史博物館收藏。其通高八十九點五，口徑六十一點三，腹深四十四釐米。平折沿，深腹，立耳，下腹向外傾垂，三柱足，口下飾垂冠回首尾下卷之夔龍與倒立之夔龍紋樣三組，足上見浮雕獸面紋，乃大器也。

鈐印 慎堂藏拓
愛不釋手
慎堂
崇建
崇建
季
季氏
崇建印信
慎堂

西周外叔鼎

歲在壬寅九月廿七日海上慎堂崇建題

腹内壁鑄銘二行六字體端莊遒美崇建再題

釋文

外弔（叔）乍（作）

寶障（尊）彝

季跋此鼎一九五二年陝西岐山縣清華鎮丁童家村南壕出土今歸陝西歷史博物館收藏具通高八十九點五口徑六十一點三腹深四十四釐米平折沿深腹立耳小腹内收傾垂三柱足口下飾垂冠回首尾下卷之夔龍與倒立之夔龍紋樣三組足上見浮雕獸面紋乃大器也

夷伯夷簋（甲器）

陝西省寶雞市周原博物館藏

《周原出土青銅器》卷八著錄

038 夷伯夷簋（甲器）銘文拓片

'Yi Bo Yi' Gui vessel A (rubbing)

西周中期

縱 12.5 釐米 橫 9 釐米

釋文 隹（唯）王征（正）月初吉屖 / 才（在）王寅尸（夷）白（伯）尸（夷）于西 / 宮莽（益）貝十朋叡（敢）粪（對）/ 陽（揚）王休用乍（作）尹姑 / 寶毀（簋）子[1]子孫[2]孫永寶用

朱批 1. 子，重文。2. 孫，重文。

題 西周夷伯夷簋，王寅霜降日，海上慎堂季崇建題首。

案：是簋一九八〇年陝西扶風縣黃堆鄉強家村西周墓出土，今歸周原博物館收藏。其通高二十一，口徑十七點五，腹深十一點三釐米。弇口，鼓腹，一對獸首屈舌耳，蓋沿與器口沿皆飾雲雷紋襯底的垂冠回首夔龍。蓋器同銘，各三十八字，慎堂再題。

鈐印 慎堂藏拓
心血來潮
慎堂
崇建
王寅
季氏
崇建印信
慎堂

西周夷伯夷簋

壬寅霜降日海上慎堂李崇建題首

夷伯夷簋蓋鑄銘

釋文

隹（唯）王征（正）月初吉辰

才（在）壬寅尸（夷）白（伯）尸（夷）于西

宮賜（益）貝十朋敢（敢）丵（對）

陽（揚）王休用乍（作）尹姞

寶𣪘（簋）子子（重文）孫孫（重文）永寶用

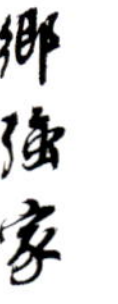

案是簋一九八四年陝西扶風縣黃堆鄉強家村西周墓出土今歸周原博物館收藏其通高二十一口徑十七點五腹深十一點三釐米弇口鼓腹一對獸首屈舌耳蓋沿與器口沿皆飾雲雷紋襯底的垂冠回首夔龍蓋器同銘各三十八字慎堂再題

琱我父簋蓋

陝西省寶雞市周原博物館藏
《陝西金文集成·寶雞卷·3》著錄

039 琱我父簋蓋銘文拓片
The lid of 'Diao Wo Fu' Gui vessel (rubbing)

西周晚期
蓋　縱 11 釐米 橫 6.5 釐米

釋文　琱（周）我父乍（作）交隮（尊）/ 段（簋）用亯（享）于皇且（祖）/ 文考用易（錫）釁（眉）壽（壽）/ 子子孫孫永寶用

題　西周琱我父簋，歲在壬寅霜降日，海上慎堂崇建題首。

季按：是簋之器於一九六一年陝西扶風縣法門公社齊家村西周銅器窖藏發現，今藏陝西歷史博物館。蓋於一九八四年發現，歸周原博物館。其器高十六點八，口徑十九，腹深十一點四，蓋高七點五，口徑二十一點二釐米。弇口，鼓腹，螺角，獸頭，雙耳，口沿均飾一週重環紋飾，皆飾以瓦紋。器、蓋同銘，各四行二十五字。

鈐印　慎堂藏拓
心賞
慎堂
崇建
心血來潮
季氏
崇建印信
慎堂

西周琱我父簋

歲在壬寅霜降日海上慎堂学建頓首

琱我父簋蓋銘

釋文

琱（周）我父乍（作）文障（尊）
毁（簋）用亯（享）于皇且（祖）
文考用易（錫）釁（眉）耆（壽）
子子孫孫永寶用

李按是簋之器於一九六一年陝西扶風縣法門公社齊家村西周銅器窖藏發現今藏陝西歷史博物館蓋於一九八〇年發現歸周原博物館其器高十六點八口徑十九腹深十一點四蓋高七點五口徑二十一點二釐米侈口鼓腹螺角獸頭雙耳口沿均飾一週重環紋餘皆飾以瓦紋器蓋同銘各四行二十五字

西周鬪卣

壬寅畔月海上慎堂題首

釋文

鬪乍（作）生（皇）号（昜）日辛障（尊）彝

案此卣一九七六年陝西扶風縣雲塘十三號墓出土今藏陝西周原博物館其失蓋器通高二十四點三口徑寬處為十二點八腹深十三點九釐米器呈橢圓形長子口鼓腹頸兩側有環鈕套接獸首提梁器頸飾兩道雷紋帶間有浮雕獸頭內底鑄銘二行八字合文一 學建

西周召尊

壬寅良月海上慎堂題首

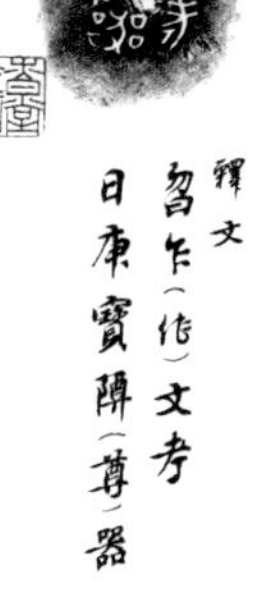

釋文

召乍（作）文考日庚寶障（尊）器

案此尊一九七六年陝西扶風縣雲塘村西周墓出土今歸周原博物館收藏其通高二十口徑十七點五腹深十六點六釐米此尊之造型已具有大口筒狀三段式內低體垂腹形過渡之特徵圈足變矮沿下折腹有微鼓間飾雲紋帶中部浮雕一犧首內底鑄銘二行九字 學建記

西周伯幾父簋

壬寅玄月海上慎堂題首

伯幾父簋蓋鑄銘

釋文

白（伯）幾父乍（作）𩞁（饙）殷（簋）子子孫孫甘（其）永寶用

案是簋一九六一年陝西扶風縣黃堆鄉强家村一號西周墓出土今歸周原博物館收藏其通高十六點三口徑十八點一腹深十點八釐米弇口鼓腹有一對獸首銜環耳圈足下連鑄三個獸面小足蓋沿與器沿飾雲雷紋襯底之昂首分尾鳥紋小腹為多重瓦紋蓋器同銘各十四字 學建

西周王盂

壬寅霜華海上慎堂題首

釋文

王乍（作）葊京𠁩（中）寑（寢）浸盂

案此盂二〇〇四年陝西扶風縣法門鎮莊白村劉家組發現今歸周原博物館收藏其殘存僅底高十四底徑四十圈足徑四十四點六釐米底內凹圈足沿外折足較高的邊圈上飾雲雷紋組合而成形的獸面紋頗為精緻乃典型西周早期紋樣內底鑄銘二行八字 學建

西周郜簋

壬寅孟月海上愼堂題首

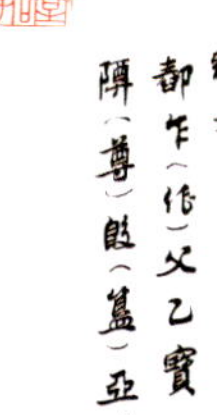

释文

郜乍（作）父乙寶

隣（尊）毁（簋）亞牧

案此簋一九八一年陝西扶風縣法門鎮齊家村西周墓出土，今藏周原博物館。其通高十點七、口徑十四點四、腹深八點四釐米。侈口束頸，鼓腹圈足，有一對兔首耳，六棱方形垂珥，頸部飾兩道弦紋，其他無甚裝飾，基本屬素器一類。内底鑄銘二行九字。愼堂學建

西周郜卣

壬寅仲月海上愼堂題首

郜卣蓋銘

释文

郜乍（作）父乙寶

隫（尊）彝亞牧

案此卣一九八三年陝西扶風縣法門鎮齊家村西周墓出土，今歸周原博物館收藏。其通高十七點七、口徑九點四、腹深九點七釐米。體呈橢圓形，長子口，有蓋，頂提手高突隆起，兩端飾圓雕獸首，頸上正背上飾立浮雕獸首，他處皆素面無飾。器蓋同銘，各二行九字。學建記

西周陵方罍

壬寅歲陽海上愼堂題首

释文

陵乍（作）父

日乙寶

罍（罍）◇單

案是罍一九七六年陝西扶風縣法門公社莊白村一號西周銅器窖藏發現，今歸周原博物館收藏。其通高三十六點二、腹深三十三點九釐米。失蓋，高頸直口，溜肩收腹，肩兩側置一對獸首銜環耳，下腹有一獸首鋬鈕。頸、肩表飾浮雕圓渦紋與獸首，器内口鑄銘三行九字。學建

西周作旅彝卣

壬寅小陽月海上愼堂題首

作旅彝卣蓋銘

释文

乍（作）葷（旅）彝

案是卣一九七六年陝西扶風雲塘村二十號西周墓出土，今歸周原博物館收藏。其通高二十八點六、口徑寬緣十四點二、腹深十六點一釐米。器呈橢圓形，長子口，鼓腹圈足，弇頸，兩側有環鈕套接提梁，蓋面隆起，兩端出犄角，蓋上與器頸飾夔紋並有額頭浮雕。器蓋同銘，各三字。學建

《扶風十六品》（十六條屏）

此十六品銘文之西周中晚期青銅器原物皆陝西省扶風縣出土，今大多藏於寶雞市周原博物館內。鑄銘字數雖不為多，但皆字體精美，鑄工講究，今集而裝池十六條屏，頗有氣勢也。

西周卑仲雩父甗

釋文

卑中(仲)雩父

乍(作)旅獻(甗)

壬寅陽止海上慎堂題首

案是甗一九七六年陝西扶風縣莊白村一號西周銅器窖藏發現今歸周原博物館收藏其通高四十七點五口縱二十三點二口橫三十一點五腹深二十一點五釐米器為連體式甗部長方箱形一對立耳腹內有箅鬲部分襠四足鬲腹飾目紋內壁鑄銘二行七字崇建記

西周丹叔番盂

釋文

丹弔(叔)番

乍(作)寶盂

壬寅吉月海上慎堂題首

案此盂二千年十月陝西扶風縣黃堆鄉姚家村西周墓葬出土現藏陝西周原博物館其通高二十七點七口徑三十九點九腹深二十五點二釐米器為侈口方唇腹壁斜收平底口沿下有一對小鈕銜環耳頸部飾兩道弦紋內壁鑄銘二行六字慎堂崇建書於慎獨齋

西周竇姒匜

釋文

竇姒乍(作)旅

匜(匜)甘(其)子子孫孫

永寶用

壬寅玄月海上慎堂題首

案此匜一九七六年陝西扶風縣法門鎮莊白村西周青銅器窖藏發現今歸周原博物館收藏其通高九口徑縱二十四點三橫二十八點七腹深五點六釐米窄沿外折斜直腹圈足稍外侈腹兩側飾牽狀環鈕口沿下飾一道弦紋內底鑄銘三行十三字重文二字崇建

西周伯多父盨

伯多父盨內蓋鑄銘

釋文

白(伯)多父乍(作)旅

盨甘(其)永寶用

壬寅上冬海上慎堂題首

案此盨一九七六年陝西扶風縣雲塘村一號窖藏發現同出四盨此為丙字號今藏周原博物館其通高二十點八口橫二十四點九口縱十六點七腹深十點四釐米器呈橢方形斂口鼓腹有一對獸首耳圈足外撇蓋上有四個曲尺形扉蓋器上皆飾變形獸體紋蓋器同銘各十字崇建

西周伯公父壺蓋

壬寅建亥海上慎堂題首

釋文

白（伯）公父
乍（作）弔（叔）姬
醴壺
萬年子子
孫孫永寶
用

案此簋蓋一九七六年陝西扶風縣雲塘村窖藏發現，今歸陝西周原博物館收藏，其高十點九、口徑十點七釐米。蓋作長子口，蓋面微隆，上有圈狀捉手，頂飾卷夔紋，捉手飾鱗紋，沿飾變形夔龍紋，內鑄銘文六行十七字，重文二字，體圓潤，筆道流暢，好字也。慎堂

西周伯公父盨蓋

壬寅禮月海上慎堂題首

釋文

白（伯）公父乍（作）旅盨
子子孫孫永寶用

案此盨之蓋一九七六年陝西扶風縣雲塘村窖藏發現，今歸周原博物館收藏，其高八、口縱十五點五、橫二十三點四釐米。蓋呈橢方形，上有四卷夔形扉，蓋頂見夔紋，夔龍之卷鼻與尾均作眷龍首，蓋沿飾重環紋，其上有多重瓦溝紋，內鑄銘二行十三字，器已失。學建記

西周史喪尊

壬寅吉月海上慎堂題首

釋文

事（史）喪（喪）乍（作）丁
公寶彝孫
子甘（其）永賜（錫）

案此尊一九七六年陝西扶風雲塘村西周墓出土，藏陝西周原博物館。其通高二十點九、口徑十九點六、復深十九點三釐米。巨侈口作喇叭口，長頸垂腹，矮圈足，頸部飾兩道弦紋，前後增飾一浮雕獸頭，腹部形類犀，圈足飾三弓弦之紋一道，內壁底部鑄銘十二字。學建

西周鄭叔山父簋

壬寅元夕海上慎堂題首

鄭叔山父簋蓋銘

釋文

鄭弔（叔）山父乍（作）
疊（疊）姬彝（尊）殷（簋）
其永寶用

案是簋之蓋原出一九六零年秋陝西扶風縣黃堆公社召陳村西周銅器窖藏，出土後首先一九八一年徵集回歸，今藏扶風縣博物館。易見一蓋三器，分藏他館。此蓋高七、口徑十九點一釐米，蓋面隆起，上有圈狀捉手，內飾盤龍紋，蓋沿飾重環紋，上有多層瓦紋，內鑄銘十三字。慎堂學建

作旅彝卣

陝西省寶雞市周原博物館藏

《陝西金文集成·寶雞卷·5》著錄

040 作旅彝卣銘文拓片

'Zuo Lü Yi' You vessel (rubbing)

西周早期

縱 6.3 釐米 橫 3 釐米

釋文 乍（作）肇（旅）彝

題 西周作旅彝卣，壬寅小陽月，海上慎堂題首。

案：是卣一九七六年陝西扶風雲塘村二十號西周墓出土，今歸周原博物館收藏。其通高二十八點六，口徑最寬處十四點二，腹深十六點一釐米。器呈橢圓形，長子口，鼓腹，圈足外侈。頸兩側有環鈕套接貘頭提梁，蓋面隆起，兩端出犄角，蓋上與器頸飾夔紋，並有貘頭浮雕。器、蓋同銘，各三字。崇建。

鈐印 慎堂藏拓

慎堂

崇建

壬寅

崇建印信

海上崇建所見所鑒所拓所攷所跋之印

西周陵方罍

壬寅歲陽海上慎堂題首

釋文

陵乍（作）父

日乙寶

器（罍）◇單

案是罍一九七六年陝西扶風縣法門公社莊白村一號西周銅器窖藏發現今歸周原博物館收藏其通高三十八點二腹深三十三點零釐米失蓋高頸直口溜肩收腹肩兩側置一對獸首銜環耳下腹有一獸首鋬鈕頸下肩表飾浮雕圓渦紋與獸首器內口鑄銘三行九字崇建

陵方罍

陝西省寶雞市周原博物館藏

《陝西金文集成·寶雞卷·2》著錄

041 陵方罍銘文拓片

‘Ling’ squaish Lei vessel (rubbing)

西周早期

縱 5.5 釐米 橫 5.5 釐米

釋文 陵乍（作）父 / 日乙寶 / 器（罍）◇單

題 西周陵方罍，壬寅歲陽，海上慎堂題首。

案：是罍一九七六年陝西扶風縣法門公社莊白村一號西周銅器窖藏發現，今歸周原博物館收藏。其通高三十八點二，腹深三十三點零釐米。失蓋，高頸，直口，溜肩，收腹，肩兩側置一對獸首銜環耳，下腹有一獸首鋬鈕，頸下肩表飾浮雕圓渦紋與獸首。器內口鑄銘三行九字。崇建。

鈐印 慎堂藏拓

慎堂

崇建

季

崇建印信

海上崇建所見所鑒所拓所攷所跋之印

鄌卣

陝西省寶雞市周原博物館藏

《陝西金文集成·寶雞卷·3》著錄

西周鄌卣　壬寅坤月海上慎堂題首

鄌卣蓋銘

釋文
鄌乍（作）父乙寶
隮（尊）彝亞牧

案此卣一九九一年陝西扶風縣法門鎮齊家村西周墓出土今歸周原博物館收藏其通高十七點七口徑九點四腹深九點七釐米體呈橢圓形長子口有蓋蓋頂捉手高突提梁之兩端飾圓雕獏首頸之正背亦飾高浮雕獏首他處皆素而無飾器蓋同銘各二行九字崇建記

042 鄌卣銘文拓片

'Chong' You vessel (rubbing)

西周早期

縱 8 釐米　橫 3.5 釐米

釋文　鄌乍（作）父乙寶 / 隮（尊）彝亞牧

題　西周鄌卣，壬寅坤月，海上慎堂題首。

案：此卣一九九一年陝西扶風縣法門鎮齊家村西周墓出土，今歸周原博物館收藏。其通高十七點七，口徑九點四，腹深九點七釐米。體呈橢圓形，長子口，有蓋，蓋頂捉手高突，提梁之兩端飾圓雕獏首，頸之正背亦飾高浮雕獏首，他處皆素而無飾。器、蓋同銘，各二行九字。崇建記。

鈐印　慎堂藏拓
慎堂
崇建
季
崇建印信
海上崇建所見所鑒所拓所攷所跋之印

䣄簋

陝西省寶雞市周原博物館藏

《陝西金文集成・寶雞卷・3》著錄

043 䣄簋銘文拓片

'Chong' Gui vessel (rubbing)

西周早期

縱 8 釐米 橫 3 釐米

釋文 䣄乍（作）父乙寶 / 隮（尊）設（簋）亞牧

題 西周䣄簋，壬寅孟月，海上愼堂題首。

案：此簋一九九一年陝西扶風縣法門鎮齊家村西周墓出土，今藏周原博物館。其通高十點七，口徑十四點四，腹深八點四釐米。侈口，束頸，鼓腹，圈足，有一對兔首耳，下接方形垂珥，頸部飾兩道弦紋，其他無甚裝飾，基本屬素器一族。內底鑄銘二行九字。愼堂崇建。

鈐印 愼堂藏拓

愼堂

崇建

季

崇建印信

海上崇建所見所鑒所拓所攷所跋之印

王盂

陝西省寶雞市周原博物館藏

《陝西金文集成·寶雞卷·5》著錄

西周王盂 壬寅霜華海上慎堂題首

釋文 王乍（作）葊京 皀（中）寢（寢）浸盂

案此盂一九九四年陝西扶風縣法門鎮莊白村劉家組發現今歸周原博物館收藏其殘存僅底高十四底徑四十圈足徑四十四點六釐米底內凹圈足沿下折成較高的邊圈上飾雲雷紋組合而成對稱的獸面紋頗為精緻乃典型西周早期紋樣內底鑄銘二行八字崇建

044 王盂銘文拓片

'Wang' Yu vessel (rubbing)

西周早期

縱 10.5 釐米 橫 4.5 釐米

釋文 王乍（作）葊京 / 皀（中）寢（寢）浸盂

題 西周王盂，壬寅霜華，海上慎堂題首。

案：此盂一九九四年陝西扶風縣法門鎮莊白村劉家組發現，今歸周原博物館收藏。其殘存僅底，高十四，底徑四十，圈足徑四十四點六釐米。底內凹，圈足沿下折成較高的邊圈，上飾雲雷紋組合而成對稱的獸面紋，頗為精緻，乃典型西周早期紋樣，內底鑄銘二行八字。崇建。

鈐印 慎堂藏拓

慎堂

崇建

季

崇建印信

海上崇建所見所鑒所拓所攷所跋之印

伯幾父簋

陝西省寶雞市周原博物館藏

《周原出土青銅器》卷八著錄

045 伯幾父簋蓋銘文拓片

The lid of 'Bo Ji Fu' Gui vessel (rubbing)

西周中期

蓋　縱 11.5 釐米 橫 4.8 釐米

釋文　白（伯）幾父乍（作）䍙（饙）𣪕（簋）/ 子子孫孫甘（其）永寶用

題　西周伯幾父簋，壬寅亥月，海上慎堂題首。

案：是簋一九八一年陝西扶風縣黃堆鄉強家村一號西周墓出土，今歸周原博物館收藏。其通高十八點三，口徑十八點一，腹深十釐米。弇口，鼓腹，有一對獸首，銜環耳，圈足，下連鑄三個獸面小足。蓋沿與器沿飾雲雷紋襯底之昂首分尾鳥紋，下腹為多重瓦紋。蓋器同銘，各十四字。崇建。

鈐印　慎堂藏拓

慎堂

崇建

壬寅

崇建印信

海上崇建所見所鑒所拓所攷所跋之印

曶尊

陝西省寶雞市周原博物館藏
《周原出土青銅器》卷七著錄

046 曶尊銘文拓片

‘Hu’ Zun vessel (rubbing)

西周中期
縱 8.5 釐米 橫 5 釐米

釋文　曶乍（作）文考 / 日庚寶隮（尊）器

題　西周曶尊，壬寅良月，海上慎堂題首。

案：此尊一九七六年陝西扶風縣雲塘村西周墓出土，今歸周原博物館收藏。其通高二十，口徑十七點五，腹深十六點六釐米。此尊之造型已具有大口筒狀三段式向低體垂腹形過渡之特徵，圈足變矮，沿下折，腹有微鼓，間飾雲紋帶，中部浮雕一貘首。內底鑄銘二行九字。崇建記。

鈐印　慎堂藏拓
慎堂
崇建
壬寅
崇建印信
海上崇建所見所鑒所拓所攷所跋之印

𨷇卣

陝西省寶雞市周原博物館藏

《周原出土青銅器》卷七著錄

047 𨷇卣銘文拓片

'Ji' You vessel (rubbing)

西周中期

縱 9.4 釐米 橫 4 釐米

釋文 𨷇乍（作）𡈼（皇）号（易）/ 日辛障（尊）彝

題 西周𨷇卣，壬寅魁冏，海上慎堂題首。

案：此卣一九七六年陝西扶風縣雲塘十三號墓出土，今藏陝西周原博物館。其失蓋器通高二十四點三，口徑最寬處為十二點八，腹深十三點九釐米。器呈橢圓形，長子口，鼓腹，頸兩側有環鈕套接獸首提梁，器頸飾兩道雷紋帶，間有浮雕獸頭。內底鑄銘二行八字，合文一。崇建。

鈐印 慎堂藏拓

慎堂

崇建

王寅

崇建印信

海上崇建所鑒所拓所攷所跋所印

鄦叔山父簋壺蓋

陝西寶雞扶風博物館藏

《周原出土青銅器》卷十著錄

西周鄦叔山父簋

壬寅元冬海上慎堂題首

鄦叔山父簋蓋鑄銘

釋文

鄦弔(叔)山父乍(作)

疊(疊)姬障(尊)段(簋)

其永寶用

案是簋之蓋原在一九六零年春陝西扶風縣黃堆公社召陳村西周銅器窖藏出土後散失一九八一年徵集回歸今藏扶風縣博物館另見一蓋三器分藏他館此蓋高七口徑十九點一釐米蓋面隆起上有圈狀捉手手內飾盤龍紋蓋沿飾重環紋上有多層瓦紋內鑄銘十三字慎堂崇建

048 鄦叔山父簋銘文拓片

'Yi Shu Shan Fu' Gui vessel (rubbing)

西周晚期

蓋　縱 9.5 釐米 橫 6.5 釐米

釋文　鄦弔（叔）山父乍（作）/ 疊（疊）姬障（尊）段（簋）/ 其永寶用

題　西周鄦叔山父簋，壬寅元冬，海上慎堂題首。

案：是簋之蓋原在一九六〇年春陝西扶風縣黃堆公社召陳村西周銅器窖藏出土，後散失。一九八一年徵集回歸，今藏扶風縣博物館；另見一蓋，三器分藏他館。此蓋高七，口徑十九點一釐米。蓋面隆起，上有圈狀捉手，捉手內飾盤龍紋，蓋沿飾重環紋，上有多層瓦紋。內鑄銘十三字，慎堂崇建。

鈐印　慎堂藏拓

慎堂

崇建

壬寅

崇建印信

海上崇建所見所鑒所拓所攷所跋之印

史喪尊

陝西省寶雞市周原博物館藏

《周原出土青銅器》卷七著錄

049 史喪尊銘文拓片

'Shi Sang' Zun vessel (rubbing)

西周晚期

縱 9 釐米 橫 6.5 釐米

釋文 事（史）喪（喪）乍（作）丁 / 公寶彝孫 / 子其（其）永爨（錫）

題 西周史喪尊，壬寅吉月，海上慎堂題首。

案：此尊一九七六年陝西扶風雲塘村西周墓出土，今藏陝西周原博物館。其通高二十點九，口徑十九點六，腹深十九點三釐米。器作喇叭口，長頸，垂腹，矮圈足，頸部飾兩道弦紋，前後增飾各一浮雕貘頭。貘者，形類犀，銅器上飾之可歸之獸面紋一族。內壁底部鑄銘十二字，崇建。

鈐印 慎堂藏拓

慎堂

崇建

王寅

崇建印信

海上崇建所見所鑒所拓所攷所跋之印

伯公父盨蓋

陝西省寶雞市周原博物館藏
《陝西金文集成 · 寶雞卷 · 5》著錄

050 伯公父盨蓋銘文拓片

The lid of 'Bo Gong Fu' Xu vessel (rubbing)

西周晚期
縱 11.2 釐米　橫 4 釐米

釋文　白（伯）公乍（作）旅盨 / 子子孫孫永寶用

題　西周伯公父盨蓋，壬寅檀月，海上慎堂題首。

案：此盨之蓋一九七六年陝西扶風縣雲塘村窖藏發現，今歸周原博物館收藏。其高八，口縱十五點五，橫二十三點四釐米。蓋呈橢方形，上有四卷夔形扉，蓋頂見夔紋，夔龍之卷鼻與尾均作成龍首。蓋沿飾重環紋，其上有多重瓦溝紋，內鑄銘二行十三字。器已失。崇建記。

鈐印　慎堂
崇建
慎堂藏拓
季
崇建印信
海上崇建所見所鑒所拓所攷所跋之印

西周伯公父壺蓋 壬寅建亥海上慎堂題首

釋文
白（伯）公父
乍（作）弔（叔）姬
醴壺
萬年子子
孫孫永寶
用

案此壺蓋一九七六年陝西扶風縣雲塘村窖藏發現今歸陝西周原博物館收藏其高十點九口徑十點七釐米蓋作長子口蓋面微隆上有圈狀捉手頂飾卷夔紋捉手飾鱗紋沿飾變形夔龍紋內鑄銘文六行十七字重文二字體圓潤筆道流轉好字也慎堂

伯公父壺蓋

陝西省寶雞市周原博物館藏

《周原出土青銅器》卷三著錄

051 伯公父壺蓋銘文拓片

The lid of 'Bo Gong Fu' Hu vessel (rubbing)

西周晚期

縱 3.8 釐米 橫 9 釐米

釋文 白（伯）公父 / 乍（作）弔（叔）姬 / 醴壺 / 萬年子子 / 孫孫永寶 / 用

題 西周伯公壺蓋，壬寅建亥，海上慎堂題首。

案：此壺蓋一九七六年陝西扶風縣雲塘村窖藏發現，今歸陝西周原博物館收藏。其高十點九，口徑十點七釐米。蓋作長子口，蓋面微隆，上有圈狀捉手。頂飾卷夔紋，捉手飾鱗紋，沿飾變形夔龍紋。內鑄銘文六行十七字，重文二字，字體圓潤，筆道流轉，好字也。慎堂。

鈐印 慎堂藏拓
慎堂
崇建
壬寅
崇建印信
海上崇建所見所鑒所拓所攷所跋之印

伯多父盨（丙器）

陝西省寶雞市周原博物館藏

《周原出土青銅器》卷三著錄

052 伯多父盨（丙器）銘文拓片

'Bo Duo Fu' Xu vessel C (rubbing)

西周晚期

縱 10 釐米 橫 4.2 釐米

釋文 白（伯）多父乍（作）旅 / 盨甘（其）永寶用

題 西周伯多父盨，壬寅上冬，海上慎堂題首。

案：此盨一九七六年陝西扶風縣雲塘村一號窖藏發現，同出四盨，此為丙字號，今藏周原博物館。其通高二十點八，口橫二十四點九，口縱十六點七，腹深十點四釐米。器呈橢方形，斂口，鼓腹，有一對獸首耳，圈足外撇，蓋上有四個曲尺形扉，蓋器上皆飾變形獸體紋。蓋、器同銘，各十字。崇建。

鈐印 慎堂

崇建

慎堂藏拓

壬寅

崇建印信

海上崇建所見所鑒所拓所攷所跋之印

窔姒匜

陝西省寶雞市周原博物館藏

《周原出土青銅器》卷五著錄

053 窔姒匜銘文拓片

'Mi Si' Fu vessel (rubbing)

西周晚期

縱 9 釐米 橫 5.5 釐米

釋文 窔㚸（姒）乍（作）旅/匩（匜）甘（其）子子孫孫/永寶用

題 西周窔姒匜，壬寅玄冬，海上慎堂題首。

案：此匜一九七六年陝西扶風縣法門鄉莊白村西周青銅器窖藏發現，今歸周原博物館收藏。其通高九，口徑縱二十四點三，橫二十八點七，腹深五點六釐米。窄沿外折，斜直腹，圈足，稍外侈，腹兩側飾索狀半環鈕，口沿下飾一道弦紋。內底鑄銘三行十三字，重文二字。崇建。

鈐印 慎堂藏拓

慎堂

崇建

壬寅

崇建印信

海上崇建所見所鑒所拓所攷所跋之印

丹叔番盂

陝西省寶雞市周原博物館藏
《陝西金文集成·寶雞卷·3》著錄

西周丹叔番盂 壬寅吉月海上慎堂題首

釋文 丹弔（叔）番 乍（作）寶盂

案此盂二千年七月陝西扶風縣黃堆鄉姚家村西周墓葬出土現藏陝西周原博物館其通高二十七點七徑三十九點九腹深二十五點二釐米器為侈口方唇腹壁斜收平底口沿下有一對小鈕銜環耳頸部飾兩道弦紋內壁鑄銘二行六字慎堂崇建於慎獨齋

054 丹叔番盂銘文拓片
'Dan Shu Fan' Yu vessel (rubbing)

西周晚期
縱 9 釐米 橫 4.5 釐米

釋文 丹弔（叔）番/乍（作）寶盂

題 西周丹叔番盂，壬寅吉月，海上慎堂題首。

案：此盂二千年七月陝西扶風縣黃堆鄉姚家村西周墓葬出土，現藏陝西周原博物館。其通高二十七點七，口徑三十九點九，腹深二十五點二釐米。器為侈口，方唇，腹壁斜收，平底，口沿下有一對小鈕銜環耳，頸部飾兩道弦紋。內壁鑄銘二行六字。慎堂崇建於慎獨齋。

鈐印 慎堂藏拓
慎堂
崇建
季
崇建印信
海上崇建所見所鑒所拓所跋所跋之印

㠱仲雩父甗

陝西省寶雞市周原博物館藏
《陝西金文集成·寶雞卷·3》著錄

055 㠱仲雩父甗銘文

'㠱 Zhong Yu Fu' Yan vessel (rubbing)

西周晚期
縱 9 釐米 橫 4.5 釐米

釋文 㠱中（仲）雩父 / 乍（作）旅獻（甗）

題 西周㠱仲雩父甗，壬寅陽止，海上慎堂題首。

案：是甗一九七六年陝西扶風縣莊白村二號西周銅器窖藏發現，今歸周原博物館收藏。其通高四十七點五，口縱二十三點二，口橫三十一點五，腹深二十一點五釐米。器為連體式，甗部長方箱形，一對立耳，腹內有箅，鬲部分襠，四足鬲，腹飾目紋。內壁鑄銘二行七字。崇建記。

鈐印 慎堂藏拓
慎堂
崇建
季
崇建印信
海上崇建所見所鑒所拓所攷所跋之印

西周㠱仲雩父甗
壬寅陽止海上慎堂題首
釋文
㠱中（仲）雩父
乍（作）旅獻（甗）
案是甗一九七六年陝西扶風縣莊白村二號西周銅器窖藏發現今歸周原博物館收藏其通高四十七點五口縱二十三點二口橫三十一點五腹深二十一點五釐米器為連體式甗部長方箱形一對立耳腹內有箅鬲部分襠四足鬲腹飾目紋內壁鑄銘二行七字崇建記

伯吉父簋

陝西省扶風博物館藏

《陝西金文集成 · 寶雞卷 · 5》著錄

056 伯吉父簋銘文拓片

'Bo Ji Fu' Gui vessel (rubbing)

西周

蓋　縱 12.8 釐米　橫 9 釐米

釋文　唯十又二月初 / 吉白（伯）吉父乍（作）毅（毅）/ 隮（尊）段（簋）甘（其）萬年子 / 孫孫永寶用

朱批　伯吉父簋蓋銘

題一　西周伯吉父簋，時在壬寅仲秋，海上慎堂季崇建題首。

題二　此簋一九七二年十二月陝西扶風縣北橋村西周銅器窖藏發現，今藏扶風縣博物館。其通高二十四，口徑十九點五，腹深十二點二釐米。器作弇口，鼓腹，一對獸首耳，有蓋。器蓋同銘，各鑄四行，共二十三字，重文一。慎堂並識。

鈐印　愛不釋手
慎堂
崇建
崇建印信
慎堂藏拓
季崇建印

西周伯吉父簋

昔在壬寅仲穐海上慎堂季崇建題首

伯吉父簋蓋銘

釋文

唯十又二月初
吉白(伯)吉父乍(作)𣪕(毁)
障(尊)毁(簋)甘(其)萬年子
孫=永寶用

此簋一九七二年十二月陝西扶風縣小橋村西周銅器窖藏發現今藏扶風縣博物館其通高二十四口徑十九點五腹深十二點二釐米器作弇口鼓腹一對獸首耳有蓋器蓋同銘各鑄四行共二十三字重文一慎堂並識

伯公父勺（甲、乙器）

陝西省寶雞市周原博物館藏

《周原出土青銅器》卷三著錄

057 伯公父勺（甲、乙器）銘文拓片

'Bo Gong Fu' spoons A&B (rubbing)

西周晚期

甲器　縱 5.5 釐米　橫 4 釐米

乙器　縱 5.5 釐米　橫 4 釐米

釋文　伯公父勺甲鑄銘

白（伯）公乍（作）金 / 爵用獻用 / 酌用亯（享）用孝

伯公父勺乙鑄銘

于朕（朕）皇考用 / 𪔞釁壽子 / 孫永寶用耇

題一　西周伯公父勺，壬寅孟月，海上慎堂季崇建題首。

題二　有甲乙二勺。甲者通長十九點三，高六點八，口徑最大九點四，腹深五釐米；乙者通長十九點五，高七，口徑最大處九點二，腹深四點九釐米。形制同銘文不同。建二題。

季按：此對伯公父青銅勺，一九七六年陝西扶風縣黃堆鄉雲塘村西周銅器窖藏同時發現，今歸周原博物館收藏。依其銘文連貫內容編為甲乙二器。其形制一致，勺口微斂，腹微鼓，矮圈足，外侈，曲柄從腹部伸出。勺口沿下飾一週變形蟬紋，腹飾瓦楞紋，圈足飾重環紋，柄部飾夔紋。柄根彎處各鑄銘三行十四字，且相連之。

鈐印　心賞

慎堂

崇建

崇建

壬寅

季氏

崇建印信

慎堂藏拓

季崇建印

西周伯公父勺

壬寅孟月海上愼堂李崇建題首

有甲乙二勺甲勺通長十九點三公六點八口徑寬六九點四腹深五釐米乙勺通長十九點五公七口徑寬六處九點二腹深四點九釐米形制同銘文不同連二頁

伯公父勺甲鑄銘

釋文

白（伯）公父乍（作）金

爵用獻用

酌用亯（享）用孝

伯公父勺乙鑄銘

釋文

于朕（朕）皇考用

蘄釁壽子

孫永寶用耇

李按此對伯公父青銅勺乃一九七六年陝西扶風縣黃堆鄉雲塘村西周銅器窖藏同時發現今歸周原博物館收藏依其銘文連貫內容論為甲乙二器其形制一致勺口微斂腹微鼓矮圈足外傍曲柄從腹部伸出勺口沿八飾一週變形蟬紋腹飾瓦稜紋圈足飾重環紋柄部飾夔紋柄根彎處為鑄銘三行十四字且相連之

伯公父簠

陝西省寶雞市周原博物館藏
《周原出土青銅器》卷十著錄

058 伯公父簠銘文拓片
'Bo Gong Fu' Fu vessel (rubbing)

西周孝王世
縱 8.5 釐米 橫 12 釐米

釋文 白（伯）大（太）師小子白（伯）/ 公父乍（作）鈷（簠）戳（擇）之 / 金隹（唯）鐈隹（唯）盧囟（其）/ 金孔吉亦幺（玄）亦 / 黃用成（盛）糕（穛）稻（稻）需（糯）/ 粱（粱）我用召（紹）卿事（士）/ 辟王用召（绍）者（諸）考（老）/ 者（諸）兄用旛（祈）眉耇（壽）/ 多福無疆其子子 / 孫永寶用亯（享）

題一 西周伯公父簠，時在壬寅仲秋，海上慎堂季崇建題首。

題二 是簠一九七七年陝西省扶風縣黃堆鄉雲塘村青銅器窖藏發現。其口橫二十八點三，口縱二十三，腹深六點五，通高十九點八釐米。蓋與器形制基本一致，滿工，飾以環帶紋與垂鱗紋。器蓋同銘，各鑄十行共六十一字。應是西周孝王世器。慎堂。

鈐印 慎堂藏拓
心賞
慎堂
崇建
壬寅
季氏
崇建印信
修綆汲古
慎堂

西周伯公父簠

歲在壬寅仲穐海上慎生季崇建題首

蓋銘

釋文

白(伯)大(太)師小子白(伯)
公父乍(作)鹽(簠)斁(擇)之
金隹(唯)鐈隹(唯)盧甘(其)
金孔吉亦幺(玄)亦
黃用成(盛)粺(糕)稻(稻)需(糯)
梁(粱)我用召(紹)卿事(士)
辟王用召(紹)者(諸)考(考)
者(諸)兄用旂(祈)眉壽(壽)
多福無疆其子子
孫永寶用亯(享)

是簠一九七七年陝西省扶風縣黃堆鄉雲塘村出土銅器窖藏器現其口橫二十八點三口縱二十三腹深六點五通高十九點八釐米蓋與器形制基本一致滿工飾以環帶紋與變體夔紋器蓋同銘各鑄于內共六十一字應是西周孝王世器慎生

不指方鼎

陝西省扶風博物館藏

《周原出土青銅器》卷六著錄

059 不指方鼎銘文拓片

'Bu Zhi' squarish Ding vessel (rubbing)

西周中期

縱 9.4 釐米 橫 4.4 釐米

釋文 隹（唯）八月既望（望）戊辰王 / 才（在）上厌（侯）应苯鄰（祼）不指易（錫）/ 貝十朋不指擇（拜）䭫（稽）首敢（敢）/ 㲃（揚）王休用乍（作）寶鬻（鬻）彝

題一 不指方鼎，歲在壬寅桂秋二十日，海上慎堂季崇建題耑。

題二 此方鼎一九七一年九月陝西扶風縣黃鄉齊鎮村西周墓出土，今歸扶風縣博物館。其通高二十一點八，口縱十四，橫十八點二，腹深十點一釐米。器作長方體，平沿，方唇，雙立耳，四柱足，四角並四壁居中皆見扉棱，口下飾竊曲紋。鑄銘三十四字。慎堂。

鈐印 別部將軍
季
崇建
心血來潮
慎堂
崇建
慎堂藏拓
季崇建印

丕指方鼎

歲在壬寅桂緣二十日海上慎堂季學建題端

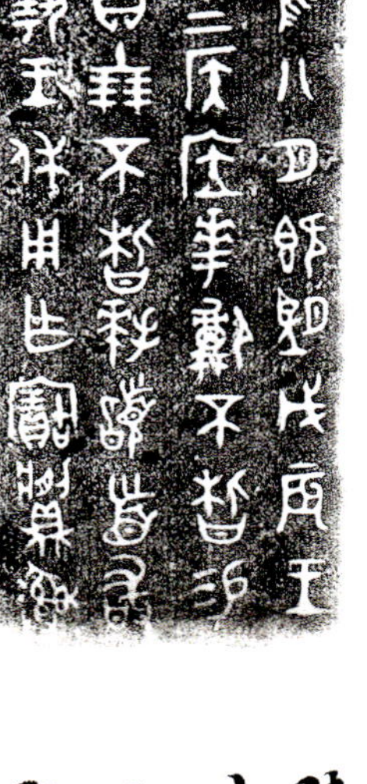

释文

隹（唯）八月既朢（望）戊辰王
才（在）上医（侯）庍桒鄭（祼）不指易（錫）
貝十朋丕指揲（拜）䭫（稽）首敢（敢）
𩁹（揚）王休用乍（作）寶䵼（䵼）彝

此方鼎乃七一年九月陕西扶風縣黄堆鄉齊鎮村西周墓出土今歸扶風縣博物館其通高二十一釐米口縱十四橫十八釐二腹深十釐一[illegible]器作長方體平沿方唇雙立耳四柱足四角並四壁居中皆見扉棱口下飾竊曲紋鑄銘二十四字慎堂

師同鼎

陝西省寶雞市周原博物館藏
《周原出土青銅器》卷五著錄

060 師同鼎銘文拓片
'Shi Tong' Ding vessel (rubbing)

西周晚期
縱 14 釐米 橫 11.4 釐米

釋文 羿[1]畀其井師同[2]從 / 折首執嚥（訊）寽（捋）車馬 / 五乘大車[3]廿羊百刲（挈）/ 用徣（造）王羞于黽寽（掠）戎 / 金冑卅戎鼎廿鋪[4] / 五十[5]鐱（劍）廿用鑄（鑄）乲（茲）障（尊）/ 鼎子子[6]孫孫[7]其永寶用

朱批 1. 羿，或隸定為羿。2. 師同，器主名，見於永盂銘。3. 大車，单軛之車也。4. 鋪，即食器，如豆之類。5. 五十，合文。6. 子子，重文。7. 孫孫，重文。

題 西周師同鼎，壬寅暮商，海上慎堂季崇建題首。

案：此鼎一九八一年十二月陝西扶風縣黃堆鄉下務子村西周銅器窖藏發現，今歸周原博物館收藏。其通高三十五，口徑三十四，腹深二十點五釐米，重十點五公斤。窄沿外折，口沿上有一對立耳，深腹，圜底，三足若蹄形。口沿下飾一周重環紋，內壁鑄銘七行五十四字。慎堂記。

鈐印 慎堂藏拓
心賞
慎堂
崇建
壬寅
季氏
崇建印信
慎堂

西周師同鼎

壬寅暮冬海上慎堂季崇建題首

釋文

𤔲（或隸定為𤔲）畀其井師同（器主名見於永盂銘）從折首執嚨（訊）孚（捋）車馬五乘大車（單轅之車也）廿羊百剌（挈）用造（造）王羞于䵼（即食器如豆之類）孚（掠）戎金胄卅戎鼎廿鋪五十（合文）鐱（劍）廿用鑄（鑄）絲（兹）䧹（尊）鼎子子（重文）孫孫（重文）其永寶用

案此鼎一九八一年十二月陝西扶風縣黃堆鄉下務子村西周銅器窖藏發現今歸周原博物館收藏其通高三十五口徑三十四腹深二十點五釐米重十點五公斤窄沿外折口沿上有一對立耳深腹圜底三足蹄形口沿下飾一周重環紋內壁鑄銘七行五十四字慎堂記

生史簋

陝西省寶雞市周原博物館藏
《周原出土青銅器》卷八著錄

061 生史簋銘文拓片
'Sheng Shi' Gui vessel (rubbing)

西周中期
縱 12.5 釐米 橫 5.5 釐米

釋文 　𨟭（召）白（伯）令（命）生史吏（使）于 / 楚白（伯）錫賓用乍（作）寶 / 毀（簋）用事氒（厥）叡（祖）日丁 / 用事氒（厥）考日戊

題 　西周生史簋，時在壬寅霜降，海上慎堂崇建題首。

季按：此簋一九八〇年八月陝西扶風縣黃堆村八號墓出土，今歸陝西周原博物館收藏。其通高十二點八，口徑十九點二，腹深十點七釐米。侈口鼓腹，有一對獸首耳，圈足略外侈，頸飾雲雷紋襯底之分尾鳳鳥紋，間有浮雕獸頭，圈足飾弦紋。器之內底鑄銘四行二十七字。應是西周中期前段之物。

鈐印 　慎堂藏拓
愛不釋手
慎堂
崇建
壬寅
季氏
崇建印信
慎堂

西周生史簋

時在壬寅霜降海上慎堂學建題首

生史簋內底鑄銘

釋文

𨎛(召)白(伯)令(命)生史吏(使)于
楚白(伯)錫賓用乍(作)寶
𣪘(簋)用事氒(厥)𠭯(祖)日丁
用事氒(厥)考日戊

學按此簋一九八零年于陝西扶風縣黃堆村八號墓出土今歸陝西周原博物館收藏其通高十二點八口徑十九點二腹深十點七釐米侈口鼓腹有一對獸首耳圈足略外侈頸飾雲雷紋襯底之分尾鳳鳥紋間有浮雕獸頭圈足飾弦紋簋之內底鑄銘四行二十七字應是西周中期前後之物

效爵

陕西省宝鸡市周原博物馆藏

《周原出土青铜器》卷七著录

則爵

陕西省宝鸡市周原博物馆藏

《周原出土青铜器》卷七著录

日爵

陕西省宝鸡市周原博物馆藏

《周原出土青铜器》卷七著录

牧父乙爵

陕西省宝鸡市周原博物馆藏
《周原出土青铜器》卷九著录

周原四爵　甲辰四月海上崇建題

062 周原四爵銘文拓片軸

Four Jue vessels from Zhouyuan (rubbings)

西周早期至中期
效爵　縱 3.8 釐米 橫 3.3 釐米
則爵　縱 4 釐米 橫 3.5 釐米
目爵　縱 2.8 釐米 橫 4 釐米
牧父乙爵　縱 2.7 釐米 橫 4 釐米

釋文　一
效乍（作）且（祖）戊 / 寶隩（尊）彝

二
鼎刂（則）乍（作）寶

三
目（目）

四
牧父乙

題簽　周原四爵，甲辰四月，海上崇建

題一　周原四爵，壬寅露月十六，海上慎堂季崇建題首。

題二　右集四拓之爵，皆西周早或中期物，皆藏陝西周原博物館內。其一效爵，通高二十一點九釐米；其二則爵亦稱鼎刂鼎，通高二十釐米；其三目爵，通高二十二點二釐米；其四牧父乙爵，通高二十一釐米。崇建記。

案：效爵、則爵、目爵三者皆一九七六年陝西扶風縣雲塘村西周墓出土，其中效爵在十三號墓，則爵為十號墓，目爵出自二十號墓。觀形制，量尺寸，大同小異。長流槽略上翹，尖尾，卵形腹內側有獸首鋬，三棱錐足外撇。腹飾淺浮雕雲雷紋襯底之獸面紋，唯效爵、目爵作束傘狀雙柱，則爵為菌狀雙柱，有別也。而牧父乙爵一九九一年陝西扶風縣法門鎮齊家村西周墓出土，尺寸形制類效、目二爵，皆西周早期之具。今幸獲四拓集而為一池，釋之題之，以與同道共饗。壬寅十月，慎堂。

鈐印　崇建
慎堂藏拓
慎堂藏拓
慎堂藏拓
慎堂藏拓
慎堂
崇建
崇建
壬寅
季氏
崇建印信
慎堂

周原四爵

壬寅霜月十六滬上慎堂李崇建題首

西周早期

攷爵

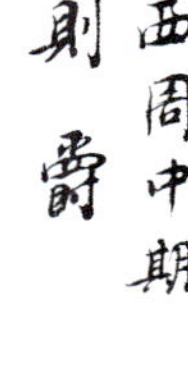

釋文

攷乍(作)且(祖)戊寶䵼(尊)彝

西周中期

則爵

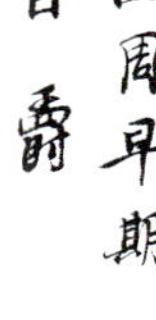

釋文

鼎(則)乍(作)寶

西周早期

目爵

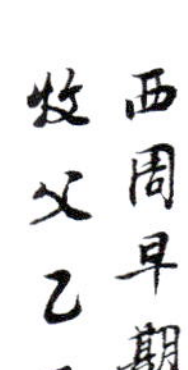

釋文

目(目)

西周早期

牧父乙爵

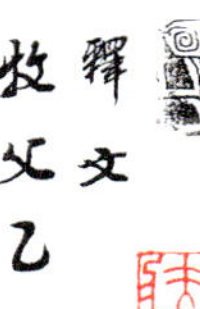

釋文

牧父乙

右集四拓之爵皆西周早或中期物皆藏陝西周原博物館內其一攷爵通高二十一點九釐米其二則爵亦稱鼎爵通高二十釐米其三目爵通高二十三點二釐米其四牧父乙爵通高二十一釐米崇建記

案攷爵則爵目爵三者皆一九七六年陝西扶風縣雲塘村西周墓出土其中攷爵出十三號墓則爵爲十號墓目爵出自二十號墓觀形制量尺寸大同小異長流槽略上翹尖尾卵形腹內側有獸首鋬三棱錐足弧撇腹飾淺浮雕雲雷紋襯底之獸面紋唯攷爵目爵作束傘狀雙柱則爵爲菌狀雙柱有別也而牧父乙爵一九八一年陝西扶風縣法門鎮齊家村西周墓出土尺寸形制類攷目二爵皆西周早期之具人幸獲四拓集而爲一拙釋之題之以與同道共饗壬寅十月慎堂

作寶彝簋

陝西省寶雞青銅器博物院藏

《寶雞青銅器博物院藏商周青銅器》卷四著錄

㦰簋

陝西省寶雞市周原博物館藏

《周原出土青銅器》卷八著錄

伯作旅簋

陝西省寶雞青銅器博物院藏

《陝西金文集成·寶雞卷·5》著錄

用簋

陝西省寶雞市周原博物館藏

《周原出土青銅器》卷七著錄

063 周原四簋銘文拓片軸

Four Gui vessels from Zhouyuan (rubbings)

西周早期至中期
作寶彝簋　縱 7.2 釐米 橫 3.8 釐米
伯作旅簋　縱 7.2 釐米 橫 3.5 釐米
㦰簋　縱 9.3 釐米 橫 3 釐米
用簋　縱 9.4 釐米 橫 2.8 釐米

釋文 一
乍（作）寶彝

二
白（伯）乍（作）旅毁（簋）

三
㦰乍（作）旅毁（簋）

四
用乍（作）父乙䵼（尊）彝

題簽 周原四簋，甲辰四月，海上慎堂題

題一 周原四簋，壬寅露月廿三，海上慎堂季崇建題首。

題二 右集四拓皆周原地區所出之西周早或中期青銅簋。其一作寶彝簋，器出寶雞強國墓地，通高十六點三釐米。其二伯簋，器出扶風劉家村西周墓葬，通高十五點一釐米。其三㦰簋，器出扶風黃堆村西周墓葬，通高十八點一釐米。其四用簋，器出扶風雲塘村三十號西周墓葬，通高十一點七釐米。雖非重器，然得其拓亦不易也。慎堂。

鈐印 慎堂
慎堂藏拓
慎堂藏拓
慎堂藏拓
慎堂藏拓
慎堂
崇建
心賞
季氏
崇建印信
修綆汲古
慎堂

周原四簋

壬寅霜月廿三滬上慎堂季崇建頓首

作寶彝簋 西周早期

器銘

釋文 乍(作)寶彝

伯作旅簋 西周中期偏晚

器銘

釋文 白(伯)乍(作)旅殷(簋)

㦰簋 西周中期

蓋銘

釋文 㦰乍(作)旅殷(簋)

用簋 西周早期偏晚

器銘

釋文 用乍(作)父乙隣(尊)彝

右集四拓皆周原地區所出之西周早或中期青銅簋其一作寶彝簋出土寶雞強國墓地通高十六點三釐米其二伯簋出土扶風劉家村西周墓葬通高十五點一釐米其三㦰簋出土扶風黃堆村西周墓葬通高十八點一釐米其四用簋出土扶風雲塘村二十號西周墓葬通高十一點七釐米雖非重器然得其拓亦不易也慎堂

何尊

陝西省寶雞青銅器博物院藏

《陝西金文集成·寶雞卷·7》著錄

064 何尊銘文拓片

'He' Zun vessel (rubbing)

西周成王世

縱 16.5 釐米 橫 16.5 釐米

釋文 隹（唯）王初䙴[1]（壅）宅玙（于）成周復（復）爯[2] / 珷（武）王豊（禮）禶[3]（祼）自天才（在）三（四）月丙戌 / 王寡（誥[4]）宗小子[5]玙（于）京室曰昔才（在）/ 爾考公氏克逨[6]（弼）玟（文）王肄（肆）玟（文）/ 王受丝（茲）因令[7]（命）隹（唯）珷（武）王既克大 / 邑[8]商鼎（則）廷告玙（于）天曰余𠙵（其）/ 宅丝（茲）中[9]（中）或（國）自丝（茲）辥[10]（薛）民烏 / 乎（呼）爾有唯（雖）小子[11]亡[12]戠（識）眂[13]（視）玙（于）/ 公氏有爵[14]（勳）玙（于）天𢽎（徹[15]）令（命）苟[16]（敬）/ 亯[17]（享）戋（哉）叀[18]（唯）王龏（恭）德谷[19]（裕）天順（訓）我 / 不每[20]（敏）王咸寡（誥）㓻[21]（何）易（錫）貝卅朋[22]用乍（作）/ 㠯[23]（庚）公寶隮（尊）彝隹（唯）王五祀[24]

朱批 1. 䙴，壅宅，即營宅也。2. 爯，讀作偁，偁，揚也。3. 禶，或即福，胙肉也。4. 誥，訓誡之意。5. 小子，合文。6. 逨，弼也，輔弼之弼。7. 因令，缺殘，據意補之。8. 大邑，首都之謂。9. 中，即中國，周之中心區域，"中國"一辭蓋濫觴於此。10. 辥，意為治，11. 小子，合文。12. 亡，通無。13. 眂，視，目也。14. 爵，敬之意也。15. 徹，徹，達也。16. 苟，即敬，持謹之意。17. 亯，奉上之意。18. 叀，同惠，語氣辭也。19. 谷，容也。20. 不每，魯純之意。21. 㓻（何），器主名。22. 卅朋，合文。23. 㠯，銘不清，應為何父考公氏。24. 王五祀，即成王之五祀也。

題一 何尊，甲辰年孟夏初八，海上慎堂季崇建題於建業文房牕前。

題二 傳上世紀七十年代馬公承源慧眼識得何尊之銘，一時傳為佳話。此銘拓甚是難覓，此乃馬公贈我，極珍貴，重裝記之。

季按：何尊乃國之重器，鑄於西周成王世，一九六三年陝西省寶雞縣即今寶雞市陳倉區賈村西街出土，現藏陝西[寶雞]青銅器博物院。其通高三十九，口徑二十八點六釐米，重十四點六公斤。器呈橢方形，口圓而外侈，四面中線均隆起透雕之棱脊，器表所飾主體紋樣為高浮雕之獸面紋，巨目利爪，獰厲可佈。口沿與圈足皆滿工，分別飾蟬紋、蛇紋與獸面紋，華麗凝重，譎秘威儀。內底鑄銘十二行一百二十二字，殘損三字，合文三字，文中載"宅茲中國"之"中國"一辭，蓋濫觴於此，因此何尊之器名揚天下，褒譽神州也。

鈐印 慎堂藏拓

慎堂藏拓

慎堂

甲辰

崇建印信

別部將軍

季

季氏

崇建

心賞

何尊

偶上世紀七十年代馬公承源慧眼識得何尊之銘一時傳為佳話此銘拓甚是難覓此乃馬公贈予極珍貴重裝記之

釋文

隹(唯)王初䙴(遷)宅玗(于)成周僾(復)爯
珷(武)王豊(禮)禑(福)自天才(在)亖(四)月丙戌
王真(誥)宗小子玗(于)京室曰昔才(在)
爾考公氏克逨(弼)玟(文)王肄(肆)玟(文)
王受丝(兹)大令(命)隹(唯)珷(武)王既克大
邑商劇(則)廷告玗(于)天曰余甘(其)
宅丝(兹)中(中)或(國)自丝(兹)辥(辥)民烏
乎(呼)爾有唯(雖)小子亡戠(識)䀠(視)玗(于)
公氏有爵(勳)玗(于)天徹(徹)令(命)苟(敬)
享(享)戈(哉)叀(唯)王龏(恭)德谷(裕)天順(訓)我
不亙(敏)王咸真(誥)何(何)易(錫)貝卅朋用乍(作)
囲(庚)公寶障(尊)彝隹(唯)王五祀

䙴宅即營宅也
讀作偁偁揚也
武即福胙肉也
訓誡之意
合文
弼也輔弼之弼
或讀遵循之
首都之謂
即中國周之中心區域中國一辭蓋濫觴於此
意為治
合文
通奧
徹達也
視目也
敬之意也
即敬持謹之意
奉上之意
同惠語氣辭也
容也
魯純之意
成王名
合文
銘末清應為何父考公氏
即成王之五祀也

季按何尊乃國之重器鑄於西周成王世一九六三年陝西省寶雞縣即今寶雞市陳倉區賈村西街出土現藏陝西青銅器博物院其通高三九口徑二十八點六釐米重十四點六公斤器呈橢方形口圓而方侈四面中線均隆起透雕之棱脊器表所飾主體紋樣為高浮雕之獸面紋巨目如爪獰厲可怖口沿與圈足皆滿工分飾蟬紋蛇紋與獸面紋華麗凝重譎秘莊儀內底鑄銘十二行一百二十二字殘損三字合文三字文中載宅茲中國之中國一辭蓋濫觴於此亦因此何尊之器名揚天下享譽神州也

甲辰年孟夏初八海上慎堂季學建題於建華文房臨齋

宰獸簋

陝西省寶雞市周原博物館藏
《陝西金文集成 · 寶雞卷 · 5》著錄

065 宰獸簋銘文拓片

'Zai Shou' Gui vessel (rubbing)

西周中期
縱 18 釐米 橫 18.5 釐米

釋文 唯六年二月初吉甲戌王 / 才（在）周師彔宮旦王各（格）大（太）室 / 即立（位）嗣（司）土（徒）荧（榮）白（伯）右宰獸（獸）内（入）/ 門立中（中）廷北卿（嚮）王乎（呼）内史 / 尹中（仲）冊命宰獸（獸）曰昔先王 / 既命女（汝）今余唯或（又）𤔲（申）䡅乃命 / 敃（賡）乃且（祖）考事𢻱嗣（司）康宮王 / 家臣妾奠𩫏（庸）外入（内）毋（毋）敢無 / 𦖞（聞）𣉻（知）易（錫）女（汝）赤市（韍）幽亢攸（攸）勒事獸（獸）/ 捧（拜）𩒨（稽）首𠭰（敢）對𩛥（揚）天子不（丕）顯魯休 / 命用乍（作）𦨶（朕）剌（烈）且（祖）幽中（仲）益姜寶 / 匳𣪘（簋）獸（獸）甘（其）邁（萬）年子子孫永寶用

題一 西周宰獸簋。
簋於一九九七年七月陝西扶風縣段家鎮大同村西周墓出土，今歸周原博物館收藏。其拓片甚少流出，彌足珍貴。海上慎堂季崇建題。

題二 宰獸簋，西周中期後段器。其通高三十七點五，口徑二十四點五，腹深十三釐米，重十四點四公斤。器為侈口，束頸，鼓腹，有一對獸首耳，下見較長之垂珥，圈足連鑄方座。蓋面隆起，上有圈形捉手，捉手外和蓋沿均飾雲雷紋襯底之變形獸體紋樣，蓋上和腹部飾覆瓦紋，圈足與頸部飾獸目交連紋，方座四壁亦各飾以雲雷紋襯底之獸目交連紋。蓋內鑄銘十二行共一百貳拾玖字，記述周王在師彔宮冊命宰獸之全過程，是迄今所見記錄西周冊命制度最完整的銘文之一。觀其通篇，書法極為精美，字形大小兼之，錯落有致，筆路圓潤，優雅中飽含張力，乃西周金文書法之典範作品也。壬寅仲秋白露日，海上慎堂崇建記。

季按：此簋既出已近二十年，馬公承源主編之《商周青銅器銘文選四》四卷本已先其殺青，故未錄入之。後吳鎮烽先生所纂《商周青銅器銘文暨圖像》鉅製收錄詳備。余得宰獸簋拓片，有賴吳書注釋與相關信息參考。吳先生與我深交多年，亦多有請教，得益不淺也。

鈐印 慎堂藏拓
愛不釋手
崇建印信
心血來潮
慎堂
崇建
壬寅
季氏
別部將軍

西周宰獸簋

簋於一九九七年七月陝西扶風縣段家鎮大同村西周墓出土今歸周原博物館收藏其拓片甚少流出彌足珍貴海上慎生李學建題

宰獸簋蓋銘

釋文

唯六年二月初吉甲戌王
才(在)周師录宮旦王各(格)大(太)室
即立(位)嗣(司)土(徒)熒(榮)白(伯)右宰獸(獸)內(入)
門立中(中)廷北鄉(嚮)王乎(呼)內史
尹中(仲)冊命宰獸(獸)曰昔先王
既命女(汝)令余唯或(又)𤕌(申)豪乃命
𤔲(賡)乃且(祖)考事𤔲嗣(司)康宮王
家臣妾奠𩫏(庸)外入(內)母(毋)敢無
䎽(聞)𢉩(知)易(錫)女(汝)赤市(韍)幽亢攸(攸)勒用事獸(獸)
𢷎(拜)𩒨(稽)首𢽎(敢)對𩚵(揚)天子丕(丕)顯魯休
命用乍(作)𦡞(朕)剌(烈)且(祖)幽中(仲)益姜寶
匿𣪘(簋)獸(獸)甘(其)邁(萬)年子子孫永寶用

李跋此簋既出已近二十年馬公承源主編之商周青銅器銘文選四書出已先其時故未錄入之後吳鎮烽先生所纂商周青銅器銘文暨圖像集成收録詳備余得宰獸簋拓本有賴吳書注釋與相關信息參考吳先生與承源交多年亦多有請教得益不淺也

宰獸簋西周中期青銅器其通高三十七點五口徑二十四點五腹深十三釐米重十四點四公斤器爲侈口束頸鼓腹有一對獸首耳下見較長之垂珥圈足連鑄方座蓋面隆起上有圈形捉手口沿和蓋沿均飾雲雷紋襯底之變形獸體紋樣蓋上和腹部飾覆瓦紋圈足與頸部飾獸目交連紋方座四壁也各飾以雲雷紋襯底之獸目交連紋蓋內鑄銘十二行共一百貳拾玖字記述周王在師彔宮冊命宰獸之全過程是迄今所見記録西周冊命制度最完整的銘文之一觀其通篇書法極爲精美字形大小兼之錯落有致筆終圓潤優雅中鋒含張力乃西周金文書法之典範作品也壬寅仲秋白露日海上慎生李學建記

師𤔲鼎

陝西歷史博物館藏

《周原出土青銅器》卷二著錄

066 師𤔲鼎銘文拓片

'Shi Cai' Ding vessel (rubbing)

西周中期

縱 21.5 釐米 橫 29.5 釐米

釋文 唯王八祀正月辰才（在）丁卯 / 王曰師𤔲女（汝）克𧧑[1]（蓋）乃身臣 / 𦨶（朕）皇考穆穆[2]王用乃孔[3]德𤨿（遜）/ 屯[4]（純）乃用心引[5]正乃辟安德 / 叀（唯）余小子[6]肇盄（淑）先王德易（賜）女（汝）/ 玄衮𫄨（黼）屯（純）赤市朱𣂏[7]（黃或衡）䜌（鑾）旂 / 大（太）師金雁[8]（膺）攸（鋚）勒用井（型）乃聖 / 且（祖）考隣（隣）明𪗾（令）辟[9]歬（前）王事余 / 一人[10] 𤔲𢷎（拜）䭫（稽）首休白（伯）大（太）師肩（肩）/ 𦣞[11]𤔲臣皇辟天子亦弗諲（忘）/ 公上父[12]㝬[13]（胡）德𤔲穖曆白（伯）大（太）師 / 不（丕）自乍（作）小子[14]𡖊（夙）夕專由[15]先且（祖）/ 剌（烈）德用臣皇辟白（伯）亦克𣪕（款）/ 由先且（祖）𡘇孫子一𦣞[16]皇辟歖（懿）/ 德用保王身𤔲𢦏（敢）𠭯（釐）王卑（俾）/ 天子𢦔（萬）年束[17]韡白（伯）大（太）師武 / 臣保天子用氒（厥）剌（烈）且（祖）介[18]德 / 𤔲𢦏（敢）對王休用妥（綏）乍（作）公上父[19]/䵼（尊）于𦨶（朕）考𩫖（郭）季易父𣪘宗[20]

朱批 1. 𧧑，傷痛之意也。2. 穆穆，重文。3. 孔，通也，嘉美之意也。4. 𤨿屯，有退避之意，即虛心謙遜也。5. 引，長久也。6. 小子，合文。7. 𣂏，冠帶也。8. 雁，馬帶也。9. 辟，作官字解。10. 一人，合文。11. 𦣞，甚聲，可假為諶，諶信也。12. 上父，合文。13. 㝬，厲王之名也。14. 小子，合文。15. 由，或可釋為古。16. 一𦣞，合文。17. 束，或為華字之古文。18. 介，《易·晉》"受茲介福"，孔穎達《疏》"介者，大也"。19. 上父，合文。20. 𣪘宗，秩宗也，泛指宗廟。

題 西周師𤔲鼎，壬寅年九月廿六日，海上慎堂季崇建題首於建業文房。

季按：此鼎一九七四年陝西扶風縣黃堆公社強家村西周銅器窖藏發現，今歸陝西歷史博物館收藏。其通高八十五，口徑六十四，腹深三十九點六釐米。口微斂，平沿外折，下腹略鼓，兩耳直立，足呈蹄形，頸部飾兩道帶狀雷紋，腹外壁與足部凝結一層厚煙炱，係經長期使用之故。內壁鑄銘十九行，共一百九十七字。其中合文六，重文一字，字口略顯蝕損，拓之效果較差。

鈐印 慎堂藏拓

爱不释手

慎堂

崇建

季

季氏

崇建印信

慎堂

西周師𩛥鼎

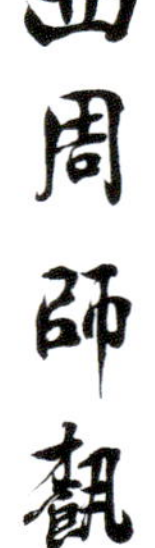

壬寅年九月廿六日海上慎堂李宗建題於建業之居

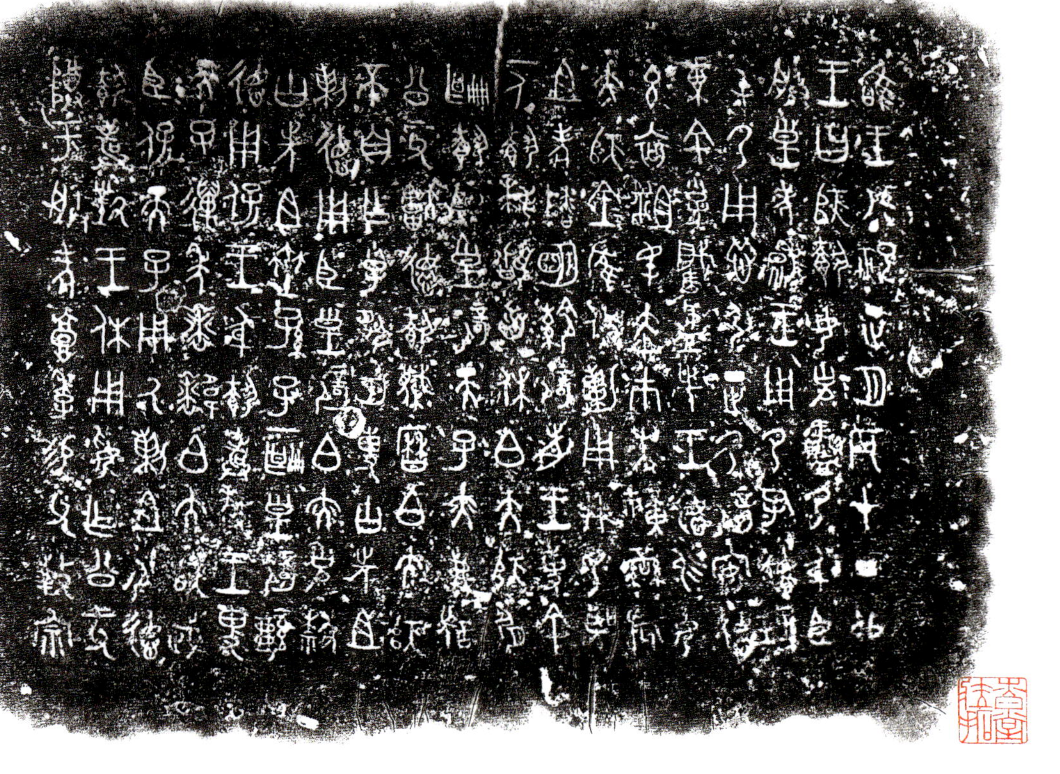

釋文

唯王八祀正月辰才(在)丁卯
王曰師𩛥女(汝)克盡(藎)乃身臣
朕(朕)皇考穆穆王用乃孔德遜(遜)
屯(純)乃用心引正乃辟安德
叀(唯)余小子肇盄(淑)先王德易(錫)女(汝)
玄衮齟(黼)屯(純)赤巿(韍)朱横(黄)戒衡(衡)䜌(鑾)旂
大(太)師金雁(膺)攸(鋚)勒用井(型)乃聖
且(祖)考隣(隣)明黹(令)辟歬(前)王事余
一人𩛥拜(拜)韻(稽)首休白(伯)大(太)師肩(肩)
𦗠𩛥臣皇辟天子亦弗謹(忘)
公上父㝬(胡)德𩛥穠曆白(伯)大(太)師
不(丕)自乍(作)小子夙(夙)夕尃由先且(祖)
剌(烈)德用臣皇辟白(伯)亦克款(款)
由先且(祖)蠱孫子一𦗠皇辟懿(懿)
德用保王身𩛥拜(敢)𢼸(釐)王卑(俾)
天子萬(萬)年乘韓白(伯)大(太)師武
臣保天子用卒(厥)剌(烈)且(祖)介德
𩛥敢(敢)對王休用綏(綏)乍(作)公上父
障(尊)于朕(朕)考墉(郭)季易父𣪕宗

李按此鼎一九七四年陝西扶風縣黄堆公社強家村西周銅器窖藏發現今歸陝西歷史博物館舊藏其通高八十五口徑六十四腹深三十九點六釐米口微斂平沿外折立腹略鼓兩耳直立足呈蹄形頸部飾兩道弦狀雷紋腹外壁與足部凝結一層厚煙炱係經長期使用之故內壁鑄銘十九行共一百九十七字其中合文六重文一字字口略顯蝕損拓之效果較差

永盂

陝西省西安博物館藏

《陝西金文集成·西安卷·13》著錄

067 永盂銘文拓片

'Yong' Yu vessel (rubbing)

西周中期

縱 29.5 釐米 橫 24 釐米

釋文　隹（唯）十又二年初吉丁卯益公 / 內（入）即命于天子公廼出氒（厥）/ 命易（錫）𢍏[1]（畀）師永氒（厥）田湌（陰）昜（陽）洛[2] / 彊（疆）眔（遝）師俗父田氒（厥）眔（暨）公出 / 氒（厥）命井白（伯）焚（榮）白（伯）尹氏師俗父 / 𧻚（遣）中（仲）公廼命酉[3]𤔲（司）徒（徒）亟父 / 周人𤔲（司）工居敀[4]史師氏邑 / 人奎父畢入師同付永氒（厥）/ 田氒（厥）銜（率）𡕙（履）氒（厥）彊（疆）宋句永捧（拜）/ 韻（稽）首對𩁹（揚）天子休命永用 / 乍（作）朕（朕）文考乙白（伯）障（尊）盂永其（其）/ 萬（萬）年孫[5]孫子[6]子永其（其）銜（率）寶用

朱批　1. 𢍏，即畀手也，賜之意。2. 湌昜洛，地名也。3. 酉，或释为鄭。4. 敀，或釋作歆，通懿。5. 孫，重文。6. 子，重文。

題一　西周永盂，時在壬寅吉月，海上慎堂季崇建題首。

題二　此拓之原器一九六九年發現於陝西省藍田縣洩湖鎮。彼時有農民揀得，交給物資回收門市部，後集中至陝西省物資回收公司倉庫，工作人員分料揀選時發現並交西安市文物局，今歸西安市博物館收藏。余幸獲此拓，釋之題之，以饗同道。慎堂。

季按：是盂西周中期之重器也。其通高四十六，口徑五十八，腹深三十七釐米，重三十六公斤。器為侈口，深腹，附耳，高圈足，四面各有一道高突顯眼的扉棱，腹中部之扉棱各見一個長鼻高卷的圓雕象首。頸部為變形獸面紋，腹壁之下端是兩獸紋對稱組成的垂葉紋，圈足飾回首而尾下卷而呈刀狀的夔龍紋，均以細雲雷紋襯底。整個器表基本滿工，且花紋設計嚴謹講究，鑄作精湛，其浮雕之淺高結合，互為呼應與有序的對稱安排，實乃西周中期青銅禮器之典範也。重要的是，器之內底鑄銘達一百二十三字，其中重文二字，言傳王之命分封給器主永土地於洛河南北邊疆一帶，時有邢伯等五人在場聽命，益公還命司徒父等監理王命賜永之田事宜，這對於研究西周土地制度及彼時歷史人物之政治地位具有重要史料價值。

鈐印　慎堂藏拓
別部將軍
慎堂
崇建
愛不釋手
崇建
心賞
季氏
崇建印信
修綆汲古
慎堂

西周 永盂

時在壬寅吉月海上慎堂李蒙建題首

此拓之原器一九六九年發現於陝西省藍田縣洩湖鎮後為有農民撿得交給物資回收門市部後集中至陝西省物資回收公司倉庫工作人員分類揀選時發現並交西安市文物局以歸西安市博物館收藏今幸獲此拓釋之題之以饗同道慎堂

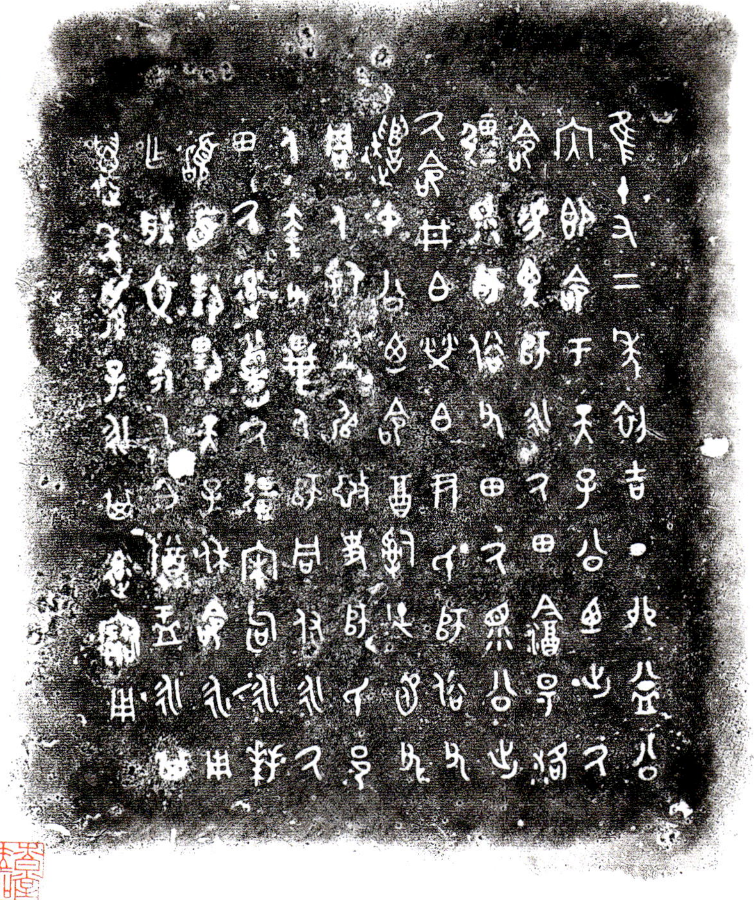

釋文

隹（唯）十又二年初吉丁卯益公
內（入）即命于天子公迺出氒（厥）
命易（錫）畀（畀）〔畀字也賜之意〕師永氒（厥）田渣（陰）昜（陽）洛〔地名也〕
彊（疆）眔（逮）師俗父田氒（厥）眔（暨）公出
氒（厥）命井白（伯）燮（榮）白（伯）尹氏師俗父
遣（遣）中（仲）公迺命酉〔或釋爲鄭〕嗣（司）徒（徒）函〔國名〕父
周人嗣（司）工居敳〔或釋作敳通懿〕史師氏邑
人奎父畢人師同付永氒（厥）
田氒（厥）衛（率）灢（履）氒（厥）彊（疆）宋句永捧（拜）
頴（稽）首對覣（揚）天子休命永用
乍（作）朕（朕）文考乙白（伯）障（尊）盂永其（其）
萬（萬）年孫孫〔重文〕子子〔重文〕永其（其）衛（率）寶用

季按是盂西周中期之重器也其通高四十六口徑五十八腹深三十七釐米重三十六公斤器為侈口深腹附耳高圈足四面各有一道高突顯
眼的扉棱腹中部之扉棱各見一個長鼻高卷的圓雕象首頸部為變形獸面紋腹壁之六端是兩獸紋對稱組成的垂冠紋圈足飾回首而尾上
卷而呈刀狀的夔龍紋均以細雲雷紋襯底整個器表華美滿工且紋飾設計嚴謹講究鑄作精湛其浮雕之淺高結合互為呼應與有序的對稱
安排實乃西周中期青銅禮器之典範也重要的是器之內底鑄銘達一百二十三字其中重文二字言傳王之命分封給器主永土地於陰陽洛北邊疆
一帶時之邢伯等五人在場聯合益公還命司徒父等監理王命賜永之田事宜這對於研究西周土地制度及彼時歷史人物之政治地位具有重要史料價值

068 舊拓虢季子白盤銘文拓片

'Guo Ji Zi Bai' Pan vessel (old rubbing)

西周宣王世

縱 64 釐米 橫 37 釐米

釋文 佳（唯）十又二年[1]正月初吉丁亥虢季[2]子 / 白乍（作）寶盤不（丕）顯子白胄[3]（壯）武于戎工[4]（功）/ 經縷[5]（維）三（四）方博[6]（搏）伐厰（厥·玁）狁（狁）于洛之陽[7]折 / 首五百執嘸（訊）五十是吕（以）先行趄趄[8]（桓桓）子白獻 / 聝[9]（馘）于王王[10]孔加[11]（嘉）子白義王各（格）周廟[12]宣 / 廚[13]（榭）爰卿（饗）王曰白父[14]孔覭又（有）光王賜（錫）/ 乘馬是用左（佐）王賜（錫）用弓彤矢其央[15] / 賜（錫）用戉（鉞）用政（征）緣（蠻）方子子[16]孫孫[17]萬年無彊（疆）

朱批 1. 二年，合文。2. 虢季，虢為周文王弟所封國，虢季是虢氏之稱也。3. 胄，讀作壯，剛強之意。4. 戎工，戎，大也；[工，]通功，又與事同義。5. 經縷，經，理也，[縷，]即維之古文，維縶之意。6. 博，讀為搏，有擊之意。7. 洛之陽，即指洛水之北。8. 趄趄，重文。9. 聝，即殺敵截耳以計殺也。10. 王王，重文。11. 孔加，孔，通也，嘉意加，即嘉，此謂重言嘉美之意。12. 周廟，即周王室太廟。13. 宣廚，即太廟內一講武之屋。14. 白父，王對器主之稱呼。15. 央，鮮明也，漂亮之意。16. 子子，重文。17. 孫孫，重文。

題一 舊拓虢季子白盤銘，王寅暢月十二，海上慎堂季崇建題首。

題二 虢季子白盤，亦稱虢季盤。虢季子盤其銘首曰"佳（唯）十又二年正月初吉丁亥"，即西周宣王十二年正月初吉丁亥日，據年表為西元前八一六年正月戊子朔，故是盤乃西周宣王世之器。清道光年間，陝西寶雞虢川司出土，初為徐燮鈞所得，後歸劉銘傳，運至合肥。新中國成立後，劉銘傳第四代孫劉肅曾將深埋土中之虢季子白盤捐獻給國家，初入北京故宮博物院，今歸中國國家博物館收藏，成為鎮館之寶。海上慎堂崇建再題於建業文房。

題三 經縷三方博伐厰狁。

右節臨虢季子白盤銘，屬西周晚期金文書法之工整端莊，且行距字距皆規格化一路也。總八行一百十一字，字行距基本統一，通篇整齊，字形較大，體勢優美而有莊重典雅之感。用筆謹慎，圓轉周到，一絲不苟，甚有情趣也。此路風格或即史書所謂之籀文或其濫觴乎？西周金文書體至此而一變矣。若後世之秦公簋、秦公鐘，以及石鼓文等，圓轉書風恐皆受其影響，意義甚為深遠。余入上博，初涉金文，即酷愛虢季子白盤，曾臨三百遍，體會甚深，雖許久未及，今日獲觀是拓，極度親切，故臨之八字，自覺當年功力依舊也，題此博笑。海上慎堂崇建再題于王寅大雪。

季按：在先秦文明史中，陝西之寶雞具有獨特的歷史地位。其境內的古代文化遺存非常豐富，尤其近百多年不斷出土的商周青銅器數量之巨、製作之精、銘刻內容之重要，皆極為驚人也，如清際所出此虢季子白盤即為典型一例。傳在道光年間出土於寶雞之虢川司，即今寶雞市陳倉區，為時任眉縣縣令徐燮鈞所得。其卸任返籍，將銅盤帶回常州，至太平天國時期，護王陳坤書鎮守常州，虢季子白盤易手成為護王之藏品。同治三年，即公元一八六四年初夏，時任直隸提督之淮軍將領劉銘傳隨李鴻章鎮壓太平軍後，住進護王府內，某午夜聞得悅耳金屬叩擊聲，秉燭往尋至馬廄，細審之，此馬槽碩大，似為銅鑄，且重不可舉，輕叩之，傳聲清遠玄妙耳。劉氏竊喜，此槽絕非尋常物也。次日一早命馬夫洗淨之，祇見整個外壁佈滿紋飾，內底具長銘，通篇工整，字體秀美，實乃寶物也。劉得此寶盤，即藏至合肥老家之劉老圩村之西鄉大潛山下之蟠龍墩，並深埋土中。直至新中國成立，劉銘傳第四代孫劉肅曾遂將虢季子白盤獻出，今藏於中國國家博物館。資料顯示，此盤通高四十一點三，口橫二百三十點二，口縱八十二點七釐米，重二百一十五點三公斤。器為圓角長方槽形，直口，方唇，下腹收斂，平底，下有四個曲尺形足。四壁各設一對龍首銜環耳，口沿下飾竊曲紋，腹飾環帶紋，其線條柔美對稱，鑄工精良。內底鑄銘一百一十一字，其中重文四字，合文一字，大意是周宣王十二年，虢季子白在洛河北岸大勝玁狁（即匈奴之祖先），殺死五百名敵人，活捉五十名俘虜，宣王舉行隆重的慶典，以表彰他的功績，賞賜了馬匹、斧鉞、彤弓與矢。虢季子白專門製作此寶盤來紀念這件事情，以使子子孫孫萬年享用之。值得一提的是，此篇銘文語句以四字為主，且修飾用韻，文辭優美，行文類詩，乃一篇鑄於青銅器上的散文詩，而書體之美，可謂西周金文書法之典範也。

鈐印 愛不釋手
季氏
崇建
王寅
崇建印信
慎堂藏拓之印
慎堂藏拓
季
季氏
崇建印信
心賞
慎堂
崇建
修綆汲古
慎堂

虢季子白盤

中國國家博物館藏

《陝西金文集成·寶雞卷·7》著錄

舊拓虢季子白盤銘

虢季子白盤亦稱虢季盤、虢季子盤，其銘首曰隹（唯）十又二年正月初吉丁亥，即西周宣王十二年正月初吉丁亥日，據年表爲公元前
戊子朔也，是盤乃西周宣王世之器，清道光年間陝西寶雞虢川司出土，初爲徐燮鈞所得，後歸劉銘傳運至合肥，新中國成立後劉
[illegible]劉肅曾把深埋土中之虢季子白盤捐獻給國家，初入北京故宮博物院，今歸中國國家博物館收藏，成爲鎮館之寶。滬上慎堂季崇建存題

壬寅暢月十二滬上慎堂季崇建題首

季按：在先秦文明史中，陝西之寶雞具有獨特的歷史地位，其境內的古代文化遺存非常豐富，尤其近百多年又斷出土的西周青銅器數
以上寶雞市陳倉區原爲古時的眉縣，縣令徐燮鈞所得，其知縣近籍的銅盤等，西常州子太平天國時期，護王陳坤書鎮守常州，虢季子白盤爲其
日全屬叩擊聲，秉燭往尋，乃馬廄中之飼馬槽，碩大似爲銅鑄，且重不可舉，輕叩之傳聲清遠玄妙，可劉氏竊喜此槽絕非尋常物也，次日
之西鄉大潛山之蟠龍故里，深埋土中，直至新中國成立，劉銘傳第四代孫劉肅曾遂將虢季子白盤獻出，今藏於中國國家博物館，資料顯示此盤
四壁各設一對龍首銜環，口沿以飾竊曲紋，腹飾環帶紋，其緣條委至對稱，鑄工精良，內底鑄銘一百一十一字，其中重文四字，合文字大意
表彰他的功績，賞賜了馬匹、斧鉞、彤弓與矢，虢季子白專門製作此寶盤來紀念這件事情，以使子子孫孫萬年享用之，值得一提的是，此篇

經維三方律戎歷數

右節臨虢季子白盤銘，屬西周晚期金文書法之工整端莊，且引距字形皆規整，此一路也。總八行一百十一字，其中統一通篇整齊，字形較大，體勢優美而有莊重典雅之氣，用筆謹飭圓勁周到，一絲不苟，甚有情趣也。此器與秦武公文書所謂之籀文成其濫觴乎？西周金文書體至此而一變矣，啓後之秦公簋、秦公鐘以及石鼓文等圖騰書風皆受其影響，意義甚為深遠。余入上博初識金文，即酷愛虢季子白盤，嘗臨三百遍，體會甚深，雖銘文未及以日復觀是拓，極是親切，故臨之八字，自覺當年功力低淺也，頗以此為慨。

釋文

隹（唯）十又二年（合文）正月初吉丁亥，虢季子（虢為周文王第六子封國，虢季是虢氏之稱也）

白乍（作）寶盤。丕（丕）顯子白，𣕚（壯）（讀作壯，剛強之意）武于戎工（功）（戎，大也，通功，又與事同義），

經維（經理也，即維之古文，維繫之意）三（四）方。博（搏）（讀為搏，有擊之意）伐𤞤（厰·玁）𤞤（狁），于洛之陽（即指洛水之北），折

首五百，執嚟（訊）五十，是㠯（以）先行。趄趄（桓桓）（重文）子白，獻

戫（馘）（即殺敵截耳以計殺也）（重文）于王，王孔加（嘉）（孔，通也，嘉意，加即嘉，此謂重言嘉美之意）子白義，王各（格）周廟宣

廟（榭）（即周王宮太廟，即太廟內一講武之居）爰卿（饗）。王曰：白父，孔䚎（顯）又（有）（王對其主之稱呼）光。王睗（錫）

乘馬，是用左（佐）王；睗（錫）用弓，彤矢其央（解明也，深亮之意）；

睗（錫）用戉（鉞），用政（征）𤔲（蠻）方。子子（重文）孫孫（重文）萬年無彊（疆）。

……之巨製，作之精，銘刻内容之重要，皆極為驚人也。此器陝西出，此虢季子白盤即為典型。一説清道光年間出土於寶雞之虢川司氏為護之之處。同治三年即公元一八六四年，初為時任直隸提督之淮軍將領劉銘傳隨李鴻章鎮壓太平軍後任職護王府內，某年夜聞得悦，一早命馬夫洗淨之，祇見整個外壁佈滿紋飾，內底具長銘，通篇工整，字體秀美，實乃寶物也。劉得此寶盤，即藏于合肥老家之劉老圩村。通高四十一點三口，横長一百三十點二口，縱八十二點七釐米，重二百一十五點三公斤，器為圓角長方槽形，直口方唇，小腹收斂，平底，下有四個曲尺形足。是周宣王十二年虢季子白在洛河北岸大勝玁狁（即匈奴之先祖），殺死五百名敵人，活捉五十名俘虜，宣王舉行隆重的慶典以……銘文語句以四字為主，且多用韻，文辭優美，引文類詩，乃一篇鑄於青銅器上的散文詩，而書體之美可謂西周金文書法之典範也。

多友鼎

陝西歷史博物館藏

《陝西金文集成 · 西安卷 · 12》著錄

069 多友鼎銘文拓片

'Duo You' Ding vessel (rubbing)

西周厲王世

縱 26 釐米 橫 41 釐米

釋文 唯十月用嚴（玁）㚇（狁）放[1]（方）𢍰[2]（興）廣（廣）伐京𠂤[3]（師）/告[4]追[5]于王命武公遣乃元士[6]羞追于 / 京𠂤（師）武公命多友衒（率）公戎[7]（車）羞追 / 于京𠂤（師）癸未戎伐筍[8]（筍）衣（卒）孚（俘）多友西 / 追甲申之㫳（辰）搏（搏）于邾[9]多友右（有）折 / 首執訊（訊）凡㠯（以）公戎（车）折首二百[10]又□[11]又 / 五人執訊（訊）廿又三人孚（俘）戎戎（車）百乘 / 一十又七乘衣（卒）復[12]（復）筍（筍）人孚（俘）或（又）搏（搏）于 / 龔[13]（龔）折首卅又六人執訊（訊）二人孚（俘）戎車 / 十乘從至追搏（搏）于世多友或（又）右折 / 首執訊（訊）乃𨍭[14]追至于楊冢公戎（車）折 / 首百又十又五人 / 執訊（訊）三人唯孚（俘）/ 戎（車）不克㠯（以）衣（卒）焚唯馬敺[15]𧖾[16]（盡）復（復）/ 褱（奪）京𠂤（師）之孚（俘）多友迺乃獻（獻）孚（俘）䤋（馘）訊（訊）/ 于公武公迺獻（獻）于王迺曰武公曰女（汝）既 / 靜京𠂤（師）𧶠[17]（賚）女（汝）易（錫）女（汝）土田丁酉武公 / 才（在）獻（獻）官迺命向父[18]佋（召）多友迺徙 / 于獻（獻）宮公親（親）曰多友曰余肇吏（使）/ 女（汝）休不逆（逆）又（有）成事多禽（擒）女（汝）靜京 / 𠂤（師）易（錫）女（汝）圭瓚（瓚）一湯（錫）鐘一䏌（肆）鐈[19] / 鋚[20]百勻[21]（鈞）多友敢（敢）對（對）揚（揚）公休用乍（作）𨽍（尊）/ 鼎用倗（朋）用𠭊（友）其子子[22]孫孫[23]永寶用

朱批 1. 放，即方，並也。2. 𢍰，即興，起也。3. 京𠂤，京師之地望，或在陝西。4. 告，報告。5. 追，逐寇之意。6. 元士，即上士者。7. 公戎，宮車，即官方之戎車也。8. 筍，地名，或即陝西郇邑。9. 邾，地名，一說郰，即漆水之漆。10. 二百，合文。11. □，失鑄一字。12. 復，《說文》重也，假借為復，義即歸也。13. 龔，即共字，地名，在今甘肅涇中。14. 𨍭，或可釋作軼，軼，突也。15. 敺，驅之古文。16. 𧖾，傷痛也。17. 𧶠，通作釐。18. 向父，即叔向父，也即禹。19. 鐈，是為錫。20. 鋚，是為銅。21. 百勻，即三千斤。22. 子子，重文。23. 孫孫，重文。

題 西周多友鼎，傳在一九八〇年十一月十二日，由陝西省西安長安區斗門鎮下泉村農民在村頭東北河道旁深約四米的細沙堆中發掘而出，後歸陝西省歷史博物館收藏，並成為該館鎮館之寶。海上崇建並識。

季按：多友鼎外觀簡樸大方，內鑄之銘文不僅篇幅較大，且字體精美，筆意從容穩健，結構與佈局亦十分講究，每個字的造型都極為優美，結體嚴謹，給人以穩重典雅之感。它已完全沒有了西周前期銘文書寫上的那些隨意性和鬆散性，而是出現了一種端莊穩定，規範整齊，均勻協調，雖有行無列，卻井然有序之書風，堪稱金文書法經典之作也。至於其年代，或謂夷王世，或說厲王時，余意後者耳。

《跋西周重器多友鼎》

是鼎上世紀之一九八〇年十一月西安市長安區斗門鎮下泉村出土，今歸陝西歷史博物館收藏。其通高五十一，口徑五十，腹深三十一釐米，重三十五公斤。其形制類毛公鼎，立耳，圜底，腹較深，三蹄足，無甚紋飾，僅在口沿下飾兩道弦紋。鼎之內壁鑄銘二十二行，共二百柒拾捌字，其中重文二，合文一。銘文所涉與當時北方狁發生戰爭之事，是西周晚期諸多青銅器銘文記載周人反擊玁狁中最為重要與詳盡的一篇。言玁狁入侵危及京畿腹地，王命武公遣多友率兵迎戰，共戰四仗，皆獲勝利，並詳述戰果，多友受賜，故而鑄是鼎以為紀念。這對研究西周晚期之歷史，以及同北方少數民族關係等，都有著重要的參考價值，是乃國之重器也。壬寅中秋後二日，慎堂崇建。

鈐印 愛不釋手
慎堂
崇建
慎堂藏拓
壬寅
季
崇建
季氏
崇建印信

西周多友鼎

于一九八零年十月十二日由陝西省西安長安區斗門鎮下泉村農民在村頭東側河道旁深約四米的細沙堆中發掘而出後歸陝西省歷史博物館收藏並成為該館鎮館之寶　海上學建並識

多友鼎釋文

唯十月用嚴（玁）㺑（狁）放（方）𢐥（興）廣（廣）伐京𠂤（師）
告追于王命武公遣乃元士羞追于
京𠂤（師）武公命多友衛（率）公戟（車）羞追
于京𠂤（師）癸未戎伐筍（荀）衣（卒）孚（俘）多友西
追甲申之辰（辰）搏（搏）于邾多友右（有）折
首執訊凡以（以）公戟（車）折首二百又□又
五人執訊廿又三人孚（俘）戎戟（車）百乘
一十又七乘衣（卒）復（復）筍（荀）人孚（俘）武（又）搏（搏）于
龏（龔）折首卅又六人執訊二人孚（俘）戟（車）
十乘從至追搏（搏）于世多友或（又）右（有）折
首執訊乃䡴追至于楊冢公戟（車）折
首百又十又五人執訊三人唯孚（俘）
戟（車）不克以（以）衣（卒）焚唯馬敺盡（盡）復（復）
奪（奪）京𠂤（師）之孚（俘）多友迺乃獻（獻）孚（俘）馘（馘）訊（訊）
于公武公迺獻（獻）于王迺曰武公曰女（汝）既
靜京𠂤（師）贅（賚）女（汝）易（錫）女（汝）土田丁酉武公
才（在）獻（獻）宮迺命向父佋（召）多友迺徙
于獻（獻）宮公寴（親）曰多友曰余肇吏（使）
女（汝）休不逆（逆）又（有）成事多禽女（汝）靜京
𠂤（師）易（錫）女（汝）圭瓚一湯（錫）鐘一𦉢（肆）鐈
鋚百勻（鈞）多友敢（敢）對（對）揚公休用乍（作）障（尊）
鼎用匍（朋）用召（友）其子子孫孫永寶用

予作多友鼎全觀簡樸大方內鑄之銘文不僅篇幅較大且字體樸實筆意縱容勁健結構與佈局亦十分講究每個字的造型都極為優美結體嚴謹給人以穩重典雅之感他已完全沒有了西周前期銘文書寫上的那些隨意性和松散性而是表現了一種端莊穩實規範整齊協調雖有斜正卻井然有序之書風堪稱金文書法經典之作也至於其年代或謂夷王世或說厲王時余甚從者耳

跋西周重器多友鼎　是鼎上世紀之一九八零年十月西安市長安區斗門鎮下泉村出土今歸陝西歷史博物館收藏其通高五十一口徑五十腹深三十一釐米重三十五公斤其形制類毛公鼎立耳圓底腹較深三蹄足無甚紋飾僅立口沿下飾兩道弦紋鼎之內壁鑄銘二十二行共二百七十八字其中重文二合文一銘文所述與當時北方玁狁侵犯之事有關是西周晚期諸多青銅器銘文記載周人反擊玁狁中最為重要與詳盡的一篇言玁狁入侵危及京師王命武公遣多友率兵迎戰共戰四次皆獲勝利並俘獲戰果多友受賜後而鑄是鼎以為紀念這對研究西周晚期之歷史以及周邊方少數民族關係等都有著重要的參考價值是乃國之重器也　壬寅仲秋之二日慎堂學述

井人妄鐘

陝西省寶雞青銅器博物院藏
《周原出土青銅器》卷二著錄

070 井人妄鐘銘文拓片

'Dong Ren Ning' Zhong vessel (rubbing)

西周晚期
鉦間　縱 21 釐米　橫 10 釐米
左鼓　縱 7.9 釐米　橫 6.5 釐米

釋文

鉦間鑄銘

處宗宝肆（肆）妄乍（作）龢 / 父大䊵（林）鐘用追考（孝）/ 侃歬（前）文人歬（前）文人𠀠（其）嚴（嚴）才（在）二（上）/ 數數彙彙降余厚（厚）多福

左鼓鑄銘

無彊（疆）妄 / 𠀠（其）萬年 / 子子孫孫永 / 寶用亯（享）

題

西周井人妄鐘，亦稱邢人鐘、妄鐘，或將妄釋作妄，謂之妄鐘，西周晚期器。馬公承源認為夷王或厲王世之具也。一九六六年冬陝西省扶風縣黃堆公社齊鎮出土，後歸寶雞青銅館收藏。傳世共見五枚。上海博物館藏其一，鑄銘七行，四十三字，重文二；此鐘銘八行四十八字，重文七。壬寅仲秋，海上崇建題。

《跋妄鐘》

是鐘一九六六年出土於陝西扶風。其通高五十四，甬高十六，銑間三十二點五，鼓間二十二，舞脩二十七點五，舞廣十九釐米。甬中空，篆間飾雙頭獸紋，幹飾目雲紋，舞飾粗雲紋，鼓部飾夔鳥紋，右鼓有一鸞鳳，作為基音點標誌。鉦間及左鼓鑄銘共八行四十八字，其中重文八。上海博物館藏有一枚妄鐘，傳世之品，其通高六十九點五，舞脩二十六點五，舞廣三十二點八，鼓間二十九，銑間三十八釐米。鑄銘七行，共四十三字，重文二，據銘文可知，其首枚也。"曰井人妄曰䙴盄（淑）文且（祖）皇考克質（哲）氒（厥）德貿（得）屯（純）用魯永冬（終）于吉妄不叡（敢）弗師用文且（祖）皇考穆穆秉德妄憲憲（憲憲）聖趩（爽）疐處。"其與扶風所出妄鐘鑄銘可續，衹是啟首之"處"字當是銜文耳。除上博鐘與扶風鐘外，傳妄鐘另見二枚，藏於東瀛之地。其一原藏潘祖蔭、端方處，今歸日本東京書道博物館，鑄銘內容與扶風鐘同，未"處"字；又日本京都泉屋博古館亦藏妄鐘一枚，原為劉喜海、陳介祺舊藏，其銘內容與上博鐘一致；又聞妄鐘共傳世五枚，未知第五枚藏於何處，待攷。海上慎堂崇建記。

鈐印

慎堂藏拓
心賞
慎堂
崇建
壬寅
崇建印信

西周井人妾鐘

亦稱邢人鐘 妾鐘或釋作女 謂之女鐘 西周晚期器 馬承源認爲夷王或厲王世之具也 一九六六年出陝西省扶風縣黃堆公社齊鎮出土 後歸寶雞青銅館收藏 傳世共見五枚 上海博物館藏其一 銘七行四十三字 重文二 此鐘銘八行四十八字 重文七 乙未 宋仲緣海上學蓮題

鉦間鑄銘

右鼓鑄銘

釋文

虔宗室肄（肆）妾乍（作）龢父大蕃（林）鐘用追孝（享）侃前（前）文人前（前）文人其（具）嚴（嚴）才（在）二（上）數數纍纍降余厚（厚）多福無彊（疆）妾其（具）萬年子子孫孫永寶用高（享）

跋妾鐘

是鐘一九六六年出土於陝西扶風 其通高五十四 甬高十六 銑間三十二點五 鼓間二十三 舞脩二十七點五 舞廣十九釐米 甬中空 篆間飾雙頭獸紋 幹飾目雲紋 舞飾粗雲紋 鼓部飾變鳥紋 右鼓有一鸞鳥作爲基音點標誌 鉦間及右鼓鑄銘共八行四十八字 其中重文六 上海博物館藏有一枚妾鐘 傳世之西 其通高六十九點五 舞脩二十六點五 舞廣三十二點八 鼓間二十九 銑間三十六釐米 鑄銘七行 共四十三字 重文二 據銘文可知其首枚也 曰井人妾曰 覭盄（淑）文且（祖）皇考克質（哲）氒（厥）德 賁（得）屯（純）用魯 永冬（終）于吉 妾不敢（敢）弗帥用文且（祖）皇考穆穆秉德 妾憲憲（憲憲）聖趮（爽）疐處先 與扶風所出妾鐘鑄銘可續 祇是啟首之篆字書是衍文耳 除上博鐘與扶風鐘外 傳女鐘另見二枚 藏於東瀛之地 其一原藏潘祖蔭 端方舊物 歸日本東京書道博物館 鑄銘內容與扶風鐘同 另處字 日本京都泉屋博古館亦藏女鐘一枚 原爲劉喜海 陳介祺舊藏 其銘內容與上博鐘一致 又曾妾鐘共傳世五枚 未知第五枚藏於何處 待考 海上慎堂學蓮記

楚公豙鐘（器四）

陝西省寶雞市周原博物館藏

《周原出土青銅器》卷十著錄

071 楚公豙鐘（器四）銘文拓片

'Chu Gong Jia' Zhong vessel 4 (rubbings)

西周晚期

縱 11.7 釐米 橫 5.8 釐米

釋文 楚公豙[1]自乍（作）寶大亩（林）/龢鐘孫孫[2]子子[3]𠀠（其）㫃（永）寶

朱批 1. 楚公豙，楚國君長，名豙，豙音未確，舊釋為“為”或“家”。2. 孫，重文。3. 子，重文。

題 西周楚公豙鐘，時在壬寅霜降，海上慎堂崇建題首。

季按：此鐘亦稱楚公家，一九九八年七月陝西扶風縣黃堆鄉召陳村西周銅器窖藏發現，今歸陝西周原博物館收藏。其通高三十三，甬高七點六，銑間十八點七，鼓部（間）十三點九，舞十五點五，舞廣十三釐米。長腔，長甬，甬之斷面呈圓形，幹旋齊備，枚為平頂。兩段式旋飾目雷紋，鉦、篆、枚之間隔以微凸的弦紋，篆間飾兩頭龍紋，隧部飾交疊式雷紋，鉦間鑄銘十七字。同銘同形之楚公豙鐘共五枚，依尺寸前三者皆藏京都泉屋博古館，早歲曾在陳介祺處，後流出。楚公豙鐘之五，僅見著錄未知藏身之處，唯此楚公豙鐘之四有明確出土地點，彌足珍貴。

鈐印 慎堂藏拓

心賞

慎堂

崇建

季

慎堂

崇建

慎堂

西周楚公豪鐘

己丑年寅露降海上慎堂崇建題首

鉦間鑄銘

釋文

楚公豪自乍（作）寶大亩（林）

（楚國君長名豪，豪音未確，舊釋為爲或家）

龢鐘孫孫子子甘（其）逑（永）寶

李按：此鐘亦稱楚公豪鐘，一九九八年七月陝西扶風縣黃堆鄉召陳村西周銅器窖藏發現，今歸陝西周原博物館收藏。其通高三十三釐米，甬高七點六，銑間十八點七，鼓部（間）十三點九，舞脩十五點五，舞廣十三釐米。長腔長甬，甬之斷面呈圓形，幹旋齊備，枚為平頂兩段式，旋飾目雷紋，鉦篆枚之間隔以微凸的弦紋，篆間飾兩頭龍紋，隧部飾交疊式雷紋，鉦間鑄銘十七字。同銘同形之楚公豪鐘共五枚，依尺寸序，三者皆藏京都泉屋博古館，早歲曾在陳介祺處，後流出。楚公豪鐘之五僅見著錄，未知藏身之處，唯此楚公豪鐘之四有明確出土地點，彌足珍貴。

072 南宮乎鐘銘文拓片

'Nan Gong Hu' Zhong vessel (rubbing)

西周宣王世
甬　縱 11 釐米 橫 6.5 釐米
鉦　縱 16.9 釐米 橫 4.5 釐米
鼓　縱 12.3 釐米 橫 11.4 釐米

南宮乎鐘

陝西省扶風博物館藏
《陝西金文集成 · 寶雞卷 · 5》著錄

釋文 甬上銘文

嗣（司）土（徒）南宮 / 乎乍（作）大鑙（林）嬨（協）鐘丝（茲）/ 鐘名曰無昊（斁）

鉦間銘文

先且（祖）南公亞且（祖）公仲必父 / 之家天子囟（其）萬年釁（眉）鬌（壽）畯（畯）

左鼓銘文

永保三（四）方 / 配皇天乎 / 捧（拜）手韻（稽）首 / 叡（敢）對䚘（揚）天 / 子不（丕）顯魯（魯）休 / 用乍（作）䑣（朕）皇且（祖）/ 南公亞且（祖）公仲

題 西周南宮乎鐘。

此青銅鐘一九七九年六月陝西扶風縣南陽公社五嶺大隊豹子溝出土，今歸陝西省扶風縣博物館收藏。上世紀八十年代馬公承源主編《商周青銅器銘文選》著錄此鐘，並拓之。今市肆獲觀舊拓購之，又請重裝，釋之，題之，跋之，以與同道共饗。壬寅仲秋，海上慎堂季崇建于建業文房。

季按：作為國家一級文物的南宮乎鐘，倍受世人關注。其特點有二，一是鑄於甬上三行十六字銘文頗為少見，一般的鐘銘多鑄或刻在鉦間或鼓部；二是其內壁鑄有調音槽，人們通常衹知弦樂器需要調音，以保證其音準，殊不知三千多年前的編鐘亦需要進行調音才可奏之，這是西周中晚期編鐘的專利，亦是周人一個頗具科技含量的發明。西周晚期以後，編鐘的鑄造進入了大發展期，其數量由最初三件一組至八件一組，這體現了周人對樂制度的重視，其音量亦遠超殷商編鐃。南宮乎鐘的出現，對今人研究周樂提供珍貴的實物資料。

《跋南宮乎鐘》

是鐘通高五十四，甬高十九點八，銑間二十八點七，鼓間十九點八，舞　二十三點五，舞廣十六釐米，重二十九公斤。其高枚長甬，旋作夔龍狀，幹與篆間飾竊曲紋，甬上飾環帶紋，鼓部飾夔鳥紋，右鼓有一鸞鳥，作為基音點標誌。甬上鉦間及左鼓部皆鑄銘共十二行六十八字。其銘首句言：“嗣土南宮乎乍大鑙嬨鐘”，即司徒南宮乎作大型的編鐘。南宮乎者，陝西省博物館所藏之山鼎，亦稱膳夫山鼎，銘中有“南宮乎入右膳夫山入門”之記，推知山鼎為西周宣王世器，故南宮乎鐘應同時期物也。又銘中見有“茲鐘名曰無昊”，“昊”是斁之初文，與射音可通，故“無昊”為律名，即黃鐘十二律之無射律也。此鐘出土至今四十餘年來被多次著錄引用，今能得其原拓銘文實是萬幸，當寶之。海上慎堂崇建再題於慎獨齋南隅。

鈐印 崇建手拓
崇建手拓
崇建手拓
愛不釋手
季
崇建
壬寅
慎堂
崇建
心賞
季氏
崇建印信
慎堂

西周南宮乎鐘

此乃銅鐘一九七九年六月陝西扶風縣南陽公社五嶺大隊豹子溝出土 今歸陝西省扶風縣博物館收藏 上世紀八十年代馬承源主編商周青銅器銘文選著錄此鐘並拓之 今市肆獲觀舊拓購之又請曹家釋之題之跋之以與同道共饗 壬寅仲秋滬上慎之季學建拙建書之房

甬上銘文釋文

嗣（司）土（徒）南宮

乎乍（作）大鑄（林）龢（協）鐘丝（茲）

鐘名曰無昊（斁）

鉦間銘文釋文

先且（祖）南公亞且（祖）公仲必父

之家天子甘（其）萬年釁（眉）耆（壽）畯（畯）

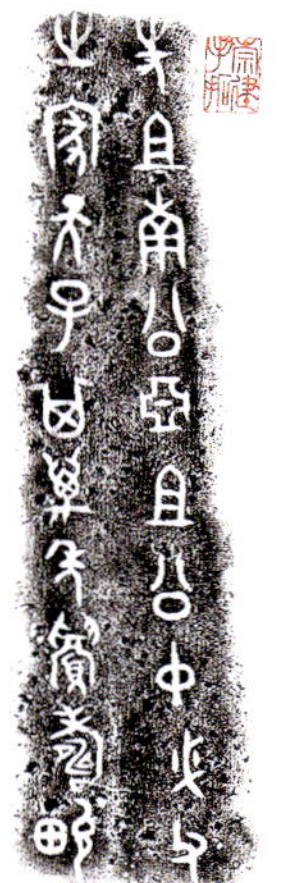

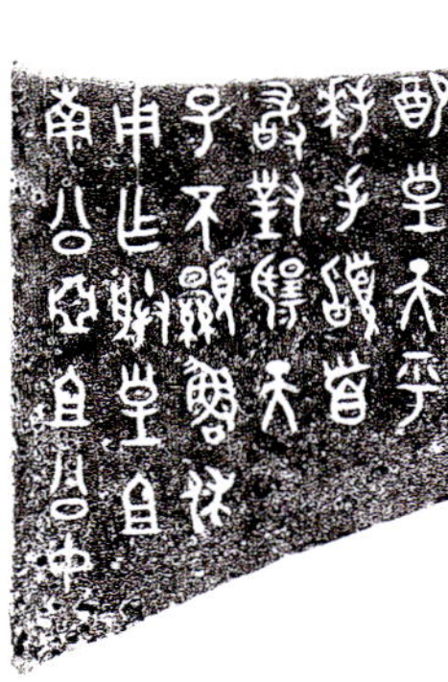

左鼓銘文釋文

永保三（四）方

配皇天乎

捧（拜）手韻（稽）首

叡（敢）對覲（揚）天

子丕（丕）顯魯（魯）休

用乍（作）朕（朕）皇且（祖）

南公亞且（祖）公仲

李按作爲國家一級文物的南宮乎鐘備受世人關注其特點有二一是鑄於甬上三行十字銘文頗爲少見一般的鐘銘多鑄或刻在鉦間或鼓部二是其內壁鑄有調音槽人們通常祇知後世樂器需要調音以保證其音準殊不知三千多年前的編鐘亦需要進行調音才可奏之這是西周中晚期編鐘的專門亦是周人一個頗具科技含量的發明西周晚期以後編鐘的鑄造進入了大發展期其數量由最初三件一組至八件一組這體現了周人對樂懸制度的重視其音量亦遠超殷商編鐃南宮乎鐘的出現對今人研究周樂提供珍貴的實物資料

跋南宮乎鐘

是鐘通高五十四甬高十九點八銑間二十八點七鼓寬十九點八舞修二十三點五舞廣十六釐米重二十九公斤其高枚長甬旋作夔龍狀鉦與篆間飾竊曲紋甬上飾環帶紋鼓部飾夔鳥紋右鼓有一鸞鳥作爲基音點標誌甬上鉦間及左鼓部皆鑄銘共十二行六十八字其銘首句言嗣土南宮乎作大林協鐘即司徒南宮乎作大型的編鐘南宮乎者陝西省博物館所藏之此鼎亦稱膳夫山鼎銘中有南宮乎入右膳夫山入門之記推知此鼎爲西周宣王世器故南宮乎鐘塞同時期物也又銘中見有茲鐘曰無昊之是點之銘文與射音可通故無昊爲律名即黃鐘十二律之無射律也此鐘出土已四十餘年來被多次著錄引用以能得其原拓銘文寶是爲幸常寶之海上慎之堂建序題於慎獨齋南隅

073 逨鐘（丙器）銘文拓片

'Lai' Zhong vessel C (rubbing)

西周晚期

縱 63.5 釐米 橫 47 釐米

逨鐘（丙器）

陝西歷史博物館藏

《陝西集文集成·寶雞卷·6》著錄

釋文 （右）鼓部鑄銘

逨曰不（丕）顯朕（朕）皇考 / 克咨（龏）明氒（厥）心帥用 / 氒（厥）先且（祖）考政德亯（享）/ 辟先王逨卬（御）于氒（厥）/ 辟不𢿢（敢）家（墜）虔夙（夙）/ 夕敬氒（厥）死

鉦間鑄銘

事天子巠（經）朕（朕）先且（祖）服（服）多易（錫）逨休 / 令（命）𤔲嗣（司）三（四）方吳（虞）𣚬（林）逨𢿢（敢）對天子 / 不（丕）顯魯休䝨（揚）用乍（作）朕（朕）皇考龔（恭）/ 弔（叔）龢鐘（鐘）鎗鎗[1]悤悤[2]雒雒[3]鍺鍺[4]（雝雝）用追孝卲

（左）鼓部鑄銘

各（格）喜侃歬（前）文人歬（前）文人[5]/ 嚴（嚴）才（在）上數數[6]彙彙[7]降余 / 多福康𧊒（娛）屯（純）右（祐）永 / 令（命）逨𠀠（其）萬年釁（眉）鬵（壽）/ 毗（畯）臣天子子[8]孫孫[9]永寶

朱批 1. 鎗鎗，重文。2. 悤悤，重文。3. 雒雒，重文。4. 鍺鍺，重文。5. 歬文人歬文人，重文。6. 數數，重文。7. 彙彙，重文。8. 子子，重文。9. 孫孫，重文。

案：銘文大意，即作器者逨之祖先曾事先王並受恩惠，逨受天子賜封虞林一職，逨弘扬天子之美德，為纪念其父龔叔而作此套编鐘，用来祭祀祖先，以求長命福禄，子子孙孙永寶之。海上慎堂崇建。

題一 逨鐘。

此拓為原物早歲之拓，約在一九八五年八月逨鐘發現於陝西省眉縣馬家鎮楊家村西周銅器窖藏後不久。時歸眉縣文物管理所收藏，今入藏陝西歷史博物館。又近年國家已頒文物禁拓令，故逨鐘之拓片乃稀物也，壬寅歲末獲之，甚悅。今癸卯初一，重裝後題之，釋之，攷之，以與同道共饗。海上慎堂崇建。

題二 逨鐘八器傳出僅見六器，應為八件套编鐘。一九八五年八月，陝西眉縣楊家村西周青銅器窖藏盜墓出土。經全力追繳，共獲十三件樂器，其中逨鐘四件，後知一九八九年同套之逨鐘一入藏美國克利夫蘭博物館，逨鐘七亦在美紐約，歸首陽齋范季融處，餘二未見也。范氏乃收藏家，八十年代隨馬公承源學習青銅器遂收獲良多。崇建又題。

季按：西周晚期之逨鐘傳世與出土共為八件。一九八五年八月，在陝西省眉縣馬家鎮楊家村西周青銅器窖藏中共發現四件，從專家測音可知此為一套编鐘之部分也。館藏编號為一二九八者為逨鐘之二，館藏编號為七二·二一即此拓之原物逨鐘之三，館藏编號一三〇一者為逨鐘四，编號一五六三八即逨鐘八，傳美國克利夫蘭博物館所藏之逨鐘當為首。美籍華人范季融首陽齋藏逨鐘之七，然逨鐘之五與六者今未知所踪也。從出土之四器資料可知其尺寸、重量、鑄銘、字數差異較大。此逨鐘之三通高六十五，舞三十二，舞廣二十三，銑間三十六，鼓間二十六釐米，重四十四公斤。其幹上飾獸目交連紋，篆間飾雲紋，鼓部飾夔鳳紋，鉦間左右鼓部連鑄一二九字。慎堂記。

鈐印 慎堂藏拓之印

別部將軍

愛不釋手

崇建印信

癸卯

慎堂

崇建

心賞

季氏

崇建印信

慎堂所藏金石文字記

逨鐘

此拓為原物早歲之拓約在一九八五年八月逨鐘發現於陝西省眉縣馬家鎮楊家村西周銅器窖藏後不久時拓眉縣文物管理所收藏今入藏陝西歷史博物館二〇二〇年國家已頒令禁拓今此逨鐘之拓尤乃稀缺也余家藏是拓之甚慨今文邢初一重裝併題之釋之以之與同道共饗海上慎堂堂建

鼓部鑄銘釋文

逨曰丕（丕）顯朕（朕）皇考克㬁（慎）明氒（厥）心帥用氒（厥）先且（祖）考政德亯（享）辟先王逨御（御）于氒（厥）辟又（有）𢽴（敢）豙（墜）虔夙（夙）夕敬氒（厥）死

鉦間鑄銘釋文

事天子巠（經）朕（朕）先且（祖）服（服）多易（錫）逨休令（命）𤔲𤔲（司）亖（四）方吳（虞）𧃍（林）逨敢（敢）對天子丕（丕）顯魯休𩰫（揚）用乍（作）朕（朕）皇考龏（恭）弔（叔）龢鐘（鐘）鎗鎗悤悤雒雒鍺鍺（雝雝）用追孝卲

鼓部鑄銘釋文

各（格）喜侃前（前）文人前（前）文人嚴（嚴）才（在）上數數（豐豐）臬臬降余多福康𡦸（娛）屯（純）右（祐）永令（命）逨甘（其）萬年釁（眉）壽（壽）畯（畯）臣天子子子孫孫永寶

逨鐘一器傳世僅見六器應為八件套編鐘一九八五年八月陝西眉縣楊家村西周青銅器窖藏出土後金方追徵共獲十三件其中逨鐘四件皆知一九八五同套之逨鐘一入藏美國克利夫蘭博物館逨鐘七六在美國紐約首陽齋范季融處餘二未見也范氏乃收藏家一十年代隨其父承源學習青銅器收藏慎堂建又題

案銘文大意記作器者逨之祖先曾事先王並受恩惠逨受天子賜封賞以職逨弘揚文王天子逨為祀(?)其父顯(?)而作此套編鐘用來祭祀祖先以求長命福祿子子孫孫永寶之海上慎堂堂建

季(?)按西周晚期之逨鐘傳世與出土共為八件一九八五年八月在陝西省眉縣馬家鎮楊家村西周青銅器窖藏中共發現四件從其銘文測看可知此為一套編鐘之部份也館藏編號為一三九八者為逨鐘之二館藏編號為七二二二一即此拓之原物逨鐘之三館藏編號一三〇一者為逨鐘之四編號一五六三即逨鐘八俱為國家(?)美國克利夫蘭博物館所藏之逨鐘當為首美籍華人范季融首陽齋藏逨鐘之七其逨鐘之五與六者今未知所蹤也從出土之四器資料可知其尺寸重量鑄銘字數差異較大此逨鐘之三通高六十五釐米(?)寬三十二釐米(?)廣二十三(?)銑間三十六鼓間二十六釐米重四十(?)公斤其幹上飾獸目交連紋篆間飾雲紋鼓部飾夔鳳紋鉦間左右鼓部連鑄一二九字慎堂記

慎堂所藏舊拓商周彝器款識小品集

序文

余前年友人携金陵吾石藏家楊季華自編之鐘鼎彝器款識原拓集錦冊頁，未見著錄，内載民國時故宮博物院藏青銅器彝銘舊拓六十餘幀，爲金坤長樓和求割愛於余，如願以歸慎堂也。此本雖亦錦裝，卻不如承裝折之重裝大方，爲軸書之式，小者如此頁所見集爲一冊，頻之玩之自娛耳。凡商周之器少字者大多時代偏早，此冊所集大多亦爲商代晚期至西周初期，雖鑄銘簡單，卻極有價值，且字體表述頗多趣味。楊公季華於拓本之側皆以蠅頭小楷釋讀之，雖觀照精顯，詮釋然其功力亦可見一斑。余集衆家之說，重加修訂，有引述亦乃己見。重覽是楊氏所集之舊拓，傳承數民國前故宮藏品，均如吴鎮烽所編商周青銅器銘文暨圖像集成中未明原器出處者，可據知其乃故宮藏之，更有若干亦已藏上博者，曾經入户故宮，未見楊氏藏拓，對於瞭解藏品之出處流傳，探究幫助不少。由此證明傳拓之技重要性，所謂舊拓之命可以傳矣。海上崇建

余嘗得金陵金石家楊季華所藏民國時故宮博物院藏西周鐘鼎彝器款識集錦冊甚是難覓今重裝成卅少字銘原拓小品合集此冊自娛也海上崇建識

《舊拓商周彝器款識小品集冊》（二十四開）

是冊所集拓片二十四幀，原為金陵金石藏家楊季華《商周鐘鼎彝器款識集錦》冊頁本，皆民國時舊拓。余將其中少字小品重裝輯成此二十四開本，題之又跋，以饗同道。

商代晚期享簋

癸卯年海上慎堂題首

此享簋今歸北京故宮博物院收藏二〇〇七年中國社會科學院考古研究所編輯之殷周金文集成著錄此簋拓本又吳鎮烽編著之商周青銅器銘文暨圖像集成卷七亦著錄此銘拓與上同頁輯入又見原藏陳介祺並著錄甚豐之西周早期享簋銘拓一枚未明今藏何處余二拓皆得於金陵楊季蘩舊藏之故宮拓本故亦是故宮物也

海上慎堂崇建並識

內底鑄銘拓片

釋文

亯（享）

是拓爲第一開

商代晚期亞醜父丁簋

癸卯閏二月學建題

亞醜父丁簋六器亞醜父丁簋北京故宮博物院藏品其通高二十三點三寬寬處三十釐米重四點四公斤體圓似球形深腹斂口圈足腹兩側各有一獸耳蓋上有一圈狀捉手，捉手上有二方穿孔蓋肩與器口下均飾渦紋間飾四瓣花紋皆以細刻線條圓轉流暢足部飾弦紋二道器內底有一凸起之四瓣花紋內底鑄銘四字其著錄多處較早者為一九三十五年劉體智氏編小校經閣金文與同年王辰撰續殷文存皆誤為敦或尊 滬上慎堂記

內底鑄銘拓片

釋文

亞醜父丁

是拓為第二開

商代晚期䰞尊

癸卯年二月滬上慎堂題首

爲晚期之䰞尊，器形未詳。余獲金陵某石藏家集輯民國時故宮舊拓鐘鼎彝器款識本，集輯者楊季華是也。見䰞尊鑄銘一枚，查吳鎮烽先生編著《商周青銅器銘文暨圖像集成》卷二十一載有此拓，亦言䰞尊已歸上海博物館收藏，其著錄多處，如一九五七年于省吾所編《商周金文錄遺》、一九八三年臺北嚴一萍編纂《金文總集》以及《殷周金文集成》等皆有收錄之。滬上慎堂記

內底鑄銘拓片

釋文

亞㠱（㠱）矣（疑）䰞乍（作）

母癸

長拓本第三開

商代晚期木見卣冊罍

癸卯年閏二月海上慎堂題首

木見卣冊罍未知其形此鑄銘之拓本乃金陵藏家楊秀華所藏傳為民國間故宮舊拓余偶得甚悅檢吳鎮烽商周青銅器銘文暨圖像集成載此罍今藏北京故宮博物院一九五七年于省吾所編商周金文錄遺一九八三年臺北嚴一萍編纂金文總集以及中科院考古研究所編輯之殷周金文集成皆著錄之慎堂記

內壁鑄銘拓片

釋文

木見卣冊

是拓為第四開

商代晚期木見卣冊罍

乂卯年閏二月滬上慎堂崇建題首

此木見卣冊罍乃商代晚期之器未知其形制只拓片余僅獲是拓傳為金陵金石家楊學華所藏民國百故宮博物院之舊拓乙本今據知此罍乃故宮藏品查潯吳鎮烽先生編著之商周青銅器銘文暨圖像集成有載北京故宮博物院所藏之木見卣冊罍又一件今亦獲其拓片一枚甚悅也同銘而鑄法略異耳 滬上慎堂崇建記

內壁鑄銘拓片

釋文

木卣

見冊

是拓為第五開

商代晚期般罍

癸卯年初夏于海上慎堂學建題首

是罍鑄於商代晚期內壁有銘般一字故名今嘗經金陵楊季華舊藏鐘鼎彝器款識原拓彙錄一冊內含此拓未詳出處後為民國時北京故宮博物院舊藏之品今歸入慎堂藏拓小品集備考支雖方寸之拓但亦雪泥鴻爪當珍之也 海上慎齋主學建記於癸卯入梅時

內壁鑄銘拓片

釋文 般

是拓為第六開

商代晚期鼎祖丁斝

癸卯年閏二月海上慎堂堂建題首

鼎祖丁斝乃商晚之器余偶獲金陵金石家楊季華藏故宮古銅器銘文拓本集冊內收此斝之銘拓一紙茲據吳鎮烽商周青銅器銘文暨圖像集成卷廿載其今歸上海博物館所藏鼎祖丁斝著錄頗多最早見於一九三零年羅振玉撰集之貞松堂集古遺文一九三五年王辰撰續殷文存亦錄此拓一九三七年羅氏三代吉金文存亦載之等等 慎堂記

鑒內銹銘拓片

釋文

鼎且（祖）丁

墨拓爲第七開

商代晚期卯觚

癸卯年二月滬上慎堂崇建題首

此卯觚原藏善齋劉體智據其所編之善齋吉金錄載觚之身高十一點三口徑六點五寸作喇叭口長頸鼓腹高圈足沿六折腹部與圈足各有四道扉棱圈足上部有一點十字鏤孔頸部飾雲雷紋其上飾蕉葉紋腹部飾獸面紋圈足上部飾鳥紋二部飾獸面紋均以雲雷紋襯底圈足內鑄銘一字余獲其一拓乃金陵楊季華所藏民國可故宮藏銅器銘文舊拓均此觚故宮所藏也

滬上慎獨齋主崇建

圈足內鑄銘拓片

釋文

（卯）

是拓爲第一八開

商代晚期子象觚

偶獲子象銘拓應觚之圈足內底鑄銘吳鎮烽所編商周青銅器銘文暨圖像集成卷十六載同銘子象觚有二一在上海博物館二銘字形基本一致疑即同器之銘也祇一能拓工有異而已二者均清宮藏品後歸臺北故宮博物院收藏其象字同爲子字則中橫反書余得此拓自金陵金石藏家楊秀華之鐘鼎彝器款識集錦內所載傳皆民國舊拓所涉之器原爲故宮藏品六分之一數歸上博此其一也建記

癸卯三月滬上慎堂崇建題

圈足內底鑄銘拓片

釋文　子象

是拓爲第九開

商代晚期羊享觚

癸卯年閏二月滬上慎堂季學建題首

此件享觚乃商代晚期之器未見著錄故其形制尺寸皆不詳矣余獲此觚之鑄銘拓本來源於近人金陵金石名家楊宇巢所藏之民國間故宮博物院藏鐘鼎彝器款識墨錦冊查吳鎮烽先生編著之商周青銅器銘文暨圖像集成卷十八有同期同銘羊享觚之記載後者藏於德國斯圖加特國立民間藝術博物館之林登博物館 慎堂記

內底鑄銘拓片

釋文

亯（亯即享）羊

墨拓爲第十開

商代晚期亞卯父乙觶

癸卯年四月書于滬上慎堂題首

此觶因其鑄銘亞卯父乙四字故名余嘗得金陵金石家楊季華藏傳為民國前舊拓故宮博物院所藏之商周彝器款識集冊內含此拓並旁注為觶銘查遍資料未知其亡佚何處現輯入是冊以待後致之而據銘文字形結體斷為商器無誤也慎堂記

內底鑄銘拓片

釋文

亞卯父乙

是拓為第十一開

商代晚期冀父辛角

癸卯年二月慎堂題首

此冀父辛角乃典型爲晚期之器，今歸上海博物館收藏。其通高二十三釐米，兩尾相距十七點二釐米，重零點八五公斤。器爲兩尾上翹，卵圓形腹，三棱形長錐足呈展之狀。腹內側有一個牛首鋬，兩尾飾似置之三角形獸面紋，腹飾環柱角獸面紋，鋬內鑄銘三字。整個器物造型優雅，尤其是工似的雙尾與外展的三錐足極具靈動之氣也。余獲此拓於楊秀華所藏民國間故宮博物院之銅彝器款識篇拓，然何時歸上博待考。慎堂學步記

鋬內鑄銘拓片

釋文

冀（冀）父辛

是拓爲第十二開

商代晚期享爵

癸卯年冬二日海上慎生堂建題

此享爵之銘拓原為金陵藏家楊季華所藏故宮博物院青銅器款識原拓之一均據知此享爵應是故宮舊藏同銘同類之享爵存世較多據吳鎮烽所著《商周青銅器銘文暨圖像集成》載同銘之享爵竟達八件之多並爵腹所飾紋樣有所不同觀今獲此拓可知其腹間飾三道弦紋與中國國家博物館所藏之享爵一致較特殊者當推上海博物館所藏之腹飾獸面紋享爵 慎堂記

鋬內鑄銘拓紙

釋文

享（亯即享）

此拓為第十三開

商代晚期貯爵

癸卯閏二月滬上慎堂題首

貯爵或作㤖爵，為晚期之器。此類商爵腹部皆有扉棱，並飾獸面紋，流與尾亦飾似蕉葉紋，頸部飾三角雲雷紋，鋬內鑄貯銘一字。傳世與出土同銘同形之貯爵若干，吳鎮烽《商周青銅器銘文暨圖像集成》著錄有四，其中二器銘文與此拓貯字基本一致，紋飾則略見小異。又與蘇州博物館所藏之貯爵大率相同，而藏於河南羅山縣文化館之貯爵之貯則是另類也。此爵靡藏故宮。慎堂

鋬內鑄銘拓紙

釋文

貯（或釋宁㤖）

墨拓冊第十八開

商代晚期内耳爵

癸卯年閏二月滬上慎堂学建題首

此内耳銘青銅爵乃商代晚期之器余偶獲搨本筆於藏之民國間故宫博物院藏青銅彝器款識原拓本未見此拓故知内耳爵北京故宫之藏品也吳鎮烽編著商周青銅器銘文暨圖像集成著録此拓未收藏處矣觀拓片可知内耳爵腹部飾以目雲雷紋襯底之獸面紋頸部飾三角紋鋬内鑄銘一行二字多次著録之学建記

鋬内鑄銘拓片

釋文

内耳

墨拓為第十五開

商代晚期宋祖癸爵

癸卯年四月廿九海上慎堂題首

此爵鋬內鑄銘一行三字宋祖癸故名之歲偶獲金陵金石藏家楊季華鐘鼎彝器款識原拓裝錦冊傳皆民國時北京故宮博物院舊藏之品此爵銘拓含在其中然原物之歸何處則不得而知之輯入慎堂藏拓小品冊待考也又爵銘首字未識讀不知何意慎堂記

鋬內鑄銘拓片

釋文

宋且（祖）癸

是拓為第十六開

商代晚期夆罢爵

癸卯初夏末海上慎堂學建題首

此爵鋬內鑄銘一組二字夆罢故名據拓片可推知其紋飾製作精良獸面紋樣乃為爵之典型也余去歲購獲金陵楊秉華舊藏民國官故宮博物院所藏為周銅器銘之原拓一紙此即其一也然未知原物歸於何處亦輯入慎堂藏拓小品彙以傳後於海上慎堂記

鋬內鑄銘拓片

釋文

夆罢

是拓為第十七開

商代晚期戈涉蟲爵

癸卯年春二月海上慎堂李崇建題首

李按戈涉蟲爵乃商代晚期之器北京故宮博物院藏此拓可知爵之腹首飾獸面紋商爵之典型也鋬內鑄銘三字戈涉蟲蟲或釋系字吳鎮烽商周青銅器銘文暨圖像集成有此拓著錄二零零七年中國社會科學院考古研究所編輯之殷周金文集成亦著錄之余得此拓時在壬寅爲民國間故宮博物院之舊拓也海上慎堂

鋬內鑄銘拓此

釋文

戈涉蟲（系）

是拓爲第十八開

商代晚期兕父癸爵

癸卯年閏二月滬上慎堂崇建題首

此兕父癸爵乃商晚期或西周初期之器余偶得金陵楊季華所藏民國時故宮博物院藏商周彝器款識原拓集錦冊此拓即在其中故之據其應屬北京故宮所藏觀拓本此爵腹部飾以有雲雷紋襯底之獸面紋鋬內鑄兕（或釋瞽）一字柱上鑄父癸二字查得故宮多藏一同時期之兕父辛爵一件紋飾類似鑄銘三字則皆在鋬內建

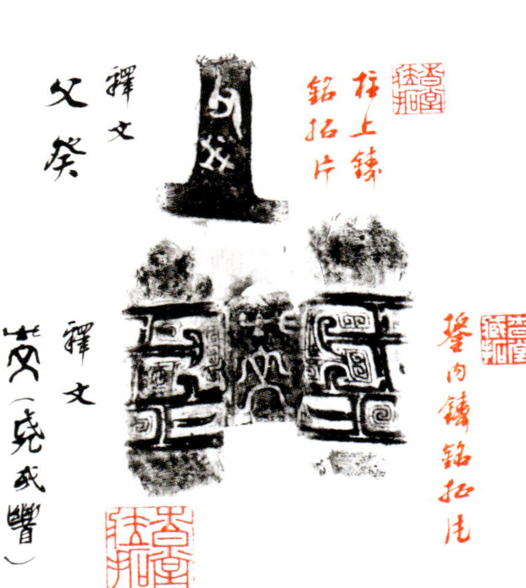

柱上鑄銘拓片

釋文 父癸

鋬內鑄銘拓片

釋文 兕（兕或瞽）

墨拓爲第十九開

西周早期爻父戊爵

癸卯冬至二日海上慎堂堂建題首

爻父戊爵乃西周早期之器今藏北京故宮博物院尺寸與形制未詳拓本可見其腹飾獸面紋頗精緻且有雲雷紋襯底吳鎮烽先生編著之商周青銅器銘文暨圖像集成卷十六著錄此拓二零零七年中國社會科學院考古研究所編輯之殷周金文集成早其已輯入之余去歲偶得此銘拓乃民國時期舊拓也慎堂記

鋬內鑄銘拓片

釋文

爻父戊

是拓爲第二十開

西周早期耒父癸爵

癸卯年閏二月廿九滬上慎堂李學建題首

此耒父癸爵乃西周早期之物，今歸北京故宮博物院收藏，同銘同形之見雙。拓本可見其腹部飾一道弦紋，鑄銘有二處，一在右柱鑄銘一耒字，一在鋬內鑄銘父癸二字。此爵最早著錄於王辰民三五年所編之續殷文存內，近人吳鎮烽商周青銅器銘文暨圖像集成卷十六亦著錄此拓，惜形制等實物信息未詳矣。滬上慎堂李學建記

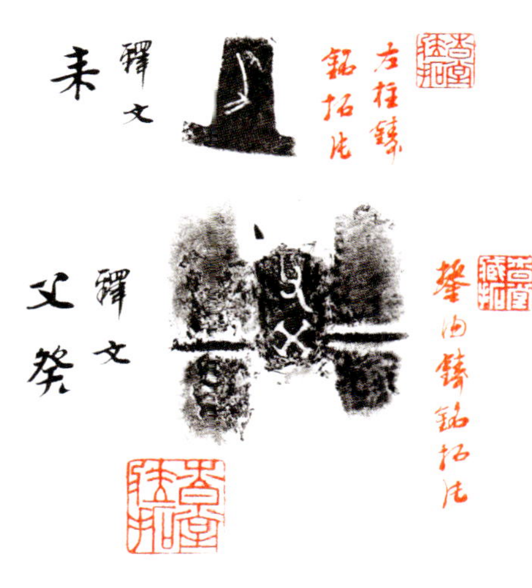

右柱鑄銘拓片

釋文 耒

鋬內鑄銘拓片

釋文 父癸

是拓爲第二十一開

西周早期耒父癸爵

癸卯年閏二月廿九海上慎堂學逵題首

去歲余獲金陵藏家楊季華編輯之鐘鼎彝器款識原拓集錦冊內見耒父癸爵二拓皆北京故宮博物院之舊拓也觀此拓可知其腹飾一道弦紋乃西周銅爵之簡率一族又見其鑄銘二處一在右柱鑄耒一字一在鋬內鑄父癸二字則非常見也吳鎮烽先生編著商周青銅器銘文暨圖像集成卷十六著錄此拓海上學逵記

右柱鑄銘拓片

釋文 耒

鋬內鑄銘拓片

釋文 父癸

是拓為第二十二開

西周早期父甲爵

癸卯年閏二月海上慎堂李學建題首

此父甲爵乃西周早期之器尺寸形制未詳吳鎮烽商周青銅器銘文暨圖像集成著錄此拓並言其腹飾弦紋與目紋右柱上鑄此父甲二銘現藏北京故宮博物院該院共有父甲爵二器據載紋飾形制基本一致右柱上亦鑄父甲二字其父字鑄法與前者相反也二零零七年版之中科院考古所編殷周金文集成二爵皆著錄之慎堂

右柱鑄銘拓片

釋文

父甲

是拓爲第二十三開

西周早期享簋

癸卯年三月海上慎堂題首

享簋流傳有緒民國間已見諸多著録然最早著録者應是光緒二十八年即公元一九零二年劉心源所著奇觚室吉金文述後見民國諸金石藏家多有涉及如民國七年即公元一九一八年吴大澂著愙齋集古録又同年之鄒安輯簠齋吉金録又民國乙亥即一九三五年劉體智編小校經閣金文又同年方濬益所編綴遺齋彝器考釋又一九三七年羅振玉編三代吉金文存等皆著録之但不少或以爲享毁也舊傳此簋藏陳介祺處今歸北京故宮收藏海上崇建記

內底鑄銘拓片

釋文

亯（享）

此拓爲第二十四開

074 舊拓商周彝器款識小品集冊（二十四開）

Inscriptions of Yi vessel from Shang-Zhou Dynasty (twenty-four old rubbings in folio)

商晚期至西周早期
縱 33 釐米 橫 23.5 釐米

題簽 舊拓商周彝器款識小品集冊（二十四開），癸卯，慎堂題

鈐印 慎堂
崇建

引首 銘拓捃存。
余嘗得金陵金石家楊季華所藏民國時故宮博物院藏《商周鐘鼎彝器款識集錦》冊，甚是難覓，今重裝。其中少字銘原拓小品合成此冊，自娛也。海上崇建識。

鈐印 別部將軍
崇建印信

《慎堂所藏舊拓商周彝器款識小品集·序文》
壬寅末，友人攜金陵金石藏家楊季華自編之《鐘鼎彝器款識原拓集錦》冊頁本見我，內載民國時故宮博物院藏青銅器鑄銘舊拓六十餘幀，烏金功甚精，即求割愛於我，如願，今歸慎堂也。此本雖亦錦裝，卻不如我意，拆之重裝，大者為軸卷之式，小者如此冊頁所見，集為一冊，題之跋之，自娛耳。
凡商周之器少字者大多時代偏早，此冊所集者多在商代晚期至西周初期，雖鑄銘簡單卻極有價值，且字體表述頗多趣味。楊公季華於拓本之側皆以蠅頭小楷釋讀之，雖觀點稍顯誤差，然其功力可見一斑。余集眾家之說，重加修訂，有引述亦多已見。重點是楊氏所集之舊拓，傳悉數民國間故宮藏品，故如吳鎮烽所編《商周青銅器銘文暨圖像集成》中未明原器出處者，可推知其乃故宮藏之；更有若干今已藏上博者，曾經入戶故宮，足見楊氏藏拓對於瞭解藏品之出處流傳探究幫助不少。由此說明傳拓之技重要性，所謂禁拓之令可以休矣。海上崇建。

鈐印 心賞
崇建印信

第一開

享簋銘文拓片

'Xiang' Gui vessel (rubbing)

商晚期
縱 6 釐米 橫 5.8 釐米

释文 亯（享）

朱批 是拓為第一開

題一 商代晚期享簋，癸卯年，海上慎堂題首。

題二 此享簋今歸北京故宮博物院收藏。二〇〇七年中國社會科學院考古研究所編輯之《殷周金文集成》著錄此簋拓本，又吳鎮烽編著之《商周青銅器銘文暨圖像集成》卷七亦著錄此銘拓。與之同頁輯入又見原藏陳介祺並著錄甚豐之西周早期享簋銘拓一枚，未明今藏何處。余二拓皆得，乃金陵楊季華舊藏之故宮拓本，故亦是故宮物也。海上慎堂崇建並識。

鈐印 慎堂藏拓　季氏
慎堂藏拓　崇建
心血來潮　慎堂主人真賞之寶
慎堂

第二開

亞𩰫父丁簋銘文拓片

'Ya Xiong Fu Ding' Gui vessel (rubbing)

商晚期
縱 10.2 釐米 橫 7 釐米

释文 亞𩰫父丁

朱批 是拓為第二開

題一 商代晚期亞𩰫父丁簋，癸卯閏二月，崇建題。

題二 亞𩰫父丁簋亦稱亞醜父丁簋，北京故宮博物院藏品。其通高二十三點三，最寬處三十釐米，重四點四四公斤。體圓似球形，深腹，斂口，圈足，腹兩側各有一獸耳，蓋上有一圈狀捉手，捉手上有二方穿孔。蓋肩與器口下均飾渦紋，間飾四瓣花紋，皆如細刻線條圓轉流暢，足部飾弦紋二道，器外底有一凸起之四瓣花紋，內底鑄銘四字。其著錄多處，較早者為一九三十五年劉體智所編《小校經閣金文》與同年王辰撰《續殷文存》，皆誤為敦或尊。海上慎堂記。

鈐印 慎堂藏拓　崇建
慎堂藏拓　崇建
慎堂　慎堂主人真賞之寶

第三開

夒尊銘文拓片

'夒' Zun vessel (rubbing)

商晚期

縱 7.5 釐米 橫 4.8 釐米

釋文 亞㝵（曩）吳（疑）夒乍（作）/ 母癸

朱批 是拓為第三開

題一 商代晚期夒隮，癸卯閏二月，海上慎堂題首。

題二 商晚期之夒隮，器形未詳。余獲金陵金石藏家集輯民國時故宮舊拓鐘鼎彝器款識本，集輯者楊季華是也。見夒尊鑄銘一枚，查吳鎮烽先生編著《商周青銅器銘文暨圖像集成》卷二十一載有此拓本，言夒尊今歸上海博物館收藏。其著錄多處，如一九五七年于省吾所編《商周金文錄遺》、一九八三年臺北嚴一萍編纂《金文總集》以及《殷周金文集成》等皆有收錄之。海上慎堂記。

鈐印 慎堂藏拓　崇建
慎堂藏拓　崇建
慎堂　慎堂主人真賞之寶

第四開

木見齒冊罍銘文拓片

'Mu Jian Chi Ce' Lei vessel (rubbing)

商晚期

縱 5.3 釐米 橫 4.8 釐米

釋文 木見齒冊

朱批 是拓為第四開

題一 商代晚期木見齒冊罍，癸卯年閏二月，海上慎堂題首。

題二 木見齒冊罍未知其形，此鑄銘之拓本乃金陵藏家楊季華所藏，傳為民國間故宮舊拓，余偶得，甚悅。據吳鎮烽《商周青銅器銘文暨圖像集成》載此罍今藏北京故宮博物院，一九五七年于省吾所編《商周金文錄遺》、一九八三年臺北嚴一萍編纂《金文總集》以及中科院考古研究所編輯之《殷周金文集成》皆著錄之。慎堂記。

鈐印 慎堂藏拓　崇建
慎堂藏拓　崇建
慎堂　慎堂主人真賞之寶

第五開

木見齒冊罍銘文拓片

'Mu Jian Chi Ce' Lei vessel (rubbing)

商晚期

縱 7.5 釐米 橫 5.5 釐米

釋文 木齒 / 見冊

朱批 是拓為第五開

題一 商代晚期木見齒冊罍，癸卯年閏二月，海上慎堂崇建題首。

題二 此木見齒冊罍乃商代晚期之器，未知其形制尺寸，余僅獲是拓傳為金陵金石家楊季華所藏，民國間故宮博物院之舊拓之本。可據知此罍乃故宮藏品，查得吳鎮烽先生編著之《商周青銅器銘文暨圖像集成》有載北京故宮博物院所藏之木見齒冊罍又一件。今亦獲其拓片一枚，甚悅也。同銘，而鑄法略異耳。海上慎堂季崇建記。

鈐印 慎堂藏拓　崇建
慎堂藏拓　崇建
慎堂　慎堂主人真賞之寶

第六開

般罍銘文拓片

'Ban' Lei vessel (rubbing)

商晚期

縱 4.2 釐米 橫 3.8 釐米

釋文 般

朱批 是拓為第六開

題一 商代晚期般罍，癸卯年初夏卅，海上慎堂崇建題首。

題二 是罍鑄於商代晚期，內壁有銘"般"一字，故名。余嘗獲金陵楊季華舊藏《鐘鼎彝器款識原拓集錦冊》內含此拓，未詳出處，傳為民國時北京故宮博物院舊藏之品。今輯入《慎堂藏拓小品集》備攷，其雖方寸之拓，但亦雪泥鴻爪，當珍之也。海上蟲齋主崇建記於癸卯入梅時。

鈐印 慎堂藏拓　崇建
慎堂藏拓　崇建
慎堂　慎堂主人真賞之寶

第七開

鼎祖丁斝銘文拓片
'Ding Zu Ding' Jia vessel (rubbing)

商晚期
縱 9.5 釐米 橫 3 釐米

釋文 鼎且（祖）丁

朱批 是拓為第七開

題一 商代晚期鼎祖丁斝，癸卯年閏二月，海上慎堂崇建題首。

題二 鼎祖丁斝，乃商晚之器。余偶獲金陵金石家楊季華藏故宮青銅器銘文拓本集冊，內收此斝之銘拓一枚，然據吳鎮烽《商周青銅器銘文暨圖像集成》卷廿載，其今歸上海博物館所藏。鼎祖丁斝著錄較多，最早見於一九三〇年羅振玉撰集之《貞松堂集古遺文》，一九三五年王辰撰《續殷文存》亦錄此拓，一九三七年羅氏《三代吉金文存》再載之等等，慎堂記。

鈐印 慎堂藏拓　崇建
慎堂藏拓　崇建
慎堂　慎堂主人真賞之寶

第八開

卣觚銘文拓片
'Zhen' Gu vessel (rubbing)

商晚期
縱 5 釐米 橫 3.5 釐米

釋文 [illegible]（卣）

朱批 是拓為第八開

題一 商代晚期卣觚，癸卯閏二月，海上慎堂崇建題首。

題二 此卣觚原藏善齋劉體智。據其所編之《善齋吉金錄》載，觚之身高十一點三，口徑六點五寸。作喇叭口，長頸，鼓腹，高圈足，沿下折，腹部與圈足各有四道扉棱，圈足上部有一對十字鏤孔。頸部飾雲雷紋，其上飾蕉葉紋，腹部飾獸面紋，圈足上部飾鳥紋，下部飾獸面紋均以雲雷紋襯底。圈足內鑄銘一字。余獲其一拓，乃金陵楊季華所藏民國間故宮藏銅器銘文舊拓，故此觚故宮所藏也。海上慎獨齋主崇建。

鈐印 慎堂藏拓　崇建
慎堂藏拓　崇建
慎堂　慎堂主人真賞之寶

第九開

子𩰫觚銘文拓片
'Zi Chuo' Gu vessel (rubbing)

商晚期
縱 6.2 釐米 橫 4.4 釐米

釋文 子𩰫

朱批 是拓為第九開

題一 商代晚期子𩰫觚，癸卯三月，海上慎堂崇建題。

題二 偶獲子𩰫銘拓，應觚之圈足內底鑄銘。吳鎮烽所編《商周青銅器銘文暨圖像集成》卷十八載同銘子𩰫觚有二，一在上海博物館，二銘字形基本一致，疑即同器之銘也，祇可能拓工有異而已。二者乃清宮藏品，後歸臺北故宮博物院收藏，其𩰫字同前，子字則中橫反書。余得此拓自金陵金石藏家楊季華之《鐘鼎彝器款識集錦》內所載，傳皆民國舊拓，所涉之器原多故宮藏品，亦有少數歸上博，此其一也。建記。

鈐印 慎堂藏拓　崇建
慎堂藏拓　崇建
慎堂　慎堂主人真賞之寶

第十開

羊享觚銘文拓片
'Yang Xiang' Gu vessel (rubbing)

商晚期
縱 8 釐米 橫 5.5 釐米

釋文 [illegible]（亯即享）羊

朱批 是拓為第十開

題一 商代晚期羊享觚，癸卯年閏二月，海上慎堂季崇建題首。

題二 此羊享觚，乃商代晚期之器，未見著錄，故其形制尺寸皆不詳矣。余獲此觚之鑄銘拓本，來源於近人金陵金石名家楊季華所藏之民國間故宮博物院藏《鐘鼎彝器款識集錦》冊，查吳鎮烽先生編著之《商周青銅器銘文暨圖像集成》卷十八有同期同銘羊享觚之記載，後者藏於德國斯圖加特國立民間藝術博物館之林登博物館。慎堂記。

鈐印 慎堂藏拓　崇建
慎堂藏拓　崇建
慎堂　慎堂主人真賞之寶

第十一開

亞卬父乙觶銘文拓片

'Ya Ang Fu Yi' Zhi vessel (rubbing)

商晚期

縱 7.2 釐米 橫 4.8 釐米

釋文 亞卬父乙

朱批 是拓為第十一開

題一 商代晚期亞卬父乙觶，癸卯年四月末，海上慎堂題首。

題二 此觶因其鑄銘“亞卬父乙”四字，故名。余嘗得金陵金石家楊季華藏傳為民國間舊拓故宮博物院所藏之《商周彝器款識集冊》，內含此拓，並旁注為“觶”銘，查遍資料未知其今在何處，現輯入是冊，以待後攷之。而據銘文字形結體，斷為商器無誤也。慎堂記。

鈐印 慎堂藏拓　崇建
慎堂藏拓　崇建
慎堂　慎堂主人真賞之寶

第十二開

𦥑父辛角銘文拓片

'Ju Fu Xin' Jiao vessel (rubbing)

商晚期

縱 9 釐米 橫 7 釐米

釋文 （𦥑）父辛

朱批 是拓為第十二開

題一 商代晚期𦥑父辛角，癸卯閏二月，慎堂題首。

題二 此𦥑父辛角乃典型商晚期之器，今歸上海博物館收藏。其通高二十三點二，兩尾相距十七點二釐米，重零點八五公斤。器為兩尾上翹，卵圓形，腹三棱形長錐足呈展之狀。腹內側有一個牛首鋬，兩尾飾倒置之三角形獸面紋，腹飾環柱角獸面紋，鋬內鑄銘三字，整個器物造型優雅，尤其是上仰的雙尾與外展的三錐足極具靈動之感也。余獲此拓於楊季華所藏民國間故宮博物院青銅彝器款識舊拓，然何時歸上博，待攷。崇建記。

鈐印 慎堂藏拓　崇建
慎堂藏拓　崇建
慎堂　慎堂主人真賞之寶

第十三開

享爵銘文拓片

'Xiang' Jue vessel (rubbing)

商晚期

縱 5 釐米 橫 5 釐米

釋文 （亯即享）

朱批 是拓為第十三開

題一 商代晚期享爵，癸卯年閏二月，海上慎堂崇建題。

題二 此享爵之銘拓原為金陵藏家楊季華所藏故宮博物院青銅器款識原拓之一，故推知此享爵應是故宮舊藏。同銘同類之享爵存世較多，據吳鎮烽所著《商周青銅器銘文暨圖像集成》載，同銘之享爵竟達八件之多，然爵腹所飾紋樣有所不同。觀余獲此拓可知，其腹間飾三道弦紋，與中國國家博物館所藏之享爵一致，較精致者當據上海博物館所藏之腹飾獸面紋享爵。慎堂記。

鈐印 慎堂藏拓　崇建
慎堂藏拓　崇建
慎堂　慎堂主人真賞之寶

第十四開

貯爵銘文拓片

'Zhu' Jue vessel (rubbing)

商晚期

縱 8 釐米 橫 6.5 釐米

釋文 貯（或釋宁，竚）

朱批 是拓為第十四開

題一 商代晚期貯爵，癸卯閏二月，海上慎堂題首。

題二 貯爵，或竚爵，商晚期之器。此類商爵腹部皆有扉棱，並飾獸面紋，流與尾下飾似葉紋，頸部飾三角雲雷紋，鋬內鑄“貯”銘一字。傳世與出土同銘同形之貯爵若干，吳鎮烽《商周青銅器銘文暨圖像集成》著錄有四，其中二器銘文與此拓“貯”字基本一致，紋飾則略見小異，又與蘇州博物館所藏之貯爵大率相同，而藏於河南羅山縣文化館之“貯”爵之貯則是另類也。此爵應藏故宮。慎堂。

鈐印 慎堂藏拓　崇建
慎堂藏拓　崇建
慎堂　慎堂主人真賞之寶

第十五開

內耳爵銘文拓片

'Nei Er' Jue vessel (rubbing)

商晚期

縱 6.5 釐米 橫 5.5 釐米

釋文 內耳

朱批 是拓為第十五開

題一 商代晚期內耳爵，癸卯年閏二月，海上慎堂崇建題首。

題二 此內耳銘青銅爵乃商代晚期之器。余偶獲楊季華所藏之民國間故宮博物院藏青銅彝器款識原拓本即見此拓，故知內耳爵北京故宮之藏品也。吳鎮烽編著《商周青銅器銘文暨圖像集成》著錄此拓，未明收藏處矣。觀拓片可知，內耳爵腹部飾以有雲雷紋襯底之獸面紋，頸部飾三角紋，鋬內鑄銘一行二字，多次著錄之。崇建記。

鈐印 慎堂藏拓 崇建
慎堂藏拓 崇建
慎堂 慎堂主人真賞之寶

第十六開

杲祖癸爵銘文拓片

'杲 Zu Gui' Jue vessel (rubbing)

商晚期

縱 5.2 釐米 橫 4.8 釐米

釋文 杲且（祖）癸

朱批 是拓為第十六開

題一 商代晚期杲祖癸爵，癸卯年四月廿九，海上慎堂題首。

題二 此爵鋬內鑄銘一行三字“杲祖癸”，故名。去歲偶獲金陵金石藏家楊季華《鐘鼎彝器款識京拓集錦》冊，傳皆民國時北京故宮博物院舊藏之品，此爵銘拓含在其中。然原物今歸何處則不得而知，今輯入《慎堂藏拓小品冊》，待攷也。又爵銘首字未識讀，不知何意。慎堂記。

鈐印 慎堂藏拓 崇建
慎堂藏拓 崇建
慎堂 慎堂主人真賞之寶

第十七開

卒叜爵銘文拓片

'Nie Xi' Jue vessel (rubbing)

商晚期

縱 6.8 釐米 橫 5.5 釐米

釋文 卒叜

朱批 是拓為第十七開

題一 商代晚期卒叜爵，癸卯初夏末，海上慎堂崇建題首。

題二 此爵鋬內鑄銘一行二字“卒叜”，故名。據拓片可推知，其紋飾製作精良，獸面紋樣乃商爵之典型也。余去歲購獲金陵楊季華舊藏民國間故宮博物院所藏商周銅器銘文原拓一批，此即其一也。然未知原物歸於何處。今輯入慎堂藏拓小品集，以待後攷。海上慎堂記。

鈐印 慎堂藏拓 崇建
慎堂藏拓 崇建
慎堂 慎堂主人真賞之寶

第十八開

戈涉茲爵銘文拓片

'Ge She Xi' Jue vessel (rubbing)

商晚期

縱 5 釐米 橫 6.5 釐米

釋文 戈涉茲（系）

朱批 是拓為第十八開

題 商代晚期戈涉茲爵，癸卯閏二月，海上慎堂季崇建題首。

季按：戈涉茲爵，乃商代晚期之器，北京故宮博物院藏。此拓可知爵之腹間飾獸面紋，商爵之典型也。鋬內鑄銘三字“戈涉茲”，茲或即系字。吳鎮烽《商周青銅器銘文暨圖像集成》有此拓著錄，二〇〇七年中國社會科學院考古研究所編輯之《殷周金文集成》亦著錄之。余得此拓，時在壬寅，為民國間故宮博物院之舊拓也。海上慎堂。

鈐印 慎堂藏拓 崇建
慎堂藏拓 崇建
慎堂 慎堂主人真賞之寶

第十九開

兕父癸爵銘文拓片
'Yue Fu Gui' Jue vessel (rubbing)

商晚期
縱 6 釐米 橫 10 釐米

釋文 父癸
兕（兕或譽）

朱批 是拓為第十九開

題一 商代晚期兕父癸爵，癸卯閏二月，海上慎堂崇建題首。

題二 此兕父癸爵乃商晚期或西周初期之器，余偶得金陵楊季華所藏民國時故宮博物院藏《商周彝器款識原拓集錦》冊，此拓即在其中，故可推其應屬北京故宮所藏。觀拓本，此爵腹部飾以有雲雷紋襯底之獸面紋，鋬內鑄“兕”（或識譽）一字，柱上鑄“父癸”二字。查得故宮另藏一同時期之兕父辛爵一件，紋飾類似，鑄銘三字則皆在鋬內。建。

鈐印 慎堂藏拓　崇建
慎堂藏拓　崇建
慎堂藏拓　慎堂主人真賞之寶
慎堂

第二十開

爻父戊爵銘文拓片
'Yao Fu Wu' Jue vessel (rubbing)

西周早期
縱 5.5 釐米 橫 5 釐米

釋文 爻父戊

朱批 是拓為第二十開

題一 西周早期爻父戊爵，癸卯年閏二月，海上慎堂崇建題首。

題二 爻父戊爵，乃西周早期之器，今藏北京故宮博物院。尺寸與形制未詳，拓本可見其腹飾獸面紋，頗精緻，且有雲雷紋襯底。吳鎮烽先生編著之《商周青銅器銘文暨圖像集成》卷十六著錄此拓，二〇〇七年中國社會科學院考古研究所編輯之《殷周金文集成》早其已輯入之。余去藏偶得此銘拓，乃民國時期舊拓也。慎堂記。

鈐印 慎堂藏拓　崇建
慎堂藏拓　崇建
慎堂　慎堂主人真賞之寶

第二十一開

耒父癸爵銘文拓片
'Lei Fu Gui' Jue vessel (rubbing)

西周早期
縱 8.5 釐米 橫 5 釐米

釋文 耒
父癸

朱批 是拓為第二十一開

題一 西周早期耒父癸爵，癸卯年閏二月廿九，海上慎堂崇建題首。

題二 此耒父癸爵乃西周早期之物，今歸北京故宮博物院收藏。同銘同形之見雙。拓本可見其腹部飾一道弦紋。鑄銘有二處：一在左柱，鑄銘一“耒”字；一在鋬內鑄銘“父癸”二字。此爵最早著錄於壬辰一九三五年所编之《續殷文存》內，近人吳鎮烽《商周青銅器銘文暨圖像集成》卷十六亦著錄此拓，惜形制等實物信息未詳矣。海上慎堂季崇建記。

鈐印 慎堂藏拓　崇建
慎堂藏拓　崇建
慎堂藏拓　慎堂主人真賞之寶
慎堂

第二十二開

耒父癸爵銘文拓片
'Lei Fu Gui' Jue vessel (rubbing)

西周早期
縱 8 釐米 橫 4.5 釐米

釋文 耒
父癸

朱批 是拓為第二十二開

題一 西周早期耒父癸爵，癸卯年閏二月廿九，海上慎堂崇建題首。

題二 去歲，余獲金陵藏家楊季華編輯之《鐘鼎彝器款識原拓集錦》冊，內見耒父癸爵二拓，皆北京故宮博物院之舊拓也。觀此拓可知，其腹飾一道弦紋，乃西周銅爵之簡率一族。又見其鑄銘二處，一在左柱，鑄“耒”一字，一在鋬內，鑄“父癸”二字，則非常見也。吳鎮烽先生編著《商周青銅器銘文暨圖像集成》卷十六著錄此拓。海上崇建記。

鈐印 慎堂藏拓　崇建
慎堂藏拓　季氏
慎堂藏拓　慎堂主人真賞之寶
慎堂

第二十三開

父甲爵銘文拓片
'Fu Jia' Jue vessel (rubbing)

西周早期
縱 3 釐米 橫 2.2 釐米

釋文 父甲

朱批 是拓為第二十三開

題一 西周早期父甲爵，癸卯年閏二月，海上慎堂季崇建題首。

題二 此父甲爵乃西周早期之器，尺寸形制未詳。吳鎮烽《商周青銅器銘文暨圖像集成》著錄此拓，並言其腹飾弦紋與目紋，左柱上鑄以父甲二銘。現藏北京故宮博物院。該院共有父甲爵二器，據載，紋飾形制基本一致，左柱上亦鑄 "父甲" 二字，其 "父" 字鑄法與前者相反也。二〇〇七年版之中科院考古所所編《殷周金文集成》二爵皆著錄之。慎堂。

鈐印 慎堂藏拓 崇建
慎堂藏拓 崇建
慎堂 慎堂主人真賞之寶

第二十四開

享簋銘文拓片
'Xiang' Gui vessel (rubbing)

西周早期
縱 5.8 釐米 橫 4.8 釐米

釋文 亯（享）

朱批 是拓為第二十四開

題一 西周早期享簋，癸卯閏二月，海上慎堂題首。

題二 享簋流傳有緒，民國間已見諸多著錄。然最早著錄者應是光緒二十八年即公元一九〇二年劉心源所著《奇觚室金文述》，後見民國諸金石藏家多有涉及，如民國七年即公元一九一八年吳大澂著《愙齋集古錄》，又同年之鄧實輯《簠齋吉金錄》，又民國乙亥即一九三五年劉體智編《小校經閣金文》，又同年方濬益所編《綴遺齋彝器考釋》，又一九三七年羅振玉編《三代吉金文存》等皆著錄之，但不少或以為享敦也。舊傳此簋藏陳介祺處，今歸北京故宮收藏。海上崇建記。

鈐印 慎堂藏拓 崇建
慎堂藏拓 崇建
慎堂 慎堂主人真賞之寶

075 大盂鼎

‘Da Yu’ Ding vessel (rubbing)

西周康王世
縱 45 釐米 橫 41 釐米

大盂鼎

中國國家博物館藏
《陝西金文集成·寶雞卷·1》著錄

釋文 隹[1]九月王才[2]（在）宗周[3]令[4]盂王若曰盂不[5]（丕）顯 / 玟（文）王受天有（佑）大令在珷（武）王嗣玟（文）乍邦[6]閈[7]（闢）/ 氒匿[8]（慝）匍[9]（敷）有四方畯[10]（畯）正[11]氒民在雩（于）卲（御）事[12]叡 / 酉（酒）無敢醭[13]（酖）/ 有粥[14]（柴）糞[15]（蒸）祀無敢醼（醻）古（故）天異[16]（翼）臨 / 子灋[17]（廢）保先王□有四方我聞殷述（墜）令[18]隹[19] / 殷邊[20]侯田（甸）雩（與）殷正百辟率肄（肆）于酉（酒）古（故）喪 / 自（師）巳女（汝）妹（昧）晨[21]又（有）大服余隹[22]即朕小學女（汝）/ 勿剋[23]余乃辟一人今我隹即井（型）亩[24]于玟（文）王 / 正德[25]若玟（文）王令[26]二三正今余隹令女（汝）盂 / 䜌[27]（召）燮[28]（榮）芍（敬）雝（雝）德巠[29]（經）敏朝夕入讕[30]（諫）享奔走畏 / 天畏（威）王曰𠧟[31]令[32]女（汝）盂井（型）乃嗣且[33]南公王 / 曰盂廼䜌（召）夾死[34]（尸）𤔲（司）戎敏[35]諫[36]（竦）罰訟夙夕䜌（召）/ 我一人登（烝）四方雩[37]（粵）我其遹[38]省[39]先王受民受 / 疆土易[40]女（汝）鬯一卣冂衣市[41]舄[42]車馬易[43]乃 / 且[44]南公旂[45]用遷易[46]女（汝）邦𤔲（司）四白（伯）人鬲[47]自 / 馭至于庶人六百[48]又五十[49]又九夫易夷𤔲（司）王 / 臣十又三白（伯）人鬲[50]千又五十[51]夫𢓊𡨦[52]𩍽（遷）自 / 氒土王曰盂若芍（敬）乃正勿灋（廢）朕令[53]盂用 / 對王休用乍[54]且[55]南公寶鼎隹[56]王廿又三祀[57]

朱批 1. 隹，即唯。2. 才，在也。3. 宗周，即西周國都鎬京。4. 令，命也。5. 不，丕也。6. 乍邦，[乍，]作也，作邦，建國也。7. 閈，即闢，屏除之意。8. 匿，惡也。9 匍，讀為敷，義為編。10. 畯，讀為駿。11. 正，治也。12. 卲事，治事者，指官員。13. 醭，即酖，《說文·酉部》，“酖，樂酒也”。14. 粥，即柴，燒柴尞祭天也。15. 糞，即蒸，冬祭之名。16. 異，佑助之意。17. 灋，即廢，《爾雅·釋詁》，“廢，大也”。18. 令，命也。19. 隹，唯也。20. 殷邊，指殷之周邊地域。21. 妹晨，即昧旦，亦即昧爽，即雞鳴之後時。22. 隹，唯也。23. 剋，通刻。24. 亩，稟字之或體，意為稟受。25. 正德，即純正之德性。26. 令，命也。27. 䜌，即召，讀為詔，義如輔助。28. 燮（榮），人名也。29. 巠，即法則，準則也。30. 入讕，向王進獻直言之意。31. 𠧟，或釋為而，耐也。32. 令，命也。33. 且，祖也。34. 死，假借為尸，義為主司。35. 敏，審也。36. 諫，謹也。37. 雩，語首助辭。38. 遹，循也。39. 省，善也。40. 易，錫也。41. 市，又稱為韠。42. 舄，一種雙層底之履。43. 易，錫也。44. 且，祖也。45. 旂，旗也。46. 易，錫。47. 人鬲，奴隸之稱謂。48. 六百，合文。49. 五十，合文。50. 人鬲，奴隸之稱謂。51. 五十，合文。52. 𡨦，不識。53. 令，命也。54. 乍，作也。55. 且，祖也。56. 隹，唯也。57. 王廿又三祀，即周康王二十三年。

題 大盂鼎。西周康王世之大盂鼎，清道光初陝西岐山禮村出土。甲辰正陽，海上慎堂崇建並識。

季按：大盂鼎又稱廿三祀盂鼎，西周康王世器。清道光初年出於陝西岐山縣禮村溝岸中。舊稱眉縣禮村，據查，眉縣僅有“李村”而無“禮村”名者，故誤也。初由岐山首富宋金鑑所獲，後被縣令周庚盛所占，宋考中翰林又出巨資購回寶鼎，逐其家中衰，又轉售至陝甘總督左宗棠幕僚袁保恒。袁深知左宗棠酷愛文玩古董，不敢專美，旋即將大盂鼎獻於左。咸豐間，左宗棠遭難，幸得潘祖蔭援手，上奏咸豐帝力保宗棠，終獲脫免。潘乃彼時著名金石收藏大家，左遂以大鼎相贈，以謝搭救之恩，潘氏終獲大盂、大克二鼎。潘故，其弟潘祖年將二鼎轉藏蘇州老家，祖年故，大鼎歸潘家孫媳潘達于保管庋藏。一九五一年，達于先生代表潘家將大盂鼎、大克鼎悉數捐贈上海博物館，一九五二年正式入藏上博，一九五九年大盂鼎調撥北京中國歷史博物館，即現中國國家博物館永久收藏。此鼎通高一零一點九，口徑七十七點八，腹深四十九點四釐米，重一五三點五公斤。器為斂口，鼓腹，窄沿，方唇，口沿上設立耳一對，圜底，三足下部呈柱狀。上部飾獸紋，頸部飾獸面紋帶，以雲雷紋襯地。內壁鑄銘十九行二百九十一字，合文五字，記周康王廿三年九月冊命貴族盂之事。鼎之造型雄渾，工藝精湛，實乃國之瑰寶也。

鈐印 慎堂藏拓
季崇建印
心賞
季氏
崇建印信
別部將軍
季
季氏
崇建

大盂鼎

西周康王世之大盂鼎清道光初陝西岐山禮村出土甲辰正陽谷上慎堂學建並識

釋文

隹九月王才宗周令盂王若曰盂丕顯
玟（文）王受天有（佑）大令在珷（武）王嗣玟（文）乍邦闢（闢）
氒匿（慝）匍（敷）有四方畯（畯）正氒民在雩（于）御（御）事叡
酉（酒）無敢醺（酖）有（有）紫（柴）蒸（烝）祀無敢醻（醻）古（故）天異（翼）臨
子灋（廢）保先王□有四方我聞殷述（墜）令隹
殷邊侯田（甸）雩（與）殷正百辟率肆（肆）于酉（酒）古（故）喪
自（師）巳女（汝）妹（昧）辰又（有）大服余隹即朕小學女（汝）
勿剋余乃辟一人今我隹即井（型）宣（稟）于玟（文）王
正德若玟（文）王令二三正今余隹令女（汝）盂
𥁕（召）㚇（榮）苟（敬）雝（雍）德巠（經）敏朝夕入讕（諫）享奔走畏
天畏（威）王曰𢦚令女（汝）盂井（型）乃嗣且（祖）南公王
曰盂迺𥁕（召）夾死（尸）嗣（司）戎敏諫（諫）罰訟夙夕𥁕（召）
我一人烝（烝）四方雩（粵）我其遹省先王受民受
疆土易（賜）女（汝）鬯一卣冂衣巿舄車馬易（賜）乃
且（祖）南公旂用遷易（賜）女（汝）邦嗣（司）四白（伯）人鬲自
馭至于庶人六百又五十又九夫易（賜）夷嗣（司）王
臣十又三白（伯）人鬲千又五十夫𢦚𩁹（遷）自
氒土王曰盂若苟（敬）乃正勿灋（廢）朕令盂用
對王休用乍且（祖）南公寶鼎隹王廿又三祀

學書大盂鼎又稱廿三祀盂鼎西周康王世器清道光初年出於陝西岐山縣禮村溝岸中一說郿縣禮村據查郿縣僅有李村而無禮村名者故誤也初由岐山首富宋金鑒所獲後被縣令周庚盛所占宋家千方百計出巨資贖回寶鼎遂入家中袁子輾轉售至陝甘總督左宗棠幕僚袁保恒袁深知左宗棠酷愛文玩古董不敢專美遂取回大盂鼎獻於左氏時左宗棠遭離幸得潘祖蔭指手上奏咸豐帝力保宗棠終獲脫究潘氏好收藏著名金石收藏大家左遂以大鼎相贈以謝潘氏之恩潘氏後獲大盂大克二鼎潘故其弟潘祖年攜二鼎歸藏蘇州老家祖年將大鼎歸潘家孫媳潘達于保管珍藏一九五一年達于先生代表潘家將大盂鼎大克鼎無償捐贈上海博物館一九五二年正式入藏上博一九五九年大盂鼎調撥北京中國歷史博物館即現中國國家博物館永久收藏此鼎通高一零一點九口徑七十七點八腹深四十九點四釐米重一五三點五公斤器爲斂口鼓腹寬沿方唇口沿上設立耳一對圓底三足足上部飾獸紋頸部飾獸面紋兼以雲雷紋襯地内壁鑄銘十九行二百九十一字合文五字記周康王廿三年九月冊命貴族盂之事鼎之造型雄渾工藝精湛實乃國之瑰寶也

保侃母壺

北京故宮博物院藏
《故宮青銅器圖典》著錄

076 保侃母壺銘文拓片
'Bao Kan Mu' Hu vessel (rubbing)

西周早期
器　縱 9.2 釐米　橫 5.2 釐米
蓋　縱 9.4 釐米　橫 3.5 釐米

釋文　器銘
王玚（姒）易（錫）俘（保）侃 / 母貝軐（揚）玚（姒）休 / 用乍（作）寶壺

蓋銘
王玚（姒）易（錫）俘（保）侃 / 母貝軐（揚）玚（姒）/ 休用乍（作）寶壺

季按：此壺今藏北京故宮博物院。其通高三十一點四，口徑九點三釐米。口圓，頸稍短，兩側有耳，腹鼓，大圈足，有蓋。頸足處各飾一道弦紋，器蓋同銘，各三行十四字。余獲此舊拓，並附見上世紀五十年代初古董商高氏向上海市文物管理委員會推薦此壺，購藏舊照及信函，言明彼時價格為六佰萬元整。未果終歸故宮。查得是壺曾經著錄多處，如羅振玉《三代吉金文存》，又《貞松堂集古遺文》，及于省吾《商周金文錄遺》等。

題　西周保侃母壺，甲辰正月，海上慎堂崇建題首。

朱批一　器銘

朱批二　蓋銘

鈐印　甲辰
慎堂
開來品拓
季
崇建

西周保侃母壺

甲辰年正月海上慎堂李遠題首

器銘

釋文

王姛（姒）易（錫）俘（保）侃
母貝䚄（揚）姛（姒）休
用乍（作）寶壺

蓋銘

釋文

王姛（姒）易（錫）俘（保）侃
母貝䚄（揚）姛（姒）
休用乍（作）寶壺

季階此壺今藏北京故宮博物院其通高三十一點四口徑九點三釐米口圓頸稍短兩側有耳腹鼓大圈足有蓋頸下處為飾一道弦紋其蓋內銘文三行十四字余獲此舊拓並附見上世紀五十年代初古董商高氏向上海市文物管理委員會推薦此壺勝藏舊照及信函言明彼時價格為六佰萬元懇未果終歸故宮查得是壺曾經著錄多處如羅振玉三代吉金文存貞松堂集古遺文于省吾商周金文錄遺等

耳尊

北京故宮博物院藏

《故宮青銅器圖典》著錄

077 耳尊銘文拓片

'Er' Zun vessel (rubbing)

西周早期

縱 19 釐米 橫 13.5 釐米

釋文 隹（唯）六月初吉辰才（在）辛 / 卯医（侯）各（格）于耳𩚵医（侯）休/于耳易（錫）臣十家〔⿱山兀〕（微）師/耳對䚄（揚）医（侯）休肆（肇）乍（作）京 / 公寶 隮（尊）彝京公孫子寶 / 医（侯）萬年𦓃（壽）考黃 / 耇耳日㕦（受）休

題一 耳尊。

西周耳尊亦稱微師耳尊，癸卯正月，海上慎堂季崇建題首。

題二 此乃民國時拓本，壬寅所獲，癸卯初重裝。建又題。

季按：此尊曾經傅忠謨收藏，今歸北京故宮博物院。其通高二十五點七，口徑二十三點二釐米，重三點四八公斤。圓筒形狀，鼓腹，侈口，圈足。頸下部與圈足上部均飾兩道弦紋，腹部上下兩週紋帶均飾以雙線勾勒之變形夔紋，夔紋帶上下用圈帶紋鑲邊，整個器物素雅大方。內底鑄銘七行五十二字，筆道挺勁，結體遒美也。

鈐印 慎堂藏拓
季氏
崇建
慎堂
崇建
心血來潮
季氏
崇建印信
修綆汲古
慎堂

亘燇

西周耳尊六稼纖師耳尊 癸卯正月海上慎堂季崇建題首

此乃民國時拓本壬寅所獲癸卯初重裝建之題

釋文

佳（唯）六月初吉辰才（在）辛

卯侯（侯）各（格）于耳辭侯（侯）休

于耳易（錫）臣十家岊（纖）師

耳對䚄（揚）侯（侯）休䢅（肇）乍（作）京

公寶𨻰（尊）彝京公孫子寶

該處是六行第首字

寶

侯（侯）萬年壽（壽）耇黄

耇耳日嗳（受）休

季按此尊曾經傅忠謨收藏后歸北京故宮博物院其通高二十五點七口徑二十三點二釐米重三點四公斤圓筒形敞口圈足頸部與圈足上部均飾兩道弦紋腹部上下兩周紋帶均飾以雙線勾勒之夔形夔紋〻〻帶上下用圈帶紋鑲邊整個器物素樸大方內底鑄銘七行五十二字筆道挺勁結體遒美也

078 [illegible]爵（甲、乙器）銘文與紋飾拓片

'[illegible]' Jue vessels A&B (rubbings)

西周早期
甲　縱 3.8 釐米　横 5.6 釐米
乙　縱 3.8 釐米　横 5.6 釐米

釋文　爵之甲鋬内鑄銘
[illegible]乍（作）/ 父庚

爵之乙鋬内鑄銘
[illegible]乍（作）/ 父庚

楊季華舊注：□作父庚，上文漫漶不清，恐係倒戈形。

題一　西周早期[illegible]爵，癸卯年仲夏廿九，海上慎堂崇建題。

題二　此雙拓初入金陵金石鑒賞家楊季華所輯之《商周彝器款識集錦冊》内，上海匡時拍賣行徵得並私洽予我，計叁拾陸枚（套），傳皆民國時期北京故宮博物院所藏商周青銅器銘文之原拓，其嘗釋之題之。如此[illegible]爵雙拓側見楊氏蠅頭書釋讀之記，言首字因器之漫漶不清猜為"戈"，未確，今人朱鳳翰隸為"佩"字，亦未定說，故且描摹待攷也。慎堂崇建識。

題三　細查，未知此對西周鳳鳥紋[illegible]爵今歸何處，深藏宮内乎？癸卯五月，海上崇建又及。

季按：余嘗得金陵金石家楊季華舊拓傳為故宮博物院所藏西周初之[illegible]爵一對之鋬内鑄銘拓片，乃其所輯之《商周彝器款識集錦》冊之一也，今拆而重裝，並題之跋之以賞之。

鈐印　慎堂藏拓
慎堂藏拓
癸卯
季氏
崇建
愛不釋手
慎堂
崇建
崇建
季氏
崇建
慎堂藏拓
季崇建印

西周早期□爵

癸卯年仲夏廿九滬上慎生堂學建題

爵之甲鋬內鑄銘

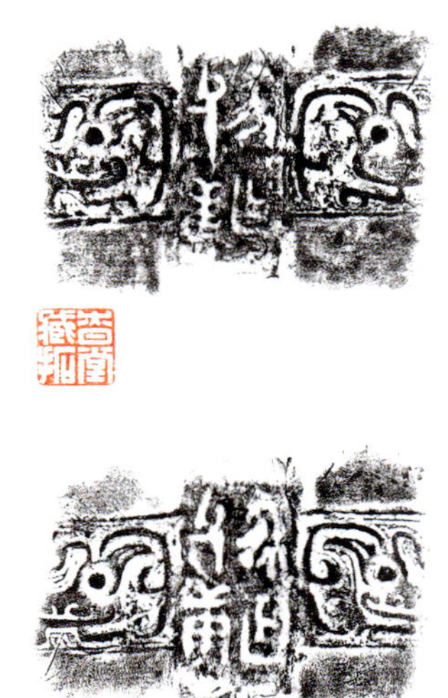

釋文

□乍(作)

父庚

爵之乙鋬內鑄銘

釋文

□乍(作)

父庚

作父庚上文漫漶不清恐係倒戈形

此雙拓初入金陵金石鑒賞家楊季華所輯之商周彝器款識集錦冊內上海匡時拍賣行斷得並紹洽予爲計叁拾陸枚(套)傳皆民國時期北京故宮博物院所藏商周青銅器銘文之原拓其嘗釋之題之如此□爵雙拓倒見楊氏蠅頭書釋讀之記言首字因器之漫漶不清猜爲戈未確令人承愿輸隸爲佩字亦未宜說故且描摹傳移也慎生堂學建識

細查未知此對西周鳳鳥紋□爵亦歸於台灣故宮內否

癸卯五月滬上學建又及

季陵余曾得金陵金石家楊季華編拓傳爲故宮博物院所藏西周初之□爵一對之鋬內鑄銘拓此乃其所輯之商周彝器款識集錦冊之一也今拆而重裝並題之跋之以賞之

079 子阿簋銘文拓片

'Zi Er' Gui vessel (rubbing)

西周早期
縱 11.5 釐米 橫 6.5 釐米

釋文 子阿乍（作）父己 / 寶障（尊）彝

題 子阿簋。西周早期子阿簋，故宮博物院藏品，海上慎堂季崇建並識。

季按：此拓得於市肆，乃故宮民國時之舊拓。吳鎮烽所編《商周青銅器銘文暨圖像集成》亦言其故宮博物院收藏，惜未見器物圖像及其他信息，故宮亦未曾發表。經查攷，子阿簋著錄多處，如一九五七年于省吾編纂之《商周金文錄遺》，又中國社會科學院考古研究所編輯之《殷周金文集成》及嚴一萍之《金文總集》皆著錄之。

鈐印 慎堂藏拓
愛不釋手
季氏
崇建印信
慎堂藏拓之印
季氏
崇建

子阴毁

西周早期子阴簋 故宮博物院藏品 海上慎堂李學建並識

釋文

子阴乍（作）父己

寶障（尊）彝

李按此拓得於市肆乃故宮民國時之舊拓吳鎮烽所編商周青銅器銘文暨圖像集成亦言其為故宮博物院收藏惜未見器物圖像及其他信息故宮亦未曾發表經查此子阴簋著錄多處如一九五七年于省吾編纂之商周金文錄遺又中國社會科學院考古研究所編輯之殷周金文集成及嚴一萍之金文總集皆著錄之

080 作父癸甗銘文拓片

'Zuo Fu Gui' Yan vessel (rubbing)

西周早期
縱 11.5 釐米 橫 6.5 釐米

釋文 乍（作）父癸 / 寶隫（尊）獻（甗）
（吳）

題一 西周作父癸甗，癸卯年二月初七，海上慎堂崇建題。

題二 此為作父癸甗內壁鑄銘之拓，原物未知所藏處，傳此拓民國故宮博物院之舊拓，恐器物仍藏故宮之內也。比照《西清古鑑》著錄一同銘作父癸甗拓本，此器銘文字更顯端麗也。癸卯年二月初十，海上慎堂崇建再題。

季按：此甗乃西周早期器，僅見拓本，實物歸為何處未詳。乾隆十四年即公元一七四九年敕編之《西清古鑑》著錄有同銘作父癸甗一器，查得其原藏頤和園內，今歸故宮博物院收藏。器為連體式，侈口，束腰，口沿上有一對索狀立耳，鬲部分襠，三柱足，推知二器應為同式也。

鈐印 慎堂藏拓
慎堂藏拓
癸卯
季氏
崇建印信
慎堂藏拓之印
慎堂
崇建
心賞
季氏
崇建
季崇建印
慎堂藏拓

西周作父癸甗

癸卯年二月初七滬上慎堂李達題

此為作父癸甗內壁鑄銘之拓原物未知所藏處僅此拓民國故宮博物院之舊拓與器物俱藏故宮之內也器比與西清古鑑著錄一同銘作父癸甗拓本此器銘文字更顯端麗也

癸卯年二月初十滬上慎堂李達再題

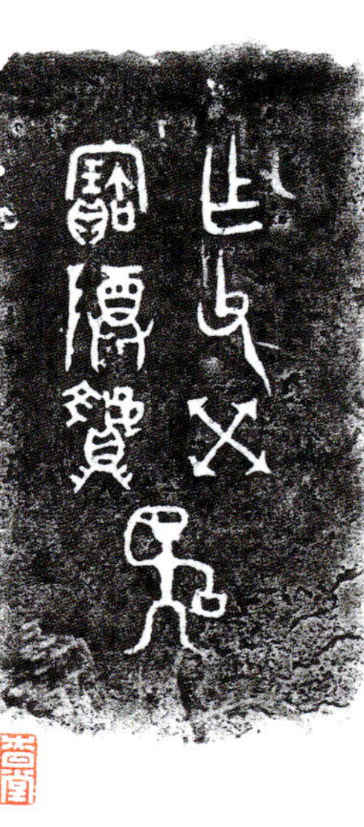

釋文

乍（作）父癸

寶𨺅（尊）獻（甗）

夨（吴）

李按此甗乃西周早期器僅見拓本實物歸為何處未詳乾隆十四年即公元一七四九年敕編之西清古鑑著錄有同銘作父癸甗一器查得其原藏頤和園內今歸故宮博物院收藏器為連體式侈口束腰口沿上有一對索狀立耳鬲部分襠三柱足據知二器應為同式也

081 玐方鼎銘文拓片

'Yang' squarish Ding vessel (rubbing)

西周早期

縱 11.5 釐米 橫 9 釐米

釋文 己亥玐（揚）見旋（事）/ 𢓊（于）彭[1]䡍（車）弔（叔）商（賞）/ 玐（揚）馬用乍（作）父庚 / 障（尊）天黽[2]

朱批 1. 彭，國名，應是參與武王伐商之彭、濮之彭也，地在今四川彭縣境內。2. 天黽，合文。

題一 西周玐方鼎，癸卯年正月，海上慎堂崇建題首。

題二 余獲此拓傳為民國間故宮博物院之舊拓，故彼時此鼎曾在故宮。吳鎮烽先生所纂《商周青銅器銘文暨圖像》言其在日本東京國立博物館，應是據一九七八年巴納、張光裕所編之《中日歐美澳紐所見所拓所摹金文彙編》之記，未知何時去到日本？待攷。又，上海博物館亦藏一玐（揚）方鼎，銘文缺"障"一字，器有殘。慎堂崇建補記。

季按：是鼎亦稱"揚鼎"，早歲又謂"己亥方鼎"。鼎為長方體，窄沿，方唇，口沿上置一對立耳，平底，四足細高。四壁中部及四隅各有一道扉棱，四壁飾雲雷紋襯底之T形角獸面紋，四足上部飾浮雕獸面，內壁鑄銘四行二十字。此鼎原藏金蘭坡處，現歸日本東京國立博物館收藏。

鈐印 慎堂藏拓
慎堂藏拓
心賞
崇建印信
別部將軍
慎堂
崇建
季氏
崇建

西周現方鼎

癸卯年正月滬上慎堂堂建題首

余獲此拓，傳為民國間故宮博物院之舊拓，故猜的此鼎曾在故宮。吳鎮烽先生所纂商周青銅器銘文暨圖像言其

在日本東京國立博物館，應是據一九七八年巴納、張光裕所編之中日歐美澳紐所見所拓所摹金文彙編之記，未知何時去到日本，待證。又上海博物館亦藏一現（揚）方鼎，銘文缺隮一字，當有殘。慎堂堂建補記

釋文

己亥現（揚）見旋（事）

扜（于）彭〔國名，應是參與武王伐商之彭濮之彭，古地在今四川彭縣境內〕䡛（車）弔（叔）商（賞）

現（揚）馬用乍（作）父庚

隮（尊）天黽〔合文〕

季按：是鼎亦稱揚鼎，早歲又謂己亥方鼎。鼎為長方體，窄沿方唇，口沿上置一對立耳，平底，四足細高，四壁中部及四隅各有一道扉棱，四壁飾雲雷紋襯底之T形角獸面紋，四足上部飾浮雕獸面，內壁鑄銘四行二十字。此鼎原藏金蘭坡處，現歸日本東京國立博物館收藏

師西簋

北京故宮博物院藏

《故宮博物院藏文物珍品大系 · 青銅禮樂器》著錄

082 師西簋銘文拓片

‘Shi You’ Gui vessel (rubbing)

西周恭王世

蓋　縱 18.4 釐米　橫 16 釐米

器　縱 19.7 釐米　橫 15.5 釐米

釋文　隹（唯）王元年正月王才（在）吳[1]各（格）/ 吳大（太）廟（廟）公族[2][illegible]鼇（鼇）入右師 / 西立中（中）廷王乎（呼）史牆（牆）冊命 / 師西嗣（嗣）乃且（祖）啻（嫡）官邑人[3]虎 / 臣[4]西門尸（夷）熊尸（夷）𩁹（秦）尸（夷）京 / 尸（夷）龏（弁）瓜（狐）尸（夷）新[5]易（錫）女（汝）赤市（韍）朱 / 黃（衡）中（中）㬎（裻）攸（鋚）勒敬夙（夙）夜 / 勿灋（廢）朕（朕）令（命）師西捧（拜）䭬（稽）首 / 對䵼（揚）天子不（丕）顯休令（命）用 / 乍（乍）朕（朕）𢼸（文）考乙白（伯）宄（宄）姬隮（尊）𣪘（簋）/ 西其（其）萬年子子[6]孫孫[7]永寶用

朱批　1. 吳，國名，即北吳姬姓也。2. 公族，官名。《史記 · 晉世家》：“成公元年賜趙氏為公族。”裴駰《集解》引服虔曰：“公族，大夫也。”3. 邑人，官名，即邑里事務之官。4. 虎臣，虎賁之臣也。5. 新，初也。6. 子子，重文。7. 孫孫，重文。

題一　師西尊簋。西周師西簋，癸卯年正月，海上慎堂季崇建題首。

題二　余去歲幸獲此拓，源自一冊故宮民國舊拓本，經查檢即故宮所藏師西簋三器之一也。吳鎮烽先生未觀其原物，在其《商周青銅器銘文暨圖像集成》卷十二載器蓋二拓，推《小校》所錄師西簋銘一頁可能即其蓋銘，今余獲此雙舊拓，確也。此簋先由朱筱漚、徐乃昌收藏，後歸故宮，編為丙器；而甲器初藏阮元、吳雲、陳受笙、朱筱漚等處，後亦歸故宮，今轉由中國國家博物館庋藏之；乙器先後經阮元、吳雲、金香圃遞藏，一九五九年由國家文物局調撥至故宮博物院。據研究，甲乙二器之器蓋恐互置之誤；而丁器原為端方、顧壽康、馮恕所藏，一九五五年馮氏家屬以其名義捐贈於故宮博物院，惜蓋不存矣。海上慎堂又及。

季按：此師西簋原在朱筱漚、徐乃昌處，今歸北京故宮博物院收藏。其弇口，鼓腹，獸首雙耳，耳下有垂珥，蓋之捉手作圈狀。圈足下另有三個獸面扁足，蓋沿器口沿與圈足均飾重環紋，腹飾瓦溝紋。器蓋同銘，十一行各一百零六字，重文二字。師西簋應鑄於西周恭王時期，傳世共四器，至遲在清後期已出土，今故宮博物院藏三件，其中一件失蓋，一件原在故宮，今歸中國國家博物館收藏，其傳拓難覓，當寶之也。

鈐印　慎堂藏拓
慎堂藏拓
子雲所拓
崇建印信
別部將軍
癸卯
季氏
崇建
慎堂
崇建
季氏
崇建印信
與古為徒
修綆汲古
慎堂

西周師酉簋　癸卯年正月海上慎堂李崇建題首

器蓋同銘　器銘釋文略

釋文

隹(唯)王元年正月王才(在)吳各(格)
吳大(太)庿(廟)公族𩀂釐(釐)入右師
酉立中(中)廷王乎(呼)史牆(牆)冊命
師酉嗣(嗣)乃且(祖)啻(嫡)官邑人虎
臣西門尸(夷)𡱝尸(夷)秦(秦)尸(夷)京
尸(夷)弁(弁)瓜(狐)尸(夷)新易(錫)女(汝)赤巿(市)朱
黃(衡)中(中)㬎(褧)攸(鋚)勒敬夙(夙)夜
勿灋(廢)朕(朕)令(命)師酉拜(拜)稽(稽)首
對揚天子丕(丕)顯休令(命)用
乍(作)朕(朕)文考乙白(伯)究(究)姬障(尊)段(簋)
酉其(其)萬年子子孫孫永寶用

吳名即此吳姬姓也
古名之記晉世家成公元年賜趙氏爲公族裴駰集解引服虔曰公族大夫也
古名即邑里平職之官
虎賁之臣也
初也
重文
重文

余去歲東讀此拓源自一冊故宮民國舊拓本，隨查核即故宮所藏師酉簋三器之一也。吳鎮烽先生未觀其原物，在其商周青銅器銘文暨圖像集卷十二載器蓋二銘，蓋以拓所錄師酉簋銘一頁一字，既知其蓋銘今亦獲此，此雙舊拓難世。此簋先由朱筱漚後乃昌紅藏，後歸故宮，謂爲丙器，而甲器初藏阮元吳雲，臨受其遺後，所考鑄者後歸故宮，今轉由中國國家博物館所藏之。乙器先後經阮元吳雲金香圃遞藏，一九五九年由國家文物局調撥至故宮博物院，據研究甲乙二器之器蓋恐互置之誤，而丁器原爲端方顧壽康張腰所藏，一九五二年張氏家屬以其名義捐贈於故宮博物院，惜蓋不存矣。海上慎堂又及

季按：此師酉簋原爲朱筱漚後乃昌濤，今歸北京故宮博物院收藏。其弇口鼓腹，獸首雙耳，耳下有垂珥，蓋上捉手作圈狀，圈足下另有三個獸面扁足，蓋沿、器口沿與圈足均飾重環紋，腹飾瓦溝紋。器蓋同銘十一行，各一百零六字，重文二字。師酉簋應鑄於西周恭王時期，傳世共四器，遞至清後期已出土。今故宮博物院藏三件，其中一件失蓋，一件原在故宮，今歸中國國家博物館收藏。其傳拓難覓，當寶之也。

師遽方彝

上海博物館藏

《夏商周青銅器研究》著錄

083 師遽方彝銘文拓片

‘Shi Ju’ squarish Yi vessel (rubbing)

西周恭王世

蓋　縱 9 釐米 橫 7.5 釐米

器　縱 19 釐米 橫 9 釐米

釋文 器銘

隹（唯）正月既生霸丁酉王才（在）周 / 康寢（寢）卿（饗）醴師遽蔑曆畜（宥）王乎（呼）/ 宰利易（錫）師遽瑂圭一環璋三（四）/ 師遽拜𩒨首敢對揚天子不（丕）/ 顯休用乍（作）文且（祖）乜公寶尊彝 / 用匄萬年亡（無）彊（疆）𠁁（世）孫子永寶

蓋銘

隹（唯）正月既生霸丁酉 / 王才（在）周康寢（寢）卿（饗）醴師 / 遽蔑曆畜（宥）王乎（呼）宰利 / 易（錫）師遽瑂圭一環章（璋）/ 三（四）師遽（拜）𩒨首敢對 / 揚天子不（丕）顯休用乍（作）/ 文且（祖）乜公寶尊彝用 / 匄萬年亡（無）彊（疆）𠁁（世）孫子永寶

題 師遽彝。西周恭王世之師遽方彝，甲辰年四月，海上慎堂季崇建並識。

季按：此方彝乃西周恭王世器，曾經諸家遞藏，今歸上海博物館收藏。其通高十六點四，口縱七點六，橫九點八釐米，重一點六二公斤。器之形體略小，口沿外折，上有屋頂式蓋，腹部稍鼓，下為方形圈足，腹之兩側各設一象鼻形大耳，下有珥。一九五五年陝西眉縣李村西周青銅器窖藏發現同類象鼻雙耳式盠方彝二件，可為佐證也。此師遽方彝內有中壁，將器內分隔兩室，頗特殊。蓋面與器之腹部皆飾變形獸面紋，頸部及圈足飾獸體變形紋，這是西周中晚期之紋樣特點。器蓋同銘不同行，各鑄六十六字，字體秀美，書風優雅也。

鈐印 慎堂藏拓
慎堂藏拓
慎堂藏拓
別部將軍
季氏
崇建印信
閒來品拓
季氏
崇建

師遽彝

西周恭王世之師遽方彝　甲辰年四月海上慎堂季雲廷題

器之鑄銘拓片

釋文

隹（唯）正月既生霸丁酉王才（在）周
康寢（寢）卿（饗）醴師遽蔑曆督（宥）王乎（呼）
宰利易（錫）師遽瑀圭一環璋三（四）
師遽拜稽首敢對揚天子丕（丕）
顯休用乍（作）文且（祖）也公寶尊彝
用匄萬年亡（無）疆（疆）枻（世）孫子永寶

蓋之鑄銘拓片

釋文

隹（唯）正月既生霸丁酉
王才（在）周康寢（寢）卿（饗）醴師
遽蔑曆督（宥）王乎（呼）宰利
易（錫）師遽瑀圭一環章（璋）
三（四）師遽𢷎（拜）稽首敢對
揚天子丕（丕）顯休用乍（作）
文且（祖）也公寶尊彝用
匄萬年亡（無）疆（疆）枻（世）孫子永寶

季按：此方彝乃西周恭王世器，曾經諸家遞藏，今歸上海博物館收藏，其通高十六點四，口徑七點六，橫九點八釐米，重一點六二公斤。器之形體略小，口沿外折，上有屋頂式蓋，腹部稍鼓，亦為方形，圈足，腹之兩側各設一象鼻形大耳，亦有頸。一九五五年陝西眉縣李村西周青銅器窖藏發現同類象鼻雙耳式盝方彝二件，可為佐證也。此師遽方彝內有中壁，將器內分隔兩室，頗特殊。蓋面與器之腹部皆飾變形獸面紋，頸部及圈足飾獸體變形紋，這是西周中晚期之紋樣特點。器蓋同銘，分別各鑄六十六字，字體秀美，書風儒雅也。

趩尊

上海博物館藏

《夏商周青銅器研究》著錄

084 趩尊銘文拓片

'Chi' Zun vessel (rubbing)

西周懿王世

縱 14 釐米 橫 11 釐米

釋文 隹（唯）三月初吉乙卯王才（在）/ 周各（格）大室咸丼（井）叔入右 / 趩王乎（呼）內史冊令（命）趩 / 更氒（厥）且（祖）考服易（錫）趩戠（織）衣 / 載市冋黃旂趩拜韻 / 首揚王休對趩篾曆 / 用乍（作）寶尊彝𣄰（世）孫子 / 母（毋）敢家（墜）永寶隹（唯）王二祀

題 趩尊。西周懿王世趩尊，甲辰年四月，海上慎堂崇建並識。

季按：是尊乃西周懿王世器。其通高十一點二，口徑十二點九，底徑十二點八釐米，李蔭軒、邱輝夫婦慷慨捐贈上海博物館。器為侈口，垂腹，圈足與口徑等大，略見外撇，頸部飾一週垂冠式鳳鳥紋，兩兩對稱。腹內底鑄銘八行六十八字，文中表明趩（器主）所擔任之官職是承襲其已故祖輩及父輩舊官，似可證西周時期王室貴族之官職多世襲也。趩尊流傳有緒，著錄頗豐，余嘗習拓是拓，今揀出重裱裝池之。

鈐印 慎堂藏拓
慎堂藏拓
崇建手拓
甲辰
季氏
崇建印信
閒來品拓
季氏
崇建

趩尊

西周懿王世趩尊 甲辰年四月海上慎堂崇建並識

内底铸铭拓片

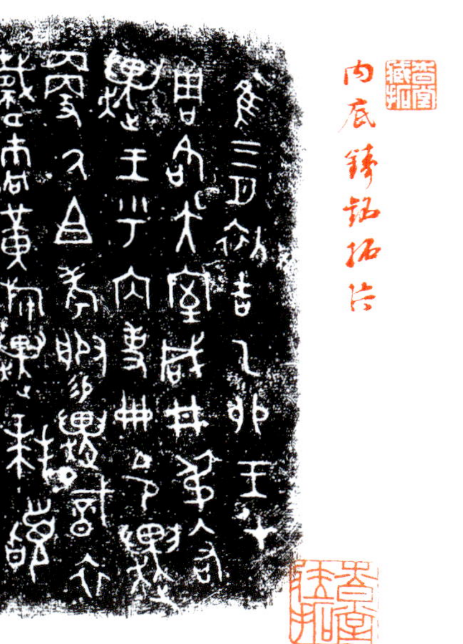

釋文

隹(唯)三月初吉乙卯王才(在)
周各(格)大室咸井(井)叔入右
趩王乎(呼)内史册令(命)趩
更氒(厥)且(祖)考服易(錫)趩戠(織)衣
載市冋黄旂趩拜䭫
首揚王休對趩蔑曆
用乍(作)寶尊彝䪨(世)孫子
毋(毋)敢家(墜)永寶隹(唯)王二祀

季按是尊乃西周懿王世器其通高十一釐二口徑十二點九底徑十二點八釐米李蔭軒邱輝夫婦慷慨捐贈上海博物館器為侈口垂腹圈足與口徑等大略見於撇頸部飾一週垂冠式鳳鳥紋兩兩對稱腹內底鑄銘一行六十六字文中表明趩(器主)所擔任之官職是承襲其已故祖輩及父輩舊官似可證西周時期王室貴族之官職多世襲也趩尊海傳有緒著錄頗豐余曾得拓是銘今捷之重裱裝池之

賢簋

上海博物館藏
《夏商周青銅器研究》著錄

085 賢簋蓋銘文拓片

The lid of 'Xian' Gui vessel (rubbing)

西周中期
縱 14.2 釐米 橫 8 釐米

釋文 唯九月初吉庚午 / 公弔（叔）初見于衛賢 / 從公命吏（使）晦賢百 / 晦鬻（糧）用乍（作）寶彝

題一 西周賢簋蓋，甲辰正月，海上慎堂崇建題。

題二 是簋共出三器，上海博物館藏二蓋一器，此蓋銘之拓即其一也。賢簋者著錄多處，如羅振玉《三代吉金文存》、劉體智之《小校經閣金文》，又鄒安之《周金文存》、羅福頤之《三代秦漢金文》等，可知其光緒戊子間出自河南，吳大澂、吳湖帆等遞藏之。慎堂。

案：此簋蓋通高六點二，徑十八點七釐米，重零點八六公斤。賢簋存世有三器，傳皆一八八八年河南地區出土。此蓋藏於上海博物館，上世紀六十年代上海冶煉廠廢銅中搶救所獲。崇建又題。

鈐印 慎堂藏拓
慎堂藏拓
甲辰
崇建
慎堂
季
季氏
崇建

西周賢簋蓋

甲辰正月滬上慎堂學建題

案此簋蓋通高六點二徑十六點七釐米重零點八公斤 賢簋存世有三器傳皆一九二〇年河南地區出土 此蓋藏於上海博物館 上世紀六十年代上海冶煉廠廢銅中搶救所獲 學建又題

蓋銘

釋文

唯九月初吉庚午
公弔(叔)初見于衛賢
從公命吏(使)晦賢百
晦𥼶(糧)用乍(作)寶彝

是簋共出三器 上海博物館藏二蓋一器 此蓋銘文拓即其一也 賢簋去著錄多備如羅振玉三代吉金文存 劉體智之小校經閣金文 鄒安之周金文存 羅福頤之三代秦漢金文等 可知其先後代子皆出自河南吴大澂吴湖帆等遞藏之 慎堂

洹秦簋

上海博物館藏
《夏商周青銅器研究》著錄

086 洹秦簋銘文拓片

'Huan Qin' Gui vessel (rubbing)

西周中期
縱 12.4 釐米 橫 6.5 釐米

釋文 洹秦乍（作）且（祖）乙/寶毁（簋）甘（其）萬年/子孫寶用舟

朱批 器內底鑄銘拓片

題一 西周洹秦簋，癸卯年二月初六，海上慎堂崇建題首。

題二 此拓為民國之際舊作，著錄頗多，如羅振玉《貞松堂集古遺文》《三代吉金文存》，劉體智《小校經閣金文》《善齋吉金錄》，以及容庚《善齋彝器圖錄》等民國名冊皆有見之也。崇建又題。

季按：此簋乃西周中期前段器，原藏善齋劉體智處，今歸上海博物館收藏。其高六點七，口徑十點一寸。器為侈口，束頸，鼓腹，圈足外侈，下沿有邊圈一對獸首耳，下有方形垂珥，頸飾浮雕犧首和雲雷紋襯底的分尾鳥紋。內底鑄銘三行十五字，字有正反鑄，頗特殊，耳內又鑄一“舟”字。

鈐印 慎堂藏拓
慎堂藏拓
癸卯
季氏
崇建印信
慎堂
崇建
心賞
季氏
崇建
季崇建印
慎堂藏拓

西周洹秦簋

癸卯年二月初六海上慎堂堂建題首

器內底鑄銘拓片

釋文

洹秦乍（作）且（祖）乙

寶段（簋）廿（其）萬年

子孫寶用 舟

此拓為民國之際儒作著錄頗多如羅振玉貞松堂集古遺文、三代吉金文存、劉體智小校經閣金文、善齋吉金錄以及容庚善齋彝器圖錄等民國名冊皆有見之也 堂建又題

季按此簋乃西周中期青銅器原藏善齋劉體智處今歸上海博物館收藏其高六點七口徑十點一寸器為侈口束頸鼓腹圈足和侈口沿有邊圈一對獸首耳亦有方形垂珥頸飾浮雕犧首和雲雷紋襯底的分尾鳥紋內底鑄銘三行十五字字有正反鑄頗特殊耳內亦鑄一舟字

遣叔吉父盨

上海博物館藏

《夏商周青銅器研究》著錄

087 遣叔吉父盨銘文拓片

'Qian Shu Ji Fu' Xu vessel (rubbing)

西周中期

蓋　縱 12 釐米 橫 5.5 釐米

器　縱 12.2 釐米 橫 6 釐米

釋文 蓋之鑄銘

衟（趞或遣）叔吉父乍（作）/ 虢王姞旅須（盨）/ 子子[1]孫永寶用

器之鑄銘

略

朱批 1. 子子，重文。

楊季華注曰：遣叔無攷。積古齋載遣小子敦蓋即其倏。旅，猶旅鼎之旅蓋為其祖若作鼎。則曰寶鼎，曰尊鼎，曰尊彝，是蓋專用于祭旅鼎，則燕享皆用之。積古款識載有郜鼎及郜遣敦，考《春秋 · 襄十三年》"魯取郜"。《水經注》云：春秋詩國在任城界，蓋遣叔為郜臣。郜國小，早亡，故遣叔之族不見經傳也。周遣叔彝銘 。

題一 周遣叔吉父盨，癸卯立春，海上慎堂崇建題首。

題二 此遣叔吉父盨，蓋、器同銘。拓片得於市肆，傳為北京故宮舊藏，原拓應是民國時所為也，其側見有原拓原藏者攷證注釋。今重裝並得存其原迹，擬與先賢共賞也。海上慎獨齋主季崇建再題寓申。

季按：此盨乃西周中期器，今藏上海博物館。其通高十九點六，口縱十六點五，口橫二十四點八釐米。斂口，鼓腹，有一對獸首耳。圈足，外侈，正中有長方圓角形缺口，蓋沿與圈足並口下飾竊曲紋，蓋面和腹部飾瓦紋。器蓋同銘，各三行十六字，重文一字，亦稱叔吉父盨。同名之盨傳世共見三也。

鈐印 慎堂藏拓

慎堂藏拓

慎堂藏拓之印

愛不釋手

季氏

崇建

慎堂

崇建

癸卯

崇建印信

別部將軍

周遣叔吉父盨

癸卯立春滬上頃堂學建題首

蓋之鑄銘

釋文

趩（趙或遣）叔吉父乍（作）

虢王姞旅須（盨）重之

子子孫永寶用

器之鑄銘

釋文

略

遣叔無攷積古齋載遣
小子敦蓋即其族
旅猶旅鼎之旅蓋為其祖若作
鼎則曰寶鼎曰尊鼎曰尊
彝是蓋專用于祭旅鼎則
燕享皆用之
積古款識載有鄀鼎及鄀遣敦
考春秋襄十三年魯取鄀水經
注云春秋詩國在任城界蓋遣
叔為鄀臣鄀國小早亡故遣叔之
族不見經傳也
周遣叔彝銘　穆父上
桐泉用

此遣叔吉父盨蓋器同銘拓本得
於市肆傳為北京故宮舊藏原拓
應是民國時所為也其側見有原拓
原藏者考證注釋亦重要並保存
於原迹擬與先賢共賞也滬上頃
獨齋主季學建序頌寫中

季按此盨乃西周中期器今藏上海博物館其通高十九點六口縱十六點五口橫二十四點八釐米斂口鼓腹有一對獸首耳圈足外侈正中有長方圓角形缺口蓋沿與圈足並口沿飾竊曲紋蓋面和腹部飾瓦紋器蓋同銘各三行十六字重文一字亦稱趩叔吉父盨同名之盨傳世共見三也

088 作寶甗銘文拓片

'Zuo Bao' Yan vessel (rubbing)

西周中期

縱 10.5 釐米 橫 6.8 釐米

釋文 □□□乍（作）/ 寶獻（甗）寸（其）萬 / 年永寶用

題一 西周作寶甗，癸卯年二月初七，海上慎堂崇建題首。

題二 此為作寶甗之內壁鑄銘之拓，前三字損，傳被挖去，未知何故，崇建又及。

季按：此甗乃西周中期器，今歸故宮博物院收藏。吳鎮烽《商周青銅器銘文暨圖像集成》注曰：此器僅存甑部底，原有孔，後修為平底，耳亦修過。《通考》云，作器者之名挖去。故此銘首行前端損三字，現存三行共九字矣。于省吾《商周金文錄遺》等有此拓著錄，今獲原拓，悅也。

鈐印 慎堂藏拓
慎堂藏拓
癸卯
季氏
崇建印信
崇建
心賞
季氏
崇建
季崇建印
慎堂藏拓

西周作寶甗

癸卯年二月初七海上慎堂學廷題首

此為作寶甗之內壁鑄銘之拓第三字殆係被挖去未知何故 學廷又及

釋文

□□□乍（作）寶甗（甗）甘（其）萬年永寶用

學按此甗乃西周中期器今歸故宮博物院收藏見吳鎮烽商周青銅器銘文暨圖像集成注曰此器僅存甑部底原有孔後修為平底目亦修過通考云作器者之名挖去均此銘首行前端損三字現存三行共九字矣于省吾商周金文錄遺等有此拓著錄以舊原拓惜也

089 穆父鼎銘文拓片

'Mu Fu' Ding vessel (rubbing)

西周中期

縱 8 釐米 橫 4.8 釐米

釋文 穆父乍（作）姜/致（懿）母餘（饋）鼑（鼎）

題 西周穆父鼎，癸卯年二月初五，海上慎堂崇建。

案：壬寅末獲是拓，傳為民國時故宮博物院舊拓，故知其應入藏故宮也。以羅振玉《貞松堂集古遺文補遺》著錄為最早，後又著錄多處，共見二行八字。慎堂記。

季按：此鼎乃西周中期器。據一九三一年羅振玉撰集之《貞松堂集古遺文補遺》載，其出自河南洛陽，曾藏孫秋帆處，今藏北京故宮博物院。通高十七點三，腹深十，口徑十三點四釐米。平沿外折，口沿一對立耳，下腹略傾垂，三條蹄形足，口下一道弦紋，素鼎也。

鈐印 慎堂藏拓
慎堂藏拓
癸卯
季氏
崇建印信
慎堂
崇建
心賞
季氏
崇建
季崇建印
慎堂藏拓

西周穆父鼎

癸卯年二月初五海上慎堂學建

器內壁鑄銘拓片

釋文

穆父乍（作）姜

懿（懿）母餴（饙）鼎（鼎）

寒齋庚子冬獲是拓傳爲民國時故宮博物院舊拓拓工細尤應入藏故宮也此羅振玉貞松堂集古遺文補遺著錄爲家早期又著錄多處共見二行八字慎堂記

季按此鼎乃西周中期器據一九三一年羅振玉撰集之貞松堂集古遺文補遺載其出自河南洛陽曾藏孫壯帳後以藏北京故宮博物院通高十七點三釐深十口徑十三點四釐平沿外折口沿一對立耳大腹略傾垂三條蹄形足足上一道弦紋季鼎記

090 作長鼎銘文拓片
'Zuo Chang' Ding vessel (rubbing)

西周中期
縱 9 釐米 橫 5 釐米

釋文　乍（作）長寶隫（尊）/ 彝日戊㫃（旅）

題一　西周作長鼎，癸卯年二月初五，海上慎堂崇建題首。

題二　余去歲偶獲此拓，傳為民國時故宮博物院舊拓之本。其著錄多處，如羅振玉所編《貞松堂集古遺文續編》，並《三代吉金文存》，又王辰所編《續殷文存》，皆民國時所錄也。建又及。

季按：此鼎乃西周中期前段器，亦稱長日戊鼎。原藏孫秋帆處，現應歸故宮博物院收藏。其通高十八點五，腹深十，口徑十六點九釐米。器為平沿外折，口沿上有一對立耳，下腹向外傾垂，鼎底近平，三條柱足，口下飾兩道弦紋，乃素鼎一族也。內壁鑄銘二行，共計八言。

鈐印　慎堂藏拓
慎堂藏拓
癸卯
季氏
崇建印信
慎堂
崇建
心賞
季氏
崇建
季崇建印
慎堂藏拓

西周作長鼎

癸卯年二月初五海上慎堂崇建題首

器內壁鑄銘拓片

釋文

乍（作）長寶隮（尊）
彝日戊放（旅）

余去歲偶然獲此拓，傳為民國時故宮博物院籍拓之本，其著錄多見於羅振玉所編《貞松堂集古遺文》續編並《三代吉金文存》，又王辰所編《續殷文存》，皆民國時所錄也。崇建又及

崇按：此鼎乃西周中期前段器，亦稱長日戊鼎，原藏孫鑑帆處，現歸故宮博物院收藏。其通高十六點五、腹深十、口徑十六、距九釐米。器為平沿方折口沿，上有一對立耳，下腹向外傾垂，鼎底近平，三條柱足無飾。兩道弦紋乃素鼎一類也。內壁鑄銘二行，共計八言。

091 從鼎銘文拓片

'Cong' Ding vessel (rubbing)

西周中期
縱 8.2 釐米 橫 5.8 釐米

釋文 白（伯）姜易（錫）從 / 貝卅朋從 / 用乍（作）寶鼎

題一 西周從鼎，癸卯年二月初四，海上慎堂崇建題首。

題二 余得此拓為壬寅冬時。其原藏金陵楊季華，傳為民國間故宮博物院舊拓之本，似可推知今或仍然藏於故宮。此拓初見民國廿四年，即公元一九三五年商承祚編《十二家吉金圖錄》，後見羅振玉所纂之《三代吉金文存》，時在一九三七年，海上崇建再題。

季按：此鼎為西周中期前段之器，原藏吳大澂、孫秋帆處，今在北京故宮博物院藏。其通高十七點五，腹深九點八，口徑十六點二釐米。器為窄沿，方唇，口沿上置一對立耳，下腹向外略顯傾垂，三條柱足上粗下細，口下飾兩道弦紋而已，乃素鼎一具也。內壁鑄銘三行十二字，其"卅""朋"為合文。

鈐印 慎堂藏拓
慎堂藏拓
癸卯
季氏
崇建印信
慎堂
崇建
心賞
季氏
崇建
季崇建印
慎堂藏拓

西周從鼎

癸卯年二月初四滬上慎堂管建題首

器內壁鑄銘拓片

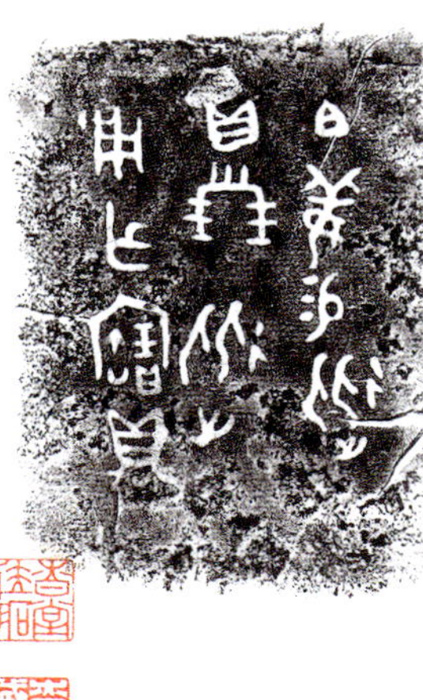

釋文

白（伯）姜易（錫）從

貝卅朋從

用乍（作）寶鼎

余得此拓為壬寅冬時其原藏金陵楊季蘅傳為民國間故宮博物院舊拓之朱似可據知此或與此鼎藏於故宮此拓印見民國廿四年即公元一九三五年為商承祚編十二家吉金圖錄又見羅振玉所纂之三代吉金文存時在一九三七年滬上管建序題

季倫此鼎為西周中期青銅之器原藏吳大澂孫湖帆處今在北京故宮博物院藏其通高十七點五腹深九點八口徑十六點二釐米器為寬沿方唇口沿上置一對立耳下腹向外略顯傾垂三條柱足上粗下細只飾兩道弦紋而已乃素鼎一具也內壁鑄銘三行十二字其卅朋為合文

單伯昊生鐘

上海博物館藏

《夏商周青銅器研究·西周篇·下》著錄

092 單伯昊生鐘銘文拓片

'Shan Bo Hao Sheng' Zhong vessel (rubbing)

西周中期

縱 29 釐米 橫 22.5 釐米

釋文 鉦間

單白（伯）昊生曰不（丕）顯皇 / 且（祖）剌（烈）考逨匹之王彛（勛）

左鼓

堇（謹）大令（命）/ 余小子肇 / 帥井（型）朕 / 皇且（祖）考歅（懿）/ 德用保奠

題 周單伯昊生鐘，甲辰年孟夏初六，海上慎堂季崇建題於建業文房之南隅。

季按：是鐘乃西周中期器。通高四十四，舞縱十六點一，舞橫二十一點二，鼓間十八點三，銑間二十五點三釐米。其長腔闊鼓，甬之斷面呈圓形，有幹有旋，兩銑較平直，幹部弧曲較小。甬飾波曲紋與鱗紋，舞飾對稱之變形獸面紋，鐘之上沿及銑間兩側各飾突起之菱形紋飾為欄，篆部飾變形獸面紋。鼓部飾對稱相背之龍紋，鼓右部飾一單線勾勒之鸞鳥，圓目昂首，神完氣足之狀也。鉦間及左鼓連鑄銘文七行三十四字，意為單伯昊生述其祖與父世為王臣，敬勤於王所命之事。然文意未盡矣。此鐘原藏直隸通州袠氏，後歸上海博物館收藏。其著錄多處，傳亦經藏愙齋潘氏。余偶獲是拓，甚悅，當寶之。

鈐印 慎堂藏拓

慎堂藏拓

心賞

甲辰

季氏

崇建印信

別部將軍

季

季氏

崇建

甲辰年孟夏初六於上海 書季學建題於建業之南陽

釋文（鉦間）

單白（伯）昊生曰丕（丕）顯皇

且（祖）剌（烈）考逑匹先王爵（勛）

釋文（左鼓）

堇（謹）大令（命）

余小子肇

帥井（型）朕

皇且（祖）考懿（懿）

德用保奠

季按是鐘乃西周中期器 通高四十四釐 舞縱十六點一 舞橫二十一點二 鼓間十六點三 銑間二十五點三釐米 其長腔閒鼓角之斷面呈圓形 平銑有旋 兩銑較平直 于部作曲 較小角 飾以曲紋與鋪紋 舞飾乳釘之變形獸面紋 鐘之上沿及銑皆兩側各飾突起之篆形紋飾為欄 篆部飾變形獸面紋 鼓部飾對稱相背之龍紋 鼓右部飾一單線勾勒之鸞鳥 圓目昂首 神完氣足之狀也 鉦間及左鼓連鑄銘文七行三十四字 意為單伯昊生述其祖與父皆為王臣 敬勤於王正命之事 然文意未盡矣 此鐘原藏直隸通州裘氏 後歸上海博物館收藏 其著錄為滂喜齋藏 吳縣潘氏 今偶獲是拓 甚悅 當寶之

頌鼎

上海博物館藏

《夏商周青銅器研究·西周篇·下》著錄

093 頌鼎銘文拓片

'Song' Ding vessel (rubbing)

西周宣王世

縱 24 釐米 橫 28.5 釐米

釋文 唯三年五月既死霸甲戌 / 王才（在）周康卲（昭）宮旦王各（格）大 / 室即立（位）宰引右頌入門立 / 中廷尹氏受（授）王令（命）書王乎 / 史虢生冊令（命）頌王曰頌令（命）/ 女（汝）官嗣（嗣）成周賓[1]（貯）廿家監嗣（嗣）/ 新寤[2]（造）賓（貯）用宮御易女（汝）玄衣 / 黹屯（純）赤市朱黃鑾旂攸勒 / 用事頌拜韻首受令（命）冊佩 / 吕出反（返）入（納）堇[3]（瑾）章（璋）頌敢對揚 / 天子不（丕）顯魯休用乍（作）朕皇 / 考龔弔（叔）皇母龔始（姒）寶尊鼎 / 用追孝旛（祈）匄康𧻚[4]屯（純）右（祐）通 / 彔（祿）永令（命）頌其萬年眉寿 / 畯臣天子霝冬（終）子子[5]孫孫[6]寶用

朱批 1. 賓，即貯，貯積也；又廛也，然廛為廛之誤，此貯釋作廛，即廛廿家也。2. 新寤，即新造，或為職官之名。3. 堇，即瑾，美玉也。4. 康𧻚，康娛之意，《楚辭·離騷》"日康娛而自忘"，謂之安樂也。5. 子子，重文。6. 孫孫，重文。

題 頌鼎。西周宣王世重器，上海博物館藏品。甲辰孟夏，海上慎堂崇建題。

季按：是鼎乃西周宣王世器。其傳世共三，除此頌鼎藏於上海博物館外，北京故宮博物院與臺北故宮博物院各藏一件。器主頌所作之具，除鼎外尚有壺和簋。此頌鼎通高三十一點四，口徑三十二點九釐米，重九點八二公斤。器作口折沿，立耳，頸飾弦紋兩道，深腹，下內收，圜底，下置三蹄足。腹內壁鑄銘十五行一百五十一字，重文二字。整篇銘文完整地反映了西周王室策命官員之禮儀制度，從冊命之時間地點，冊命之儀式，冊命之受職，冊命之賞賜物品，冊命儀式後所做之事以及祝願辭，皆一一記述清楚，這在西周青銅器銘文中甚為稀見，對於研究彼時冊命制度有著重要價值。觀之書體，端麗優雅，乃西周晚期金文中之佼佼者也。馬公贈我此拓，揀出重裝耳。

鈐印 慎堂藏拓
慎堂藏拓
季氏
崇建印信
別部將軍
閒來品拓
季氏
崇建
心賞

頌鼎

西周宣王世重器　上海博物館藏品　甲辰孟夏海上慎芸堂謹題

釋文

隹三年五月既死霸甲戌
王才（在）周康卲（昭）宮旦王各（格）大
室即立（位）宰引右頌入門立
中廷尹氏受（授）王令（命）書王乎
史虢生冊令（命）頌王曰頌令（命）
女（汝）官𤔲（嗣）成周賈（貯）廿家監𤔲（嗣）
新𢊁（造）賈（貯）用宮御易女（汝）玄衣
黹屯（純）赤巿朱黃鑾旂攸勒
用事頌拜䭫首受令（命）冊佩
㠯出反（返）入（納）堇（瑾）章（璋）頌敢對揚
天子丕（丕）顯魯休用乍（作）朕皇
考龏弔（叔）皇母龏始（姒）寶尊鼎
用追孝𬓃（祈）匃康𧾭屯（純）右（祐）通
彔（祿）永令（命）頌其萬年眉壽
畯臣天子霝冬（終）子子孫孫寶用

（旁注：𢊁：訓造，爲職官之名。貯：積也，又廛也，然廛爲廛之誤，此貯釋作廛，取廛廿家也。瑾：美玉也。康：娛也，喜也，樂也，鐘銘曰「康娛而自忘」，謂之安樂也。子子、孫孫：重文。）

季按：是鼎乃西周宣王世器，其傳世共三，除此頌鼎藏於上海博物館外，北京故宮博物院與臺北故宮博物院各藏一件，器主頌所作之器除鼎外尚有壺和簋。此頌鼎通高三十一點四，口徑三十二點九釐米，重九點六二公斤，器作口折沿，立耳，頸飾弦紋兩道，深腹，下內收，圜底，下置三蹄足，腹內壁鑄銘十五行一百五十一字，重文二字。整篇銘文完整地反映了西周王室策命官員之禮儀制度，從冊命之時間地點，冊命之儀式，冊命之受職，冊命之賞賜物品，冊命儀式後所做之答謝以及祝嘏辭，皆一一記述清楚，這在西周青銅器銘文中甚為稀見，對於研究彼時的冊命制度有著重要價值。觀之書體端麗優雅，乃西周晚期金文中之佼佼者也。馬公贈我此拓，揮而重裱了。

094 湯叔盤銘文拓片

'Tang Shu' Pan vessel (rubbing)

西周晚期
縱 14 釐米 橫 10.5 釐米

釋文 彊（疆）子子孫孫永寶 / 甘（其）隮（尊）甘（其）萬年無用之 / 埜（棠）湯弔（叔）白（伯）氏茌盤（鑄）/ 隹（唯）正月初吉壬午

題一 西周湯叔盤，癸卯年正月，海上愼堂崇建題首。

題二 此銘自左至右而鑄，頗特殊。內文"用之"二字置於"疆"前，應釋讀為"萬年無疆用之"。建又題。

季按：是盤舊稱埜湯叔盤，原藏章乃器處，今歸北京故宮博物院。通高十四點二，寬四十點七釐米。平口，方唇，淺腹，兩附耳高出器口，圈足低且略顯外撇，其下附三獸形足，腹部與圈足均飾獸帶紋。內底鑄銘四行二十九字，重文二。著錄頗多，流傳有緒也。

鈐印 愼堂藏拓
季氏
崇建
崇建
季
崇建印信
別部將軍
愼堂

西周湯叔盤

癸卯年正月海上頃堂學逮題首

此銘自左至右而鑄，頗特殊。內文用之二字置於疆後，應釋讀為萬年無疆用之。逮又題

釋文

彊（疆）子子孫孫永寶

甘（其）䵼（尊）甘（其）萬年無用之

塱（棠）湯弔（叔）白（伯）氏茬鑪（鑄）

隹（唯）正月初吉壬午

學按：是盤舊稱塱湯叔盤，原藏章乃器處，今歸北京故宮博物院。通高十四點二，寬四十點七釐米。平口方唇，淺腹，兩附耳高出器口，圈足低且略顯外撇，其下附三獸形足。腹部與圈足均飾獸帶紋。內底鑄銘四行二十九字，重文二。著錄頗多，流傳有緒也。

095 伯夏父鬲銘文拓片

'Bo Xia Fu' Li vessel (rubbing)

西周晚期

內徑 13.3 釐米 外徑 18 釐米

釋文 白（伯）嬰（夏）父乍（作）畢姬隣（尊）鬲𠤕（其）萬年子子孫孫永寶用亯（享）

題 伯夏父鬲。

伯夏父鬲，西周晚期之器。器口直徑約十八點五釐米。其為寬平沿，束頸，鼓腹，弧襠。三足下部略呈獸蹄形，與足對應之腹部各有一道扉棱，肩部飾以重環紋，下體飾為直線紋。口沿鑄銘大半週，共十九字，其中重文二字。字字形端麗圓潤，筆道流轉遒勁，乃典型之西周中晚期金文書法。中國社會科學院考古研究所編輯之《殷周金文集成》與吳鎮烽先生所著之《商周青銅器銘文暨圖像集成》卷六皆有此伯夏父鬲之著錄。癸卯年正月廿九雨水，海上慎堂季崇建於建業文房之南隅。

季按：此拓去歲偶獲，原歸金陵金石收藏家楊季華之處，傳為民國時舊拓，器在故宮博物院內。其他著錄均未言其出處與收藏處，或此拓所現，似可推知其藏秘之地乃故宮是也。

鈐印 慎堂藏拓
慎堂藏拓
慎堂藏拓
愛不釋手
季氏
崇建
慎堂
崇建
修綆汲古
慎堂

白㬎父鬲

伯夏父鬲西周晚期之器口直徑約十八釐五釐米其為寬平沿束頸鼓腹弧襠三足足部略呈獸蹄形與足對應之腹部各有一道扉棱肩部飾以重環紋二體飾為直線紋口沿鑄銘十七字連共十九字其中重文二字字形端麗圓潤筆道遒勁通頸乃典型之西周中晚期金文書法中國社會科學院考古研究所編輯之殷周金文集成與吳鎮烽先生所著之商周青銅器銘文暨圖像集成皆有此伯夏父鬲之著錄

癸卯年正月廿九雨夕滬上慎墨季堂燈下建業文房王南陽

季堂此拓去歲偶獲原歸金陵金石收藏家楊季華之處傳為民國時舊拓曾在故宮博物院內其他著錄均未言其出處與收藏處或此拓原現何所可據知其藏秘之地乃故宮是也

釋文

白（伯）夓（夏）父乍（作）畢姬隮（尊）鬲甘（其）萬年子子孫孫永寶用亯（享）

衛姒豆

北京故宮博物院藏

《故宮博物院藏文物珍品大系·青銅禮樂器》著錄

096 衛姒豆（甲、乙器）銘文拓片

'Wei Si' Dou vessels A&B (rubbing)

西周晚期
甲蓋　縱 8 釐米　横 4.8 釐米
甲器　縱 8 釐米　横 5 釐米
乙蓋　縱 8 釐米　横 5 釐米
乙器　縱 8.4 釐米　横 5 釐米

釋文　甲蓋
衛始（姒）乍（作）/ 饐（饛）[illegible]段（簋）

甲器
衛始（姒）乍（作）/ 饐（饛）[illegible]段（簋）

乙蓋
釋文同前，略。

乙器
釋文同前，略。

題一　周衛姒豆，癸卯年立春，海上慎堂崇建題首。

題二　此四幀拓本去歲獲觀並購之，乃民國時故宮舊拓，後人集數十幀裝於一冊，今悉數歸於慎堂藏拓。其拓工規矩，墨氣柔和，未可再得矣。余拆之重裝並題之又跋，以與同道共饗。海上慎堂季崇建再題於立春後一日。

案：此對青銅器衛姒豆乃西周晚期之器，清宮舊藏，今屬北京故宮博物院藏品。其斂口，淺盤，束腰，高足，隆蓋，圈握。蓋頂飾瓦紋，蓋沿與器上均飾重環紋，足部飾粗弦紋一周。蓋器皆同銘，各二行六字。據銘或曰：衛姒豆、衛始豆，亦有稱衛姒簋者（銘稱簋），然依實物形制當稱豆也。海上慎堂識。

鈐印　慎堂藏拓
慎堂藏拓
慎堂藏拓
慎堂藏拓
心血來潮
季氏
崇建
慎堂
崇建
心賞
季氏
崇建印信
一時興起
慎堂主人真賞之寶

周衛姒豆

癸卯夏五至海上慎堂學建題首

此四幀拓本去歲獲觀並臨之乃民國時故宮舊拓後人集數十幀裝於一冊亦悉數歸於慎堂藏拓其拓工規矩墨氣柔和未可再得矣余拆之重裝並題之其跋以與同道共饗海上慎堂李學建拜題於三書後一日

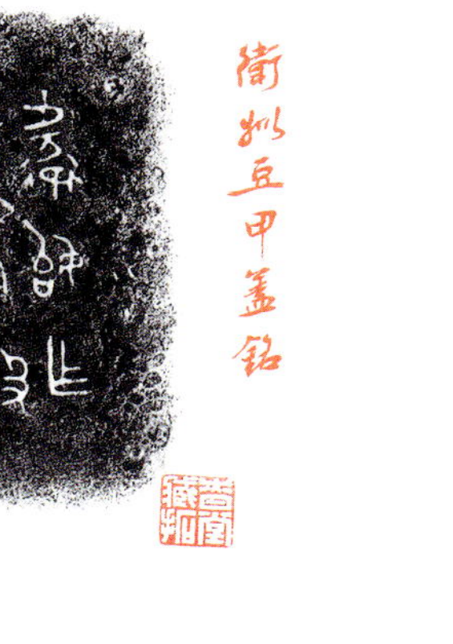
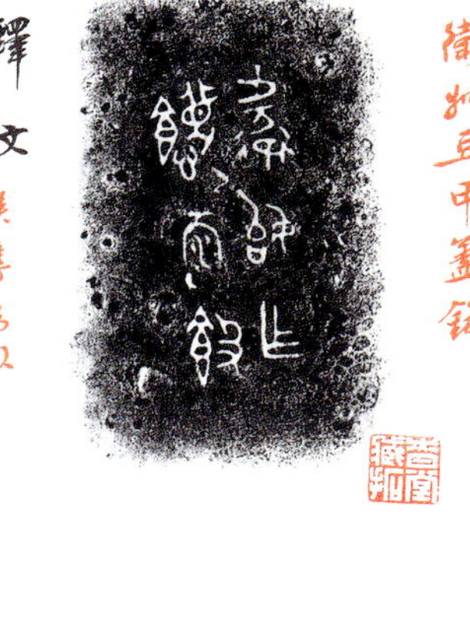

衛姒豆甲蓋銘

釋文

衛始（姒）乍（作）饙（餴）而殷（簋）

誤應為姒

衛姒豆甲器銘

釋文

衛始（姒）乍（作）饙（餴）而殷（簋）

誤應為姒

衛姒豆乙蓋銘

釋文同前略

衛姒豆乙器銘

釋文同前略

案此對青銅衛姒豆乃西周晚期之器清宮舊藏今屬北京故宮博物院藏品其斂口淺盤束腰高足隆蓋圈捉蓋頂飾瓦紋蓋沿與器上均飾重環紋足部飾粗弦紋一周蓋器皆同銘各二行六字據銘或曰衛姒豆衛始豆亦有稱衛姒簋者（銘稱簋）然依實物形制當稱豆也海上慎堂識

097 叔䀙父簋铭文拓片

'Shu Ji Fu' Gui vessel (rubbing)

西周晚期
器　縱 13.3 釐米　橫 8 釐米
蓋　縱 13 釐米　橫 8 釐米

釋文　牧師父弟弔（叔）䀙（疾）/ 父御于君乍（作）敚（微）/ 姚寶段（簋）亓（其）萬年 / 子子孫孫永寶用亯（享）

墨批　蓋、器同銘，釋文略。

題一　周叔䀙父簋，癸卯正月，海上慎堂季崇建題首。

題二　余獲此雙拓本，甚悅，乃故宮民國間所拓，故可推此叔䀙父簋應歸故宮所藏。傳世叔䀙父簋共三器，除此器外，一在中國國家博物館，另一僅見簋蓋，其一九四六年傅斯年等購自北平，入藏史語所，今藏臺北"中研院"歷史語言研究所。慎堂記。

季按：是簋亦稱叔疾父簋，西周晚期器，傳為陝西鳳翔出。《善齋吉金錄》載：其身高九點八，口徑八點九寸。弇口，鼓腹，一對獸首耳，下有方形垂珥，圈足沿外侈，且連鑄三條獸面小足，蓋面隆起，上有圈狀捉手，蓋沿、器口沿與圈足均飾重環紋，蓋面器腹為瓦紋。蓋、器同銘，各二十六字。

鈐印　慎堂藏拓
慎堂藏拓
季氏
季氏
崇建
慎堂
崇建
慎堂藏拓之印
崇建印信
別部將軍

周叔㑥父簋

癸卯正月海上慎堂季崇建題首

器之鑄銘

蓋之鑄銘

釋文

牧師父弟弔（叔）㑥（𠑇）

父御于君乍（作）𡧊（微）

姚寶𣪘（簋）甘（其）萬年

子子孫孫永寶用亯（享）

蓋器同銘釋文略

余獲此雙拓本甚悦乃故宮民國百衲拓故可據此叔㑥父簋應歸故宮所藏傳世叔㑥父簋共三器除此器外一在中國國家博物館另一僅見簋蓋於一九四六年傅斯年等購自北平入藏史語所今藏臺北中研院歷史語言研究所慎堂記

季按是簋亦稱叔𠑇父簋西周晚期器傳為陝西鳳翔出善齋吉金録載其身高九點一口徑八點九寸弇口鼓腹一對獸首耳下有方形垂珥圈足沿外侈且連鑄三條獸面小足蓋面隆起上有圈狀捉手蓋沿器口沿與圈足均飾重環紋蓋面器腹為瓦紋蓋器同銘各二十六字

098 虢叔鬲銘文拓片

'Guo Shu' Li vessel (rubbing)

西周晚期

縱 13.4 釐米 橫 1.8 釐米

釋文 虢弔（叔）乍（作）隮（尊）鬲

題一 虢叔鬲。
西周晚期虢叔鬲，癸卯年二月廿九，海上慎堂季崇建題於建業文房牕前。

題二 此拓原為金陵收藏家楊季華舊藏民國故宮藏《銅器款識原拓集錦》冊，余幸獲歸慎堂藏拓，今重裝並題，崇建。

季按：此鬲原藏衡水孫氏式古齋，今應歸故宮博物院收藏。其通高十三點五，腹深七點四，口徑縱六點三，橫七釐米。器為寬平沿，有頸，溜肩，弧襠，三足近似蹄形，與足對應之腹上各有一扉棱，肩上飾大小相間之重環紋，腹部飾以直線紋。口沿處鑄銘五字。此拓傳為民國之際故宮舊拓，甚稀，當寶之。

鈐印 慎堂藏拓
慎堂藏拓
心賞
季氏
崇建
季
慎堂
崇建
慎堂藏拓
季崇建印

虢叔鬲

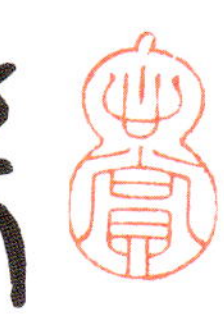

西周晚期虢叔鬲 癸卯年二月廿九波上慎堂季崇建題于建業文房曉窗

口沿鑄銘之拓片

此拓原爲金陵收藏家楊季華舊藏民國故宮藏銅器款識原拓集錦冊余幸獲歸慎堂藏拓七重裝並題 崇建

釋文

虢弔（叔）乍（作）隮（尊）鬲

季陵此鬲原藏衡山陳氏式古齋後廢歸故宮博物院收藏 其通高十三點五 腹深七點四 口徑縱六點三 橫七點七釐米 器爲寬平沿有頸溜肩弧襠三足近似蹄形 與足對應之腹上各有一扉棱 肩下飾大小相間之重環紋 腹部飾以直線紋 口沿處鑄銘五字 此拓傳爲民國之際故宮舊拓 甚稀當寶之

鼎彝

永輝
慎堂

䣄父丁鼎

上海博物館藏

𫽄壺

上海博物館藏

城虢仲簋

上海博物館藏

《商周鼎彝款識集錦冊》（十開）

商晚期至西周中期

商周彝器款識集錦冊

序文

此冊十開原拓為代晚期至西周中晚青銅彝器錄銘作品除作旅盨銘外餘銘之原器皆為上海博物館所藏且非新出土者多傳世之品流傳有緒乃上博所藏銅器之精品也余獲諸拓亦非新作遂為審拓馬公承源早藏贈家迄今亦過卅年現恒堂藏拓注釋與題跋初編付梓故將其標出重裝學為一冊以與同道共饗之

其開一為旅觚之銘為代晚期其原藏吳大澂處著錄頗豐四九年後同銘之觚可見拾數也此旅觚今歸上海博物館收藏開二亞龔父辛觶之銘為代晚期至西周早期其原器今歸上博未見早年著錄皆有殷周金文集成記載開三為戈邢單之銘為代晚

期至西周早期物今歸上海博物館收藏殷周金文集成亦著錄之其銘之郱或可釋為祀故又稱弋祀斝者開四乃鼉文丁簋之銘西周早期物曾經吳大澂收藏今歸上海博物館此簋海博有拓著錄頗豐民國五六五王引寿也此為舊拓本開五為獻壺之銘西周早期器原藏吳大澂處後歸上海博物館間有轉存其著錄每次此亦舊拓之本也開六即慎堂所藏作旅盨

之銘早年流失海外回購方見其鑄銘大悅也同銘之見一亦藏臺北歷史博物館開七為城虢仲簋之銘西周中期器傳陝西鳳翔西王村出土吳大澂亦藏之海博物館見有著錄多處如一九三七年羅振玉所編之三代吉金文存及一九三五年劉體智編輯之小校經閣金文等此簋海博有諸也銘文所見虢即城虢虢乃西虢之號仲也故號仲為虢氏之一支虢氏之大宗傳世

宋著名者當推虢季子白盤也關一者為鶉叟父鼎之銘西周中期器也歸上博原藏殷周金文集成著錄此銘關凡為錄簋蓋之銘西周中期器已不存也器蓋同銘各二行九字然器銘僅見傳拓字蹟較蓋銘模糊不少此蓋銘清晰字字可辨且字體端莊秀美曾經黃安濤吳大澂孟乙清諸家收藏後歸上博著錄頗豐如羅振玉三代吉金文存吳式芬攈古錄金文吳榮光筠清館金石吳大澂愙齋集古錄徐同柏從古堂款識學鄒安周金文存羅振玉貞松堂集古遺文續編劉體智小校經閣金文等其中不少謬以為數器之蓋也唯工有社科院所編之殷周金文集成嚴一算金文總集盛昱鬱華金文等序次著錄雖字數尚少僅見九言然著錄表述之多足見其重要程度關十為自匜之銘西周晚期器也歸上海博物館

館收藏早歲著錄多處，如一九三零年羅振玉貞松堂集古遺文及三七年之三代吉金文存及一九三七年劉體智所編希古樓金石萃編亦見其著錄，在內地亦見嚴一萍金文總集、王獻唐國史金石誌稿及社科院所編纂之殷周金文集成皆提及此匜。是拓乃舊拓之本也，鑄銘在器之內底，因鏽蝕而尚見清晰可觀，為周十拓，雖器不為大，但能此舊實不易也。余入上博求職於碑帖部，陰差陽錯隨馬公研習金石之學，又恰逢馬公牽頭金石組（後改稱青銅器研究部）同仁共同編纂商周青銅器銘文選之時，作為新人能參與一部大工程創作實是難得，故此培養了本人對青銅器銘文、傳拓、收藏的興趣，加之日後在青銅部做了大量銘文釋文撰寫書鈔工作，則令之編纂慎堂藏拓注釋與題跋來得輕松許多也。甲辰慎堂

商晚期旅觚

此觚原藏吳大澂處，後歸上海博物館收藏。其圖片內鑄銘一字，故釋為旅，故名。見有著錄多處，以光緒二十八年劉心源奇觚室金文述為最早。此外羅振玉三代吉金文存、吳大澂愙齋集古錄、劉體智小校經閣金文等皆記之。此據舊拓題此。慎盦

旅觚拓片

釋文

放（旅）

前近年上博文徵得同銘旅觚一件，器型紋飾皆優。此建民

此為第一開

商晚期至西周早期亞弅父辛觶

此觶今藏上海博物館 其內底鑄銘四字亞弅(或又釋為拳)父辛 故名 其早歲未見著錄 僅有社科院考古所所編殷周金文集成記載 此銘又見吳鎮烽編纂之商周青銅器銘文暨圖像集成著錄之 今得此舊拓重裝並識 慎堂

亞弅父辛觶拓片

釋文

亞弅(拳)父辛

此為第二開

商晚期至西周早期戈𠨍斝

此斝現藏上海博物館鑄銘二行六字戈𠨍（或可釋爲祀）作父丁彝早年未有著錄僅見于中國社科院所編之殷周金文集成並吴鎮烽爲周青銅器銘文暨圖像集成均有著錄此銘是拓受贈於馬公承源乃六十年代舊拓也 慎盦

戈𠨍斝拓片

釋文

戈印（𠨍）乍（作）

父丁彝

此爲第三開

西周早期黿父丁鼎

此鼎曾經吳大澂收藏今歸上海博物館其作
器沿方唇斂口鼓腹口沿上一對立耳圜底三柱足
頸部飾雲雷紋襯底之浮雕渦紋間夔紋內底
鑄銘三字存世另鼎亦見同銘者是器流傳有緒
著錄多處初見光緒十一年吳大澂之恒軒所見所藏
吉金錄後羅振玉三代吉金文存劉體智小校經閣
金文等皆有記載近代更不乏引述也海上慎堂並識

黿父丁鼎拓片

釋文
黿父丁

此爲第四開

西周早期𢾊壺

此壺原藏吳大澂處後歸上海博物館所藏其作長頸直口圓腹圈足沿外侈頸部有一對貫耳口沿下飾雷紋頸部飾鳳鳥紋帶內壁鑄銘四行七字𢾊作父辛彝麐（麐或即庚也）冊是器間有甗存世見著錄多處初有光緒十一年吳大澂恒軒吉金錄載之後窓齋集古錄小校經閣金文三代吉金文存等皆著錄之然有誤以為尊者 海上崇建甲辰記

𢾊壺拓片

釋文

𢾊乍（作）

父辛

彝

麐（庚）冊

此為第五開

西周中期偏晚作旅盨

此盨通高十四口徑十六點五橫二十五釐米侈蓋蓋呈橢方形直口平底圈足每邊中部有一弧形缺口類曲尺狀腹部微鼓側置一對附耳蓋口沿飾一週回顧式[illegible]龍紋其正背一組四龍兩側各雙龍有雲雷紋襯底內鑄銘乍（作）旅盨三字彼時盨器銘曰簋多有例可尋也此盨早歲海於海外初獲之未知有銘近去鏽而發現焉喜無比即拓之題之以與同道共饗甲辰年學達並識

作旅盨拓片

釋文

乍（作）旅𣪘（簋）

此為第六開

西周中期城虢仲簋

此器傳出土於陝西鳳翔曾經吳大澂收藏後歸上海博物館器為直口有頸鼓腹圈足沿下飾有四個小獸首肩上有一對附耳耳頭與足飾渦紋內底鑄銘二行六字城虢仲作旅簋言城虢即西虢之虢仲在今陝西寶雞故虢仲乃虢氏之一支傳世虢氏大器以虢季子白盤為最著名此簋流傳有緒多見著錄於三代吉金文存小校經閣金文等海上慎齋并識

城虢仲簋拓片

釋文

戜（城）虢中（仲）

乍（作）旅段（簋）

此為第七開

西周中期彔簋

此器上海博物館藏品，器不存，僅見蓋，器蓋同銘各二行九字，然器銘僅見拓本，字蹟模糊不清，蓋銘字字可辨也，且字體端莊秀麗。傳世曾經黃濬、吳士鑑等諸家收藏，後歸上博庋藏，並見著錄多處。光緒時即見吳式芬攈古錄金文、徐同柏從古堂款識學等記載。民國後之周金文存、三代吉金文存、愙齋集古錄、小校經閣金文、貞松齋集古遺文等皆有著錄。尚建識

彔簋拓片

蓋銘

釋文

彔作（作）文考乙公寶障（尊）殷（簋）

此為第十一開

西周中期鶾雯父鼎

此鼎今藏上海博物館，其鑄銘六字：鶾雯父作旅鼎。字蹟不甚清晰，早年未見著錄，近有中國社會科學院考古研究所所編之殷周金文集成著錄此鼎銘，是拓乃備拓之本。今據此重裝并題以饗同道。甲辰二月 學建識

鶾雯父鼎拓片

釋文
鶾雯父
乍（作）旅鼎

此爲第九開

西周晚期自匜

此匜今藏上海博物館早歲著錄多處初見一九三零年羅振玉所編之貞松堂集古遺文續編一九三七年三代吉金文存亦著錄之一九三三年劉承幹編纂希古樓金石萃編有載此銘又嚴一萍金文總集王獻唐國史金石誌稿以及社科院考古所之殷周金文集成皆據及此器此銘也此鑄銘二行六字見於器之內底因鏽蝕而尚欠清晰是為舊拓之本今揀出重裝並識慎堂

自匜拓片

釋文

自乍（作）吳

姬賸（媵）也（匜）

此為第十開

099 商周鼎彝款識集錦冊（十開）

Inscriptions of Ding vessels from Shang-Zhou Dynasty (ten rubbings in folio)

西周晚期
縱 32.8 釐米 橫 21.4 釐米

題簽 商周鼎彝款識集錦冊，甲辰，慎堂

扉頁 鼎彝永輝，慎堂。

鈐印 心賞
季崇建印

《商周鼎彝款識集錦冊·序文》
此冊十開原拓，商代晚期至西周中晚青銅鼎彝鑄銘小品。除作旅盨銘外，餘銘之原器皆為上海博物館所藏，且非新出土者，多傳世之品，流傳有緒，乃上博所藏銅器之特色也。余獲諸拓亦非新作，悉為舊拓馬公承源早歲贈我，迄今亦過卅年。現《慎堂藏拓注釋與題跋》初編付梓，故將其揀出重裝集為一冊，以與同道共饗之。
其開一為旅觚之銘，商代晚期器，原藏吳大澂處，著錄頗豐，[一九]四九年後，同銘之觚可見拾數也。此旅觚今歸上海博物館收藏。開二亞弇父辛觶之銘，商代晚期至西周早期器，原器今歸上博，未見早年著錄，後有《殷周金文集成》記載。開三為戈𠛱斝之銘，商代晚期至西周早期物，今歸上海博物館收藏，《殷周金文集成》亦著錄之，其銘之𠛱或可釋為祀，故又稱戈祀斝者。開四乃黽父丁鼎之銘，西周早期物，曾經吳大澂收藏，今歸上海博物館。此鼎流傳有緒，著錄頗豐，民國至今不乏引述也，此為舊拓本。開五為觳壺之銘，西周早期器，原藏吳大澂處，後歸上海博物館，間有轉存，其著錄多次，此亦舊拓之本也。開六即慎堂所藏作旅盨之銘，早年流出海外，後回購，方見有鑄銘，大悅也。同銘者見一，今藏臺北歷史博物館。開七為城虢仲簋之銘，西周中期器，傳陝西鳳翔出土，初歸吳大澂，今藏上海博物館。見有著錄多處，如一九三七年羅振玉所編之《三代吉金文存》，又一九三五年劉體智編輯之《小校經閣金文》等。此簋流傳有緒也，銘文所見𨛦即城，城虢乃西虢之虢仲也，攷虢仲，為虢氏之一支，虢氏之大器傳世最著名者當推虢季子白盤也。開八者為𩿨叏父鼎之銘，西周中期器，今歸上博庋藏，《殷周金文集成》著錄此銘。開九為彔簋蓋之銘，西周中期器，器已不存也，器、蓋同銘，各二行九字。然器銘僅見傳拓，字蹟較蓋銘模糊不少；此蓋銘清晰，字字可辨，且字體端莊秀美。曾經黃安濤、吳大澂、孟乙清諸家收藏，終歸上博。著錄頗豐，如羅振玉《三代吉金文存》、吳式芬《攈古錄金文》、吳榮光《筠清館金石》、吳大澂《愙齋集古錄》、徐同柏《從古堂款識學》、鄒安《周金文存》、羅振玉《貞松堂集古遺文續編》、劉體智《小校經閣金文》等，其中不少誤以為敦器之蓋也。後又有社科院所編之《殷周金文集成》、嚴一萍《金文總集》、盛昱《彝華金文》等再次著錄，雖字數尚少，僅見九言，然著錄表述之多，足見其重要程度。開十為自匜之銘，西周晚期器，今歸上海博物館收藏。早藏著錄多處，如一九三〇年羅振玉《貞松堂集古遺文》，及[一九]三七年之《三代吉金文存》，又一九三三年劉承幹所編《希古樓金石萃编》亦見其著錄在內，後又見嚴一萍《金文總集》、王獻唐《國史金石誌稿》及社科院所編纂之《殷周金文集成》，皆提及此匜。是拓乃舊拓之本也，鑄銘在器之內底，因鏽蝕而尚欠清晰耳。
綜觀商周十拓，雖器不為大，但能[獲]此舊[拓]實不易也。余入上博求職於碑帖，卻陰差陽錯隨馬公研習金石之學。又恰逢馬公率金石組（後改稱青銅器研究部）同仁共同編纂《商周青銅器銘文選》之時，作為新人能參與一部大工程創作，實是難得。故此培養了本人對青銅器銘文傳拓收藏的興趣，加之日後在青銅部做了大量銘文釋文繕寫書鈔工作，則今之編纂《慎堂藏拓注釋與題跋》來得輕松許多也。甲辰，慎堂。

鈐印 開來品拓 季氏
慎獨齋主 崇建印信

第一開

旅觚銘文拓片

'Lü' Gu vessel (rubbing)

商晚期
縱 5.4 釐米 橫 4.5 釐米

释文 㫃（旅）

題一 商晚期旅觚。
此觚原藏吳大澂處，今歸上海博物館收藏。其圈足內鑄銘一字"㫃"釋為旅，故名。見有著錄多處，以光緒二十八年劉心源《奇觚室金文述》為最早，後有羅振玉《三代吉金文存》、吳大澂《愙齋集古錄》、劉體智《小校經閣金文》等，皆記之。今揀舊拓題此。慎堂。

題二 聞近年上博又徵得同銘旅觚一件，器型紋飾皆優此，建又及。

鈐印 開來品拓 慎堂
崇建 崇建
慎堂藏拓 慎堂主人真賞之宝
慎堂藏拓

第二開

亞弇父辛觶銘文拓片

'Ya Zhi Fu Xin' Zhi vessel (rubbing)

商晚期至西周早期
縱 5 釐米 橫 4 釐米

釋文 亞弇（拲）父辛

題 商晚期至西周早期亞弇父辛觶。
此觶今藏上海博物館，其內底鑄銘四字"亞弇（或可釋為拲）父辛"，故名。其早藏未見著錄，後有社科院考古所所编《殷周金文集成》記載此銘，又見吳鎮烽编纂之《商周青銅器銘文暨圖像集成》著錄之。余得此舊拓重裝並識。慎堂。

鈐印 開來品拓 慎堂藏拓
崇建 慎堂主人真賞之宝
慎堂藏拓

第三開

戈邢斝銘文拓片
'Ge Xing' Jia vessel (rubbing)

商晚期至西周早期
縱 6.2 釐米　横 3.5 釐米

釋文　戈卬（邢）乍（作）/ 父丁彝

題　商晚期至西周早期戈邢斝。
此斝現藏上海博物館，鑄銘二行六字"戈邢（或可釋為祀）作父丁彝"。早年未有著錄，後見中國社科院所編之《殷周金文集成》，並吳鎮烽《商周青銅器銘文暨圖像集成》均有著錄此銘。是拓受贈於馬公承源，乃[二十世紀]六十年代舊拓也。慎堂。

鈐印　開來品拓
崇建
慎堂藏拓
慎堂藏拓
慎堂
崇建
慎堂主人真賞之宝

第四開

黽父丁鼎銘文拓片
'Min Fu Ding' Ding vessel (rubbing)

西周早期
縱 7.5 釐米　横 5 釐米

釋文　黽父丁

題　西周早期黽父丁鼎。
此鼎曾經吳大澂收藏，今歸上海博物館。其作窄沿，方唇，斂口，鼓腹，口沿上一對立耳，圜底，三柱足。頸部飾雲雷紋，襯底之浮雕渦紋間夔紋，內底鑄銘三字，存世商鼎亦見同銘者。是器流傳有緒，著錄多處，初見光緒十一年吳大澂之《恆軒所見所藏吉金錄》，後羅振玉《三代吉金文存》、劉體智《小校經閣金文》等皆有記載，近代更不乏引述也。海上慎堂並識。

鈐印　開來品拓
崇建
慎堂藏拓
慎堂藏拓
慎堂主人真賞之宝

第五開

戲壺銘文拓片
'Cha' Hu vessel (rubbing)

西周早期
縱 1.8 釐米　横 7.5 釐米

釋文　戲乍（作）/ 父辛 / 彝 / 䧹（庚）冊

題　西周早期戲壺。
此壺原藏吳大澂處，後歸上海博物館所藏。其作長頸，直口，圓腹，圈足沿外侈，頸部有一對負耳。口沿下飾雷紋，頸部飾鳳鳥紋帶，內壁鑄銘四行七字"戲作父辛彝 [illegible]（䧹或即庚也）冊"。是器間有轉存，並見著錄多處，初有光緒十一年吳大澂《恆軒（所見所藏）吉金錄》載之，後《愙齋集古錄》《小校經閣金文》《三代吉金文存》等皆著錄之，然有誤以為尊者。海上崇建甲辰記。

鈐印　開來品拓
崇建
慎堂藏拓
慎堂藏拓
慎堂主人真賞之宝

第六開

作旅盨銘文拓片
'Zuo Lü' Xu vessel (rubbing)

西周中期
縱 9 釐米　横 5.5 釐米

釋文　乍（作）旅毁（簋）

題　西周中期偏晚作旅盨。
此盨通高十四，口縱十六點五，横二十五釐米。佚蓋。器呈橢方形，直口，平底，圈足，每邊中部有一弧形缺口，類曲尺狀，腹部微鼓，側置一對附耳。器口沿飾一週回顧式花冠龍紋，其正背一組四龍，兩側各雙龍，有雲雷紋襯底，內鑄銘"乍（作）旅毁"三字，彼時盨器銘曰簋多有例可尋也。此盨早歲流於海外，初獲之未知有銘，近去銹而發現，驚喜無比，即拓之題之，以與同道共饗。甲辰年，崇建並識。

鈐印　開來品拓
崇建
慎堂藏拓
慎堂藏拓
慎堂主人真賞之宝

第七開

城虢仲簋銘文拓片
'Cheng Guo Zhong' Gui vessel (rubbing)

西周中期
縱 10 釐米 橫 6 釐米

釋文 𨒇（城）虢中（仲）/ 乍（作）旅𣪕（簋）

題 西周中期城虢仲簋。
此器傳出土於陝西鳳翔，曾經吳大澂收藏，今歸上海博物館。器為直口，有頸，鼓腹，圈足，沿外侈，下有四個小柱足，肩上有一對附耳，頸與足飾弦紋。內底鑄銘二行六字 "城虢仲作旅簋" ，言城虢，即西虢之虢仲，在今陝西寶雞。攷虢仲，乃虢氏之一支，傳世虢氏大器以虢季子白盤為最著名。此簋流傳有緒，多見著錄，如《三代吉金文存》《小校經閣金文》等，海上慎堂並識。

鈐印 開來品拓　慎堂藏拓
崇建　慎堂主人真賞之宝
慎堂藏拓

第八開

彔簋銘文拓片
'Lu' Gui vessel (rubbing)

西周中期
縱 8 釐米 橫 4 釐米

釋文 彔乍（作）文考乙 / 公寶䵼（尊）𣪕（簋）

題 西周中期彔簋。
此為上海博物館藏品，器不存，僅見蓋。器蓋同銘，各二行九字。然器銘僅見拓本，字跡模糊不清；蓋銘則字字可辨也，且字體端莊秀麗。傳其曾經黃安濤、吳大澂等諸家收藏，後歸上博度藏。並見著錄多處，光緒時即見吳式芬《攈古錄金文》徐同柏《從古堂款識學》等記載，民國後之《周金文存》《三代吉金文存》《意齋集古錄》《小校經閣金文》《貞松堂集古遺文》等皆有著錄。崇建識。

鈐印 開來品拓　慎堂藏拓
崇建　慎堂主人真賞之宝
慎堂藏拓

第九開

鶾叜父鼎銘文拓片
'Han Sou Fu' Ding vessel (rubbing)

西周中期
縱 5 釐米 橫 5.5 釐米

釋文 鶾叜父 / 乍（作）旅鼎

題 西周中期鶾叜父鼎。
此鼎今藏上海博物館，其鑄銘二行六字 "鶾叜父作旅鼎" ，字跡不甚清晰。早前未見著錄，近有中國社會科學院考古研究所所編之《殷周金文集成》著錄此鼎銘。是拓乃舊拓之本，今揀出重裝，並題以饗同道。甲辰二月，崇建識。

鈐印 開來品拓　慎堂藏拓
崇建　慎堂主人真賞之宝
慎堂藏拓

第十開

自匜銘文拓片
'Zi' Ye vessel (rubbing)

西周晚期
縱 9.5 釐米 橫 6 釐米

釋文 自乍（作）吳 / 姬賸（媵）也（匜）

題 西周晚期自匜。
此匜今藏上海博物館。早歲著錄多處。初見一九三〇年羅振玉所編之《貞松堂集古遺文》，後其一九三七年《三代吉金文存》亦著錄之，又一九三三年劉承幹編纂《希古樓金石萃编》有載此銘，又嚴一萍《金文總集》、王獻唐《國史金石誌稿》以及社科院考古所之《殷周金文集成》皆提及此器此銘也。此鑄銘二行六字，見於器之內底，因銹蝕而尚欠清晰。是為舊拓之本，今揀出重裝並識。慎堂。

鈐印 開來品拓　慎堂藏拓
崇建　慎堂主人真賞之宝
慎堂藏拓

100 邿伯祀鼎銘文拓片

'Shi Bo Si' Ding vessel (rubbing)

春秋早期

內徑 25.2 釐米 外徑 29.2 釐米

釋文 邿白（伯）祀乍（作）譱（膳）鼑（鼎）亓（其）萬年釁（眉）壽（壽）無彊（疆）子子孫孫永寶用亯（享）

題一 春秋早期邿伯祀鼎，癸卯年正月廿八日未時，海上慎堂季崇建題於慎獨齋。

題二 據馬公承源主編《商周青銅器銘文選》四所載：邿伯祀鼎，又名邿伯鼎。其高二十四點三，口徑二十八點六，流寬五點二，流長五點一釐米。中國歷史博物館即今國家博物館所藏，然此拓乃故宮博物院舊拓無疑，吳鎮烽《商周青銅器銘文暨圖像集成》亦言此邿伯祀鼎藏於故宮，或原在故宮，後調撥國博乎？待核。建又及。

案：此鼎原藏中江李香巖、倪雨田處，後歸北京市故宮博物院收藏。器作直口，寬平沿，口沿上有一個槽形流，腹側上端置一對附耳呈扁窄狀，折上且高出口沿。中部與口沿相接淺腹，圜底，三條蹄形足略向外撇，頸部飾竊曲紋，腹部為垂鱗紋。口沿大半週鑄銘二十字，其中重文一，合文一。慎堂記。

鈐印 慎堂藏拓
愛不釋手
季氏
崇建印信
別部將軍
季
崇建
季
崇建

春秋早期郜伯祀鼎

癸卯年正月廿八日未時海上慎堂季崇建題於慎獨齋

案此鼎原藏于江李香巖、倪雨田處，後歸北京故宮博物院收藏。器作直口寬平沿，口沿上有一周槽形凹陷，腹側上端置一對附耳，呈扁環狀折上且高出口沿，耳部與口沿相接，淺腹，圜底，三條蹄形足略內斂，頸部飾竊曲紋，腹部為垂鱗紋，口沿內壁鑄銘二十字，其中重文一、合文一。慎堂記

據馬承源主編《商周青銅器銘文選》（四）所載，郜伯祀鼎又名郜伯鼎，其高二十四點三、口徑二十八點六、腹寬五點二、腹長五點一，藏中國歷史博物館，即今國家博物館所藏。然此拓乃故宮博物院舊拓無疑，吳鎮烽《商周青銅器銘文暨圖像集成》亦言此郜伯祀鼎藏於故宮，或原在故宮後調撥國博，待核。崇建又及

釋文

郜白（伯）祀乍（作）譱（膳）鼑（鼎），甘（其）萬年釁（眉）𠷎（壽）無彊（疆），子子孫孫永寶用亯（享）。

101 召叔山父簠銘文拓片

'Zhao Shu Shan Fu' Fu vessel (rubbing)

春秋早期
縱 10 釐米 橫 14 釐米

釋文 奠（鄭）白（伯）大嗣（司）/ 工召弔（叔）山 / 父乍（作）旅匿（簠）/ 用亯（享）用孝 / 用匄釁（眉）耇（壽）/ 子子孫孫用 / 為永寶

題一 召叔山父簠，春秋召叔山父簠，海上慎堂季崇建題首。

題二 故宮原藏召叔山父簠共二，一件今在臺北故宮，一件即此拓原物，應歸北京故宮博物院。吳鎮烽所著《商周青銅器銘文暨圖像集成》載二器拓本，則記其原藏陳廣寧，未知今歸何處。余偶獲是拓，乃故宮舊拓，故推知其在故宮也。癸卯正月廿二日，海上慎堂再題。

季按：此簠原藏陳廣寧處，今藏北京故宮博物院。其體呈長方形，窄平沿，腹斜收，腹壁兩側有一對獸首耳，長方圈足，每面正中有長方圓角形缺。口沿下飾雷紋，腹之壁飾變形夔紋，圈足飾雲紋，內底鑄銘七行二十八字，重文二，頗多著錄，流傳有緒。

鈐印 慎堂藏拓
別部將軍
崇建印信
慎堂
崇建
季氏
崇建
慎堂藏他之印
慎獨齋主
季崇建印

召叔山父簠

奉題召叔山父簠 海上慎堂季學建頓首

季按此簠原藏陳廣寧處今藏北京故宮博物院其體呈長方形窄平沿腹斜收
腹壁兩側有一對獸首耳長方圈足每面正中有長方圓角形缺口沿下飾雷紋腹之
壁飾變形夔紋圈足飾雲紋內底鑄銘七行二十八字重文二類多著錄流傳有緒

釋文
奠（鄭）白（伯）大嗣（司）
工召弔（叔）山
父乍（作）旅匿（簠）
用亯（享）用孝
用匃釁（眉）壽（壽
子子孫孫用
為永寶

故宮原藏召叔山父簠共二一件今在臺北故宮一件即此拓原物應歸北京
故宮博物院吳鎮烽所著商周青銅器銘文暨圖像集成載二器拓本則記其
原藏陳廣寧未知今歸何處余偶獲是帖乃故宮舊拓故推知其在故宮也
癸卯正月廿二日海上慎堂再題

102 昶仲無龙鬲銘文拓片

'Chang Zhong Wu Long' Li vessel (rubbing)

春秋早期

縱 30 釐米　橫 1.4 釐米

釋文　昶中（仲）無龍乍（作）寶鬲其子子孫永寶用亯（享）

題　春秋昶仲無龙鬲，癸卯年二月春分前一日，海上慎堂季崇建題於建業文房南隅。

案：此鬲為春秋早期之物，據一九三〇年羅振玉《貞松堂集古遺文》有"近年出土之"記，故可推知其至遲於[一九]三〇年前已面世，多次著錄。又知此鬲經羅振玉、劉體智遞藏後，歸北京故宮博物院收藏。其頸內壁鑄銘共見十五字，重文一字，銘拓著錄多次。然見一九三三年劉承幹所編《希古樓金石萃編》載此鬲之拓，除"子孫"二字外，餘字皆相反，故知已現摹寫之本，余得此乃故宮舊拓也。建。

鈐印　慎堂藏拓

慎堂藏拓

心賞

季氏

崇建

慎堂

崇建

慎堂心賞

季崇建印

春穠祖仲無龍鬲

癸卯年二月春分前一日海上慎堂李學建題於建業之居南陽

頌內壁鑄銘拓片

釋文

祖中（仲）無龍乍（作）寶鬲其子子孫永寶用言（享）

案此鬲為春秋早期之物據一九三零年羅振玉貞松堂集古遺文有近年出土之記故可推知其出土於三零年前已面世而首次著錄可知此鬲經羅振玉劉體智遞藏後歸北京故宮博物院收藏此頌內壁鑄銘共見十五字重文一字銘拓著錄多次然見一九三三年劉體智所編善齋吉金錄滿載此鬲之拓係子孫二字之餘字皆相反故知已現摹寫之本余得此乃故宮舊拓也建

103 華母壺銘文拓片

'Hua Mu' Hu vessel (rubbing)

春秋早期

縱 24.4 釐米　橫 2 釐米

釋文　隹（唯）正月初吉庚午雩（華）母自乍（作）爨（薦）壺

題　春秋華母壺，癸卯年仲秋廿九日，海上愼堂季崇建題首。

案：此壺據吳鎮烽所編《商周青銅器銘文暨圖像集成》載，今歸清華大學圖書館收藏。然此拓傳為民國時故宮舊拓，恐初為故宮藏品乎？待攷。其著錄多處，如一九五七年于省吾《商周金文錄遺》、一九八三年嚴一萍《金文總集》、二〇〇七年中國社會科學院考古研究所《殷周金文集成》等皆見此拓錄入。余得此並歸愼堂，幸也。崇建又及。

鈐印　愼堂藏拓

愼堂藏拓

心賞

季氏

崇建

愼堂

崇建

愼堂心賞

季崇建印

壽縣華母壺

癸卯年仲春廿九日海上慎堂李學建題首

壺之口沿鑄銘拓片

釋文

隹（唯）正月初吉庚午𠦪（華）母自乍（作）𧀮（藨）壺

案此壺據吳鎮烽所編商周青銅器銘文暨圖像集成載此器清華大學圖書館舊藏然此拓傳為民國時故宮舊拓或初為故宮藏品乎待考見著錄甚廣收一九五七年于省吾商周金文錄遺一九八三年嚴一萍金文總集二零零七年中國社會科學院考古研究所殷周金文集成等皆見此拓錄入余得此並歸慎堂幸也學建又及

者沕鐘

北京故宮博物院藏

《故宮博物院藏文物珍品大系·青銅禮樂器》著錄

104 者沕鐘銘文拓片

'Zhe Dao' Zhong vessel (rubbing)

戰國早期

正　縱 13.3 釐米　横 11.5 釐米

背　縱 13.5 釐米　横 11.5 釐米

釋文　正面釋文

剌（烈）壯（壯）/ 用受（爯）

不啻 / 訙之

光之 / 于聿（肆）

背面釋文

旻（綏）安 / 乃壽（壽）

女（汝）其 / 用丝（兹）

叀（惠）膳（逸）/ 康樂

朱批　旻，亦可釋妥。

題　戰國者沕鐘，癸卯年正月廿五日未時，海上慎堂季崇建題首。

《者沕鐘·戰國早期》

是鐘傳在河南洛陽金村古墓出土，原藏黄濬，今歸故宮博物院收藏。其通高十八點三，寬十點五釐米，重一點六公斤。闊腔短鈕淺于式鈕鐘。低枚飾渦紋，鈕上飾雙頭夔龍紋，篆間飾三角夔紋，鼓部飾八條蟠曲龍紋。鐘之兩面、鉦間與鼓部共計二十四銘文。存世之者沕鐘共見十二，此為其四。其一原藏日本住友氏，今在京都泉屋博古館；其二由上海博物館收藏；其三原藏陳介祺，現藏泉屋博古館；其五藏於日本神戶東畑謙三處；其六亦在東畑謙三處；其七至其十二皆歸東畑謙三所藏也。據載：其一、其二銘文同，共五十字；其三二十一銘；其五存銘二十字；其六、其七各二十五字；其八鑄銘二十四字，其九存二十二字，其十見二十二字，其十一為二十四字，其十二計二十字。故除鐘二、鐘四在國內，其他均在日本私家所藏，嘆也！

者沕鐘著錄頗夥，較早的如吳大澂所著《愙齋集古錄》時在民國七年（公元一九一八年），稍後有一九三七年羅振玉所編之《三代吉金文存》等，故可推其出土時間或在晚清民國初。慎堂。

鈐印　慎堂藏拓

慎堂藏拓

心賞

慎堂

崇建

季氏

崇建

慎堂藏拓之印

戰國者汈鐘

癸卯年正月廿五日未時

海上慎堂季學達題首

鐘之正面銘文拓本

鐘之背面銘文拓本

正面釋文

剌（烈）壯（壯）

用雷（再）

背面釋文

晏（矮）安

乃𠷎（壽）

不㝱

訖之

光之

于㝵（肆）

女（汝）其

用茲（茲）

叀（惠）揖（逸）

康樂

者汈鐘·戰國早期

是鐘傳出河南洛陽金村古墓，出土后藏黃濬，後歸故宮博物院收藏。其通高十八點三、寬十點五釐米，重一點六公斤。闊腔短鈕，淺平式鈕。鐘體枚飾渦紋，鈕上飾雙頭夔龍紋，篆間飾三角雙紋，鼓部飾八條蟠曲龍紋。鐘之兩面鉦間與鼓部共計二十四銘文。存世之者汈鐘共見十二件，另外四其一原藏日本住友氏，今在京都泉屋博古館；其二由上海博物館收藏；其三原藏陳介祺，現藏泉屋博古館；其五藏於日本神戶東畑謙三處；其六亦在東畑謙三處；其七與其十二皆歸東畑謙三所藏也。據載，其一、其二銘文同，共五十字；其三二十一銘；其五存銘二十一字；其六、其七各二十五字；其八鑄銘二十四字；其九存二十二字；其十見二十二字；其十一為二十四字；其十二計二十字。均除鐘二鐘外在國內，其它均在日本私家所藏，嘆也。

者汈鐘著錄頗夥，最早如吳大澂所著《窓[?]齋集古錄》時在民國七年（公元一九一八年），稍後有一九三七年羅振玉所編之《三代吉金文存》等。故可推其出土時間當在晚清民國初。慎堂

秦公鐘

春秋早期之秦公鐘乙器

甲辰年仲春湖上李建題

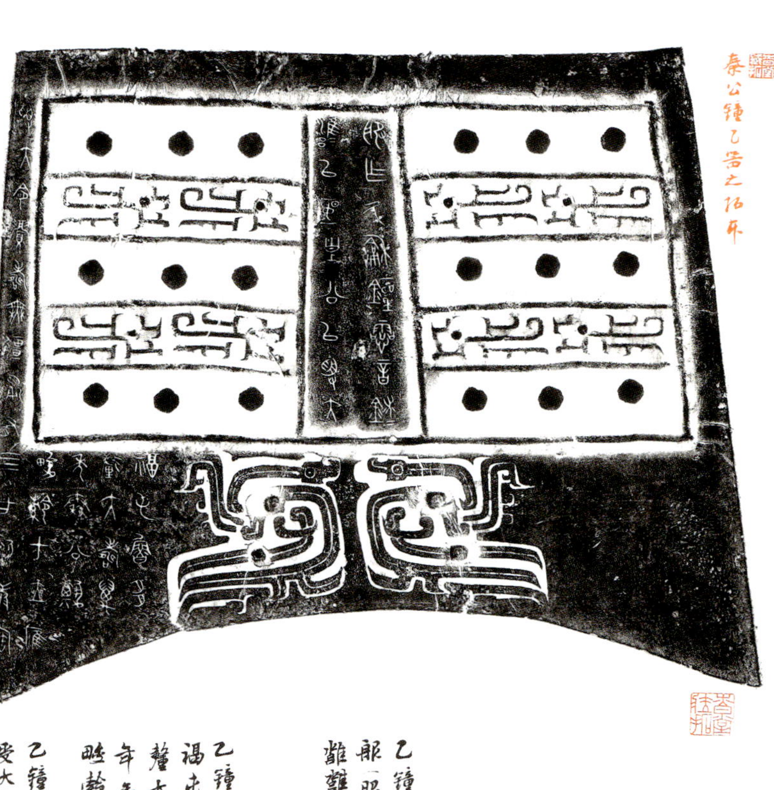

秦公鐘乙器之拓本

此秦公鐘甲通高四十八甬高十七銑間二十七鼓間二十厘米重二十四公斤秦公鐘乙通高四十七甬高十七銑間二十六鼓間十六厘米重二十一點五公斤二者形制紋飾皆同其甬上飾四條小龍龍體相互纏繞斡上飾目雲紋旋飾重環紋舞部飾變形夔龍紋篆間飾兩條相向之夔龍紋鼓部飾兩對鳳鳥紋樣鐘體內側各有六道調音槽鐘之銘文分別刻於

乙鐘鉦間銘釋文

眼(眼)乍(作)氒(厥)龢(和)鐘霝(靈)音鍴鍴雝雝(雍雍)目(以)匽(宴)皇公目(以)受大

乙鐘左鼓銘釋文

福屯(純)魯多釐大壽(壽)萬年秦(秦)公䫷(其)畯齡(鈴)才(在)立(位)雁(膺)

乙鐘右欒銘釋文

受大令(命)釁(眉)壽(壽)無疆(疆)匍(敷)有(佑)三(四)方其(其)康寶

鉦間及正邊左鼓右鼓若將銘文和音律組合推測是套青銅編鐘完整的組合應在六至八件左右當然其體現的最大意義在於銘文不僅可知其主為秦武公夫人乃姬姓之貴族由此斷知秦人與周人婚姻聯盟之政治目的具有重要之史料價值且於鐘之刻銘書風亦是值得關注的一個方面其線條流暢體態秀美乃春秋秦系書體之新創與典範也甲辰端午後慎吾撰

105 秦公鐘（甲、乙器）銘文拓片對軸
'Qin Gong' Zhong vessels A&B (rubbings in scroll)

春秋早期
秦公鐘甲器　縱 31cm 橫 36.5cm
秦公鐘乙器　縱 30.5cm 橫 35.5cm

釋文　甲鐘鉦間銘
𥎦（秦）公曰我先且（祖）受天令（命）/ 鬳（賞）宅受或（國）剌剌（烈烈）卲（昭）文公静 / 公憲公不豢（墜）于上卲（昭）合（答）/ 皇天㠯（以）虩事䜌（蠻）方公及

甲鐘左鼓銘
王姬曰余小子 / 余夙（夙）夕虔敬 / 朕（朕）祀㠯（以）受多 / 福克明又（乎）心盭（戾）

甲鐘上邊銘
龢（和）胤士咸畜（畜或蓄）左右䖒䖒（藹藹）允義瞏（翼）受

甲鐘左欒銘
明德㠯（以）康奠（奠）𢍏（協）朕（朕）或（國）盜（盜）百䜌（蠻）具（俱）即其

乙鐘鉦間銘
般（服）乍（作）氒（厥）龢（和）鐘憲（靈）音鍺鍺 / 雝雝(雍雍)㠯（以）匽（宴）皇公㠯（以）受大

乙鐘左鼓銘
福屯（純）魯多 / 釐大壽（壽）萬 / 年𥎦（秦）公嬰（其）/ 畯紷（給）才（在）立（位）雁（膺）

乙鐘左欒銘
受大令（命）釁（眉）壽（壽）無彊（疆）匍（敷）有（佐）三（四）方嬰（其）康寶

題一　秦公鐘。春秋早期之秦公鐘甲器，甲辰年端午，海上慎堂題。

題二　秦公鐘。春秋早期之秦公鐘乙器，甲辰年仲夏，海上慎堂題。

《跋秦公鐘》
上世紀七十年代陝西省寶雞縣陽平公社楊家溝村民在太公廟附近取土時發現一處窖藏，共出秦公鐘五件與秦公鎛三件，根據地理位置，即在寶雞眉縣與岐山相鄰之處，以及有關文獻記載，此發現地應是春秋早期秦國首都平陽舊址，這為考察平陽遺蹟提供了重要的實物線索，此其一。其二，這些秦公鐘與鎛亦是已見春秋秦時文物中最為重要者，悉數歸陝西省寶雞青銅器博物院收藏。今人將此五鐘以甲乙丙丁戊編序，皆見銘文，其中甲乙二鐘刻銘連讀成篇，共一百三十五字，重文四字，合文一字；而丙丁戊三鐘亦可連讀之，僅見一百十四字，其中重文四，合文一，缺字矣。余得甲乙鐘銘原拓二幀，甚悅也。
此秦公鐘甲通高四十八，甬高十七，銑間二十七，鼓間二十點四釐米，重二十四公斤。秦公鐘乙通高四十七，甬高十七，銑間二十六點四，鼓間十六點五釐米，重二十一點五公斤。二者不論形制紋飾皆同，其甬上飾四條小龍，龍體相互纏繞，幹上飾目雲纹，旋飾重環紋，舞部飾變形夔龍紋，篆間飾兩條相向之夔龍紋，鼓部飾兩對鳳鳥紋樣，鐘體內側各有六道調音槽，鐘之銘文分別刻於鉦間及上邊、右欒、左鼓。若據銘文和音律組合推測，是套青銅編鐘完整的組合應在六至八件左右，當然其發現的最大意義在於銘文，不僅可知器主為秦武公夫人乃姬姓之貴族，由此斷知秦人與周人婚姻聯盟之政治目的，具有重要之史料價值。至於鐘之刻銘書風亦是值得關注的一個方面，其線條流暢，體態秀美，乃春秋秦系書體之新創與典範也。甲辰端午後，慎堂撰。

鈐印　慎堂藏拓
慎堂藏拓
心賞
季氏
崇建印信
慎堂藏拓之印
別部將軍
開來品拓
慎堂藏拓
慎堂藏拓
心賞
季氏
崇建
慎堂藏拓之印
別部將軍
季氏
崇建印信

秦公鐘（甲、乙器）

陝西省寶雞青銅器博物院藏

《陝西金文集成·寶雞卷·7》著錄

春秋早期之秦公鐘甲器

秦公鐘

甲辰冬孫子滬上慎堂題

跋秦公鐘

上世紀七十年代陝西省寶雞縣陽平公社楊家溝村民在太公廟附近取土時發現一處窖藏共出秦公鐘五件與秦公鎛三件根據地理位置即在寶雞眉縣與岐山相鄰之處以及有關文獻記載此發現地應是春秋早期秦國首都平陽遺址這為秦寧平陽遺蹟提供了重要的實物保證此其一其二這些秦公鐘與鎛亦是已見春秋秦時文物中最為重要的考表數據 陝西省寶雞青銅器博物院收藏之人們此五鐘以甲乙丙丁戊編序皆見銘文其中甲乙二鐘刻銘連讀成篇共一百三十五字重文四字合文一字而丙丁戊三鐘亦可連讀之僅見一百十四字其中重文四合文一缺字矣余得甲乙鐘銘原拓二幀甚悅也

秦公鐘甲器之拓本

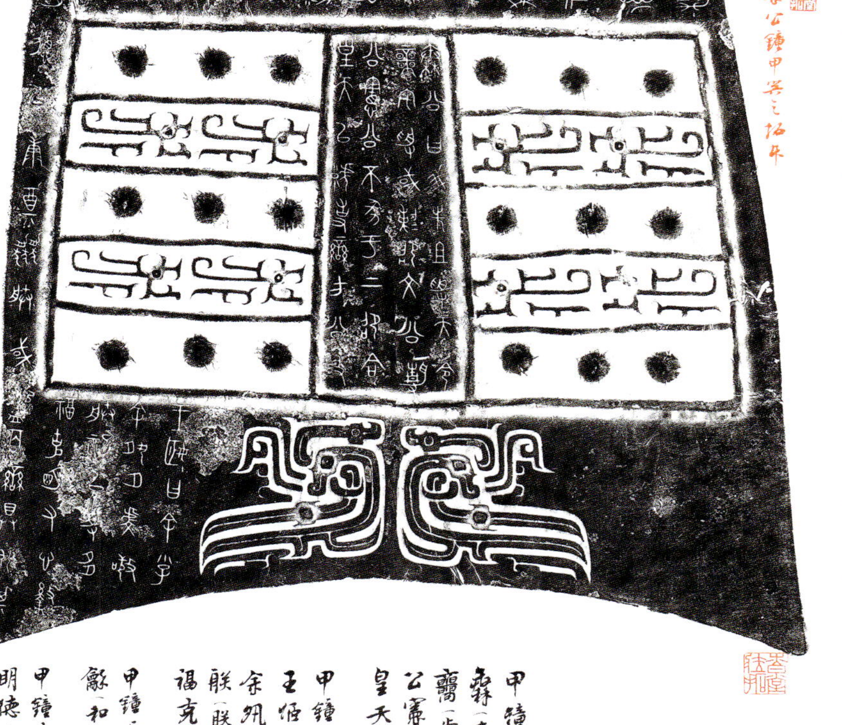

甲鐘鉦間銘釋文

𥂴(秦)公曰我先且(祖)受天令(命)
商(賞)宅受或(國)刺刺(烈烈)卲(昭)文公靜
公憲公不彖(墜)于上卲(昭)合(答)
皇天㠯(以)虩事䜌(蠻)方公及

甲鐘右鼓銘釋文

王姬曰余小子
余夙(夙)夕虔敬
朕(朕)祀㠯(以)受多
福克明又(厥)心盭(戾)

甲鐘左邊銘釋文

龢(和)胤士咸畜(畜)左右藹藹(藹藹)允義翼(翼)受

甲鐘左鼓銘釋文

明德㠯(以)康奠(奠)𢍜(協)朕(朕)或(國)盜(盜)百蠻(蠻)具(俱)即其

秦政伯喪戈

私家藏

106 秦政伯喪戈銘文拓片

'Qin Zheng Bo Sang' Ge weapon (rubbing)

春秋早期

縱 11 釐米 橫 19.5 釐米

釋文 鞷（秦）政白（伯）喪戮政西旁 / 乍（作）簉（造）元戈喬黃竈（肇）専東 / 方市（戟）鈇（土）用逸寘（宜）

題 秦政伯喪戈

春秋早期秦之秦政伯喪青銅戈，癸卯年孟秋，海上慎堂崇建摹並識。

案：是戈通長二十，援長十二點七，闌高九點九，內長七點三釐米。其前等腰三角形尖鋒，圭形援，中胡，闌側鑄有曲尺形兩翼，一橫穿，二豎穿，闌下出齒，內呈長方形，中部一橫穿，後下角有缺。胡部鑄銘三行二十三字，“秦政伯喪戮政西旁作造元戈喬黃肇東方戟鈇用逸宜”。董珊教授認為，此秦政伯喪戈與有司伯喪矛對照，應是同一作器者，即可能組合成一套戟。伯喪者或為秦穆公時著名大臣公孫支字子桑也，故此戈意義非同一般。其初由澳門蕭春源珍秦齋收藏，共兩件一對，今香港嘉德拍出，歸海上凱寧兄，允我拓之賞之，大悅也。癸卯，慎堂崇建。

季按：澳門珍秦齋主蕭先生與我早有交往，其主事製衣業卻尤好藝術品收藏，而獨步古兵器有銘之品庋集，向來令人佩服。然疫情後，突聞香港嘉德將其所藏有銘古兵具專場拍賣，實感意外矣。古董之遞藏，歷來有之，好器移主亦非不妥，衹是蕭兄之舉似覺可惜，一嘆而已。

鈐印 慎堂藏拓

崇建手拓

愛不釋手

慎堂

崇建

心賞

崇建印信

心血來潮

季氏

崇建

案是戈通長二十援長十二點七闌高九點九內長七點三釐米其鋒等腰三角形尖鋒圭形援中胡闌側鑄有曲尺形兩翼一橫穿二豎穿闌下出齒內呈長方形中部一橫穿後下角有缺胡部鑄銘三行二十三字秦政伯喪戮政西旁作造元戈喬黃肇專東方鼓銛用逸宜董珊教授認為此秦政伯喪戈與有司伯喪矛對照應是同一作器者且可能組合成一套戟伯喪者或為秦穆公時著名大臣公孫支字子桑也故此戈意義非同一般其初由澳門蕭春源珍秦齋收藏共兩件一對今香港嘉德拍出歸海上劉翼天先生豪拍之實乃大悅也癸卯慎堂學建

秦政伯喪戈

春秋早期秦之秦政伯喪青銅戈

癸卯年孟秋海上慎堂學建篆并識

釋文

𥝌（秦）政白（伯）喪戮政西旁

乍（作）𨖹（造）元戈喬黃竈（肇）專東

方市（鼓）銛（土）用逸宜（宜）

季於澳門珍秦齋主蕭先生與我早有交往其主事製衣業卻尤好藝術品收藏而獨於古兵器有銘之品居藝內多令人佩服然近情得聞在港嘉德將其所藏有銘古兵具專場拍賣實屬震驚如此古董之進藏歷來有之好兵器至今亦不少祇是蕭先生之舉似覺可惜一嘆而已

伯喪矛（甲、乙器）

私家藏

107 伯喪矛（甲、乙器）銘文拓片

'Bo Sang' Mao weapons A&B (rubbing)

春秋早期
甲器　縱 16 釐米 橫 3 釐米
乙器　縱 15.9 釐米 橫 3 釐米

釋文　伯喪矛（甲器）銘
又（有）嗣（司）白（伯）喪之車矛

伯喪矛（乙器）銘
又（有）嗣（司）白（伯）喪之車矛

題　伯喪車矛。
伯喪矛，春秋早期，原藏澳門蕭氏珍秦齋，今歸大陸元氏凝暉堂收藏。
癸卯初十，慎堂題。

季按：是對伯喪青銅矛乃春秋時期之具。其通長十五點九，葉長十點二，銎徑二點一釐米。形制與秦子矛相同，窄葉高脊，圓筒形骹，上細下粗，銎孔延伸至矛身中部，銎口有一道箍棱，箍側有對稱之穿孔。骹部鑄銘一行七字。二矛同銘同式，其中一件銘文之車與矛中豎相連，或為鑄範缺陷所致。二矛多次著錄，去歲經香港嘉德拍出，凱寧君獲之，可賀也。

鈐印　修綆汲古
慎堂
心血來潮
季氏
崇建
別部將軍
慎堂藏拓
季氏
慎堂藏拓
心賞
崇建印信

白喪車矛

伯喪矛・春秋早期 原藏澳門蕭氏珍秦齋 今歸大陸元氏潞暉堂收藏 癸卯初十慎堂題

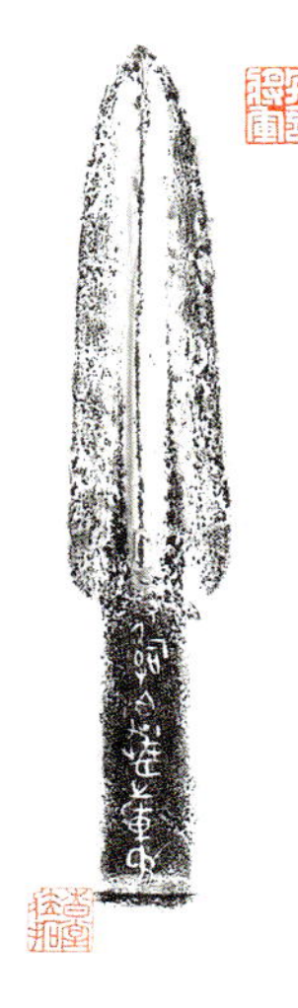

釋文

又（有）嗣（司）白（伯）喪之車矛

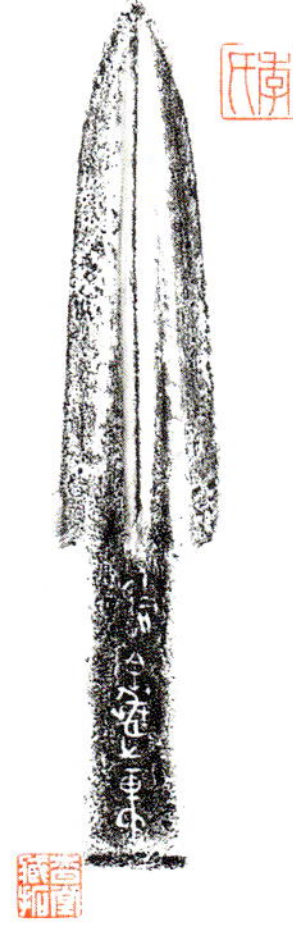

釋文

又（有）嗣（司）白（伯）喪之車矛

季陵是對伯喪之銅矛乃春秋時期之兵 其通長十五點九釐米 長十點二 鑿徑二點一釐米 形制與秦子矛相同 窄葉高脊 圓筒形骹 上細下粗 鑿孔延伸至矛之下部 鑿口有一道箍棱 箍側有對稱之穿孔 骹部鑄銘一行七字 二矛同銘同式 其中一件銘文之車與矛中間相連 或爲鑄範缺陷所致 二矛多次著錄 去歲經香港袁陸伯出 凱寧見獲之可賀也

聖車戈（甲、乙器）

私家藏

108 聖車戈（甲、乙器）銘文拓片

'Sheng Che' Ge weapons A&B (rubbing)

春秋早期
上　縱 11 釐米 橫 22 釐米
下　縱 10.5 釐米 橫 22 釐米

釋文　聖車戈（甲器）銘
戈 / 聖車

聖車戈（乙器）銘
戈 / 聖車

題一　春秋早期聖車戈，癸卯年孟秋，海上慎堂季崇建題於建業文房南隅。

題二　戈乃古兵器之稱。最初應受石器時代石鐮骨鐮陶鐮啟發而產生石戈，入商始見銅戈，至秦漢仍沿用之。戈上鑄銘多字者數十言，居少大都二三言。此聖車戈未見同銘，上海博物館藏一子車戈，乃西周之具，又傳一交車戈者。建又及。

季按：此對春秋時期之青銅戈早藏流失海外，友人覓得，允我拓之，見有銘文 "聖車戈" 二行三字，頗重要。其通長二十二，援長十五點五。闌高九點五，內長六點四釐米。援微上揚，呈圭形尖峰，端作等腰三角形，中有脊，闌側鑄有曲尺形，兩翼有三豎穿，闌下出齒，內呈長形尾，為圓弧，中部一橫穿，整個器物完好無損。內後部鑄銘 "戈聖車" 三字，字體端麗優美，上品也，且成對存世，頗為珍惜。余得此雙拓亦甚幸，今揀出重裝並識，以與同道共饗。

鈐印　慎堂藏拓
慎堂藏拓
慎堂藏拓
慎堂藏拓
心賞
季氏
崇建印信
別部將軍
心血來潮
慎堂
崇建
季氏
崇建

春穐早期聖車戈

癸卯年孟秋海上慎堂季崇建題於廷業文房南隅

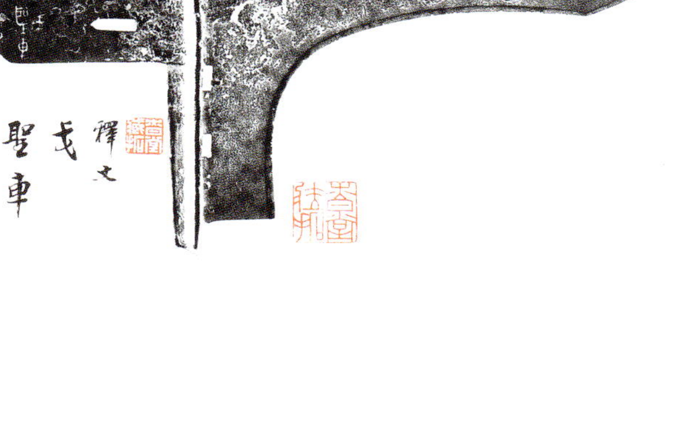

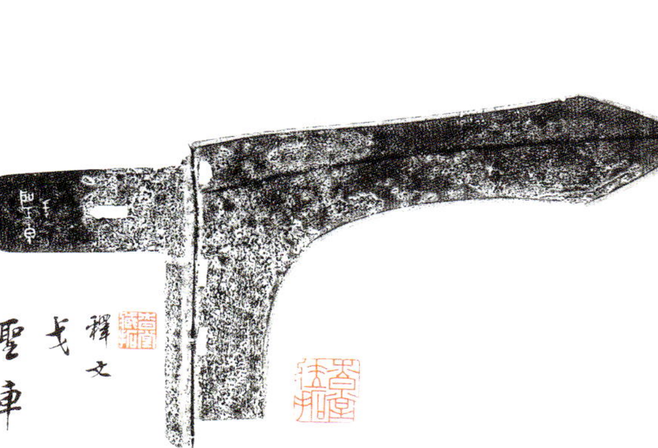

季按此對春穐時期之青銅戈早歲從父海上友人處得九家拓之見有銘文聖車戈二行三字順序及其通長二十二援長十五連闌九點五內長六點四釐米援端上揚呈圭形尖鋒端作等腰三角形中有脊闌側鑄有曲尺形兩翼有三豎穿闌以出齒內呈長形尾為圓弧中部一橫穿整個器物完好無損內背部鑄銘戈聖車三字字體端麗優美上品也目前數存世頗為珍稀余得此雙拓亦甚幸也惜今重裝並識以與同道共饗

戈乃古兵器之稱最初應受石器時代石鎌骨鐮陶鐮啟發而產生了戈入商始見銅戈至秦漢仍沿用之戈上鑄銘多字者數十言居少大部二三言此聖車戈未見同銘上海博物館藏一子車戈乃西周之具工得一聖車戈季建記

燕王戎人矛

私家藏

109 燕王戎人矛銘文拓片

'Yan Wang Rong Ren' Mao weapon (rubbing)

戰國晚期

縱 13 釐米 橫 3.6 釐米

釋文 郾（燕）王戎人/乍（作）雩萃鉘（矛）

題一 燕王戎人矛，戰國晚期。

題二 友人處偶見此青銅矛，允拓之。其通高十三點一，銎徑二點三釐米。葉窄，長尖鋒，脊隆起，脊之兩側有血槽，葉下部斜收，圓筒形長銎，上細下粗，中部有一對穿釘孔，骹部鑄銘文二行八字，曰："燕王戎人作雩萃鉘"。新獲吳鎮烽編著之《商周青銅器銘文暨圖像集成》三編之卷四有此著錄，有學者釋雩為雲，釋鉘作鈦，亦通。同銘者存世僅一件，今藏河北保定市徐氏達觀齋內，然器形稍長，有別。此為初拓，頗珍貴，故記之。庚子年十月初六，海上慎堂崇建。

鈐印 崇建手拓

海上崇建所見所鑒所拓所拓攷所跋之印

慎堂

崇建

釋文

郾(燕)王戎人

乍(作)雫萃鍨(矛)

燕王戎人矛　戰國晚期

友人處偶見此青銅矛，凡拓之。其通高十三點一釐，徑二點三釐，末葉寬長，矢鋒脊隆起，脊之兩側有血槽，篆六部斜收，圓筒形長銎上細下粗，其部為一對穿釘孔，骹部鑄銘文二行八字，曰燕王戎人作雫萃鍨。此矛獲吳鎮烽編著之商周青銅器銘文暨圖像集成三編，五卷四有此著錄。原學者釋雫為雲，釋鍨作鈦，亦通。因銘文存世僅一件，今藏阿陽保宅市徐氏蓮觀齋內。故器形制長有，從此處加拓題跋，貴於記之。庚子年十月初六，海上慎堂學建

長安城約五十里乃西漢之離宮也
癸卯年穀雨日辰時海上慎堂學建

鐙側之銘拓

足底之銘拓

漢器

右臨西漢池陽宮銅行鐙銘共廿九字其古風以秦詔方正堅挺刀法硬朗余習之略作變異以自一得未知方家以為何如

癸卯十繩翁一日海上慎堂學建並識

臨池陽宮行鐙及其二三事

癸卯繩翁吳郡鹿亮兄於池陽宮銅行鐙見示大驚也池陽宮銅鐙漢器也其連柄通高七點九直徑十一柄長十三點高三點八釐米當作扁圓形附三蹄足燈盤一側有長柄狀如瓢柔不略上揚其壁上圓刻銘文二十四行計二十九字曰池陽宮銅行鐙重二斤六兩甘露四年工虞博造守屬陽徵邑丞聖佐博工一足底見一銘字皆以小篆體為之字體方正且筆道堅實有力似秦詔版一類極美品觀銘文可知此鐙於漢宣帝甘露四年由工匠虞博為池陽宮所造漢書宣帝紀

池陽宮鐙

聖佑博路（摹刻）長安獲古（刻印）
鐙座外壁銘文釋文之二
池陽宮見三輔黃圖瀲邑見漢書
地理志均入陝西澄城縣也此鐙藏
藏諸涂劉氏後歸陳氏篤印樓
六年六日余又從陳氏得之西漢法
物當與周金同寶也乙巳中冬寶盦
記
鐙座之底外文釋文
慈庭珍玩
鐙座之面銘文釋文
六一居士記集古要於文字商京補
存篆外鐙五鳳年據自長安劉原父
丞六長安一寓公古緣亦皆得毋同
一鐙篆文廿有九大書首勒池陽宮
紀元甘露四年刻巧工司馬曰虞德
班書瀲邑入澄城六郡黃圖古馮翊
款同蓮勺將以鑪祇列守屬多番文
宜提更詳丞與佐勒名陽聖携路俱
二斤六兩斷可按準以入權工及半
作秀三足是蟾蜍手擎蓮花香一瓣
暑時單于來漢皇泰時郊祭太乙光
風清竹葉甘泉道華滿長平夜未央
殊虹交映烜赫手挽似神玉階登
曜流華燭照一昔將毋攜花手載後
千載而還帝身之池陽佳麗鐙應知
落花蘊藉銅華蝕但見蜿蜒暈活碧
又然龍角宛宛奇鹿盧上林宮寘榮
宮篆何如藏業海炎漢至今青史餘
璀璨存宣撥巧滿元成吏又失職蓺
能精此鐙器向絕宵照目聽吟廊外
後行藝以蘭膏照明花枝蔡相影奇
如此思古悠情宏漢京奚讓歐陽與
公是
道光壬寅正月得于青門賦詩紀之
慈庭
鐙座之面側銘文釋文
兩昏書錢氏刻

多為敦儒所治然不知何時何故銅
鐙移歸二哥精舍了宸陵擁鐙
主為吳樸堂吳氏稱為珍視此寶
以此燈定題其齋更遍邀是時之
名家為之作此鐙定圖以吳湖帆設
程靜唐雲中石伽高絡園錢鏡
塘張石園等以吳徐唐繪圖實在並
請王福庵吳湖帆潘伯鷹冒廣
生周煉霞諸賢題記以請是子謂
藝林盛舉也而今吳氏家人將銅鐙
並此鐙定冊除之未一併呈西上海
工美拍賣更是海上文化大事一話值
得借加關注究竟鐙歸誰家試
目以待矣
余入職上博因能觀樸堂先賢以
鐵線篆所治館藏甲印佩服得五
體投地又博國史嘗鐵筆一方曾
露其之印戲弄一家紅學家而讓
舊憐臆不止更因其文章而嗜之人
讒言而篆難令人痛惜帝雖未與
吳公謀面今日觀此古鐙則如見
其人那種靈秀命珍藏之細膩
程度乃前輩追摹不及也
此逢癸卯十總金持鐙朝思
該萬千願吳公魂歸故里傳佑
千年古鐙不祈福樂生
癸卯中秋夜海上慎堂季崇建
識于建業之南陽路寓

聞上海工美拍賣池陽宮銅外鐙並原拓之
主軸又吳燈定圖書畫名家題繪之冊一併
落槌計人民幣一仟二佰餘萬元將為有藉於
藏家獲得可賀乃一大滿也慎堂補記

鐙盤外壁銘文釋文
池陽宮銅行鐙重二斤六兩
甘露四年工虞德造守屬陽
邀邑丞聖佐博臨
鐙足銘文釋文
注
鐙座外壁銘文釋文之一
池陽宮銅行鐙重二斤六兩甘露

座面側款之拓

座面銘之拓

座底刻印之拓

座壁側銘之拓

池陽宮乃一年所造池陽地名漢
惠帝四年置池陽縣池陽宮因
地而名漢帝之離宮初建於代不
詳其遺址在今咸陽城東北六十
二公里處三原縣嵯峨鄉天齊原
上北欽東根灘村南郭涇陽龍
泉鄉界西至天井岸村東達城
坡頭村惜僅存部份臺基矣也
可尋矣唯此銅質行鐙實物存
世可證此其珍貴之一也
珍貴之二此鐙銘曰明確為宮中行
鐙亦以漢帝之日常用具也故其身
價非同一般工作為傳世金石之重
器曾經劉喜海陳介祺周湘雲
趙叔孺吳樸堂諸金石大玩家遞
藏研究考證著錄頗豐而後又有
王福庵吳湖帆冒廣生潘伯鷹
周鍊霞謝稚柳吳樸堂等十
數名家繪圖題詠實乃宮鐙中
一也而外傳亦有為竟罕離足燈
作全形拓並作剔燈圖者雖亦有
諸家題詠跋頌能有如是者耶
等級工低但二者一比則前者如
同一部金石速史理當高勝一籌
耳
粗粗疏理池阳宮銅行鐙之流傳關
係其初或由道光涇陽縣尉葛某
攀所獲後歸劉燕庭劉喜海
收藏並詳作考訂且賦以池陽鐙
歌三百餘言劉氏後歸以重價
讓度藏更補以漢鐙之考釋其
用功殊深當在劉燕庭之上宜
齋之後據鐙在乃海上巨富周湘雲
家門發現銅鐙所配紅木座側補
刻銘文記錄周氏己巳農曆十一獲藏
此鐙有趣的是鐙之紅裝錦盒上
王福厂題簽云池陽宮燈二燈往
舍藏其二時轉舍乃趙叔孺齋名

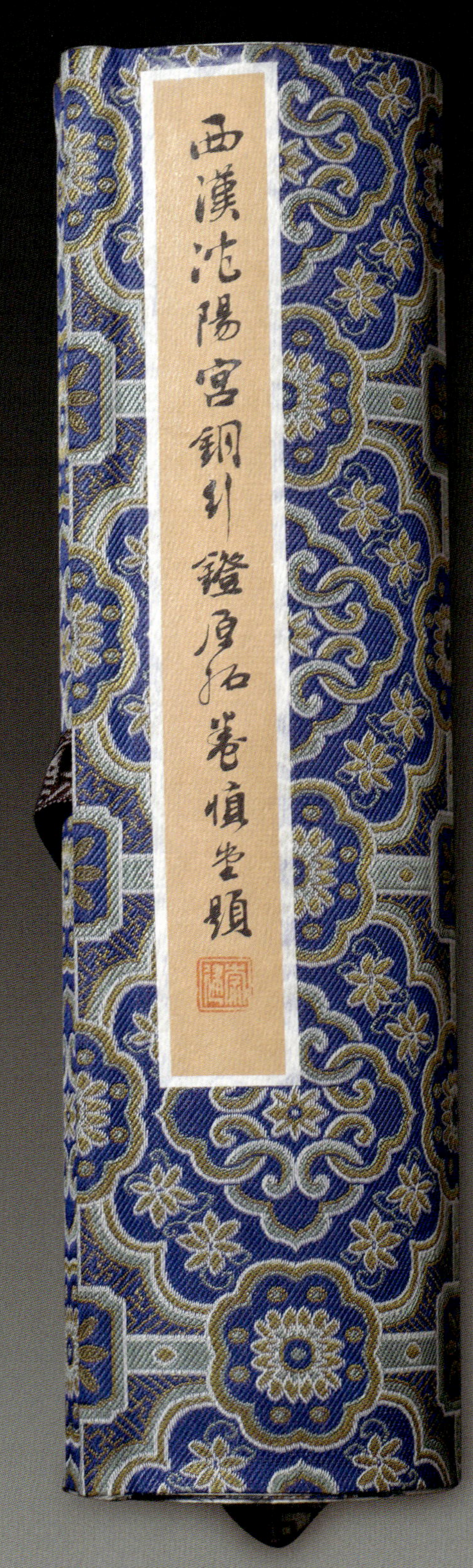
西漢汾陽宮銅行鐙原拓卷 慎堂題

110 西漢池陽宮銅行鐙拓片手卷

'Chi Yang Gong' Lantern of the Western Han (rubbings in hand-scroll)

西漢
縱 24.6 釐米 橫 716.8 釐米

全形拓片　縱 8 釐米 橫 23 釐米
壁側拓片　縱 4.8 釐米 橫 23 釐米
足底拓片　縱 0.8 釐米 橫 1.8 釐米
座壁側拓片　縱 3.2 釐米 橫 34 釐米
座底刻印拓片　縱 2.2 釐米 橫 2.2 釐米
座面銘之拓片　縱 11 釐米 橫 11 釐米
座面側款之拓片　縱 5.2 釐米 橫 1.1 釐米

題簽　西漢池陽宮銅行鐙原拓卷，慎堂題

鈐印　崇建

引首　池陽宮鐙，癸卯年秋分前一日，海上慎堂崇建題。

鈐印　心賞
季崇建印

畫心
一、池陽宮銅行鐙全形拓片

朱批　池陽宮鐙全形拓

鈐印　慎堂藏拓
慎堂藏拓

二、池陽宮銅行鐙壁側和足底銘文拓片

朱批　壁側之銘拓

鈐印　慎堂藏拓
慎堂藏拓
慎堂藏拓

三、後配底座壁側刻銘拓片

朱批　座壁側銘之拓

鈐印　慎堂藏拓
慎堂藏拓
慎堂藏拓

四、後配底座刻印拓片

朱批　座底刻印之拓

鈐印　慎堂
慎堂藏拓

五、後配底座正面刻銘拓片

西漢池陽宮銅行鐙

此銅鐙為傳世之金石名器曾經劉喜海陳介祺周湘雲趙叔孺[illegible]吳樸堂諸金石名家遞藏流傳有序字跡可證並見著錄為次極為難得今由上海工美徵集面世上拍乃慶上年乙全舊觀並石之全

癸卯年穐分第一日滬上慎堂謹題

池陽宮銅行鐙重二斤

庵題簽首云池陽宮鐙二字轉舍藏器福厂王褆復觀并題二字轉舍即趙氏齋名可知此鐙更入叔孺之手又於銅鐙後歸吳樸堂吳氏以此鐙名顏其齋以其家人委託上海工美拍賣於度謝家試目耳癸卯穐分慎堂記

池陽宮

季陵西漢池陽宮銅行鐙漢代自陸
著録頗豐據重修涇陽縣志載池陽
宮燈曾經典史姜君榮所藏典史古之
縣令之佐雜官又據陝西石刻文獻目
録彙存載姜氏乃吳縣人道光間
曾任涇陽縣尉時張偉墓誌銘即其所
藏不知其如何藏輾轉得劉燕庭保存喜
海字陝西任延擔經道當時是的羅藏
池陽宮鐙劉氏字吉甫號燕庭生以
藏精鑒賞尤嗜金石得此寶鐙詳作
考釋又賦池陽燈歌今見於是鐙座上
所刻洋洋灑灑之詩足以說明其酷愛
程度劉喜海之後銅鐙轉藏至簠齋
陳介祺據陳與劉相交甚篤又因為
山東籍人士興趣愛好更是十分一致劉
過世後所藏部份金石類名品歸簠齋
賜藏其中就包括池陽宮鐙在內其子
僅以劉喜海對此鐙之題跋全文及長
款悉數收錄於簠齋金石文考釋之
中更補以漢鐙考記是一次對漢代
之青銅鐙進行較為系統與全面之梳
理於劉氏陳氏有關池陽宮鐙之招
古並頗殘之度古市肆流出頗受金石愛
好者追捧然今例發現池陽宮銅行
鐙之座上除了劉氏刻詩及所藏題記外
又有一段跋文題己巳年雪庵於陳簠齋
得此銅鐙據知己巳年即公元一九二
九年雪庵乃上海巨富周湘雲是也
則池陽宮鐙原於後的輾轉藏於周雪
盦處其亦富藏金石名品尤以陳介祺
又少量器歸入家中又與金石諸家如
羅振玉褚德彝趙叔孺王福庵等
過往甚密其大多收藏品皆由叔孺所

池陽宮見
三輔黄圖
徵邑見漢
書地理志
即今陝西
澄城縣也
此鐙舊藏
諸城劉氏
後歸陳氏
萬印樓今
年六月今
又從陳氏
得之西漢
法物當与
周金同寶
也己巳中冬

慎堂　崇建
崇建　慎堂藏拓
心血來潮　季崇建印
季氏　慎堂齋主

拖尾　池陽宮銅行鐙重二斤六兩甘露四年工虞德造守屬陽澂邑丞聖佐博臨

右臨西漢池陽宮銅行鐙銘共廿九字。其书風如秦詔，方正堅挺，刀法硬朗，余習之略作變異，小有心得，未知方家以為何如？癸卯中秋前一日，海上慎堂季崇建並識。

《攷池陽宮行鐙及其二三事》

癸卯秋，吳郡廉亮兄持池陽宮銅行鐙見我，大驚也！

池陽宮銅鐙，漢器也。其連柄通高七點九，直徑十一，柄長十三，足高三點八釐米，器作扁圓形，附三蹄足，微外侈，側高長柄狀如飄葉而略上揚。其壁上圍刻銘文十四行計二十九字，曰："池陽宮銅行鐙重二斤六兩甘露四年工虞德造守屬陽澂邑丞聖佐博臨。"又，一足底見一"莊"字，皆以小篆體為之，字體方正，且筆道堅定有力，如秦詔版一路，極美品。觀銘文可知，此鐙於漢宣帝甘露四年由工匠虞德為池陽宮所造。《漢書·宣帝紀》載:"甘露三年上自甘泉宿池陽宮"，則可推知此鐙為漢宣帝行幸池陽宮後一年所造。池陽，地名，漢惠帝四年置池陽縣。池陽宮，因地而名，漢帝之離宮，初建年代不詳。其遺址在今咸陽城東北六十二公里處三原縣嵯峨鄉天齊原上，北起東狼溝村，南越涇陽龍泉鄉界，西至天井岸村，東達後坡頭村，惜僅存部分臺基，無他可尋矣。唯此銅質行鐙實物存世可證，此其珍貴之一也。

珍貴之二，此鐙銘曰明確為宮中行鐙，亦即漢帝之日常用具也，故其身價非同一般。又，作為傳世金石之重器，曾經劉喜海、陳介祺、周湘雲、趙叔孺、吳樸堂諸金石大玩家遞藏、研究、攷證，著錄頗豐，而後又有王福庵、吳湖帆、冒廣生、潘伯鷹、周煉霞、謝稚柳、吳樸堂等十數名家繪圖題咏，實乃"宮鐙第一"也。而如僧六舟為"竟寧雁足鐙"作全形拓，並作《剔鐙圖》者，雖亦有諸家題咏跋頌，飽有文人意趣，等級不低，但二者一比，則前者如同一部金石逸史，理當高勝一籌耳。

粗粗疏理池陽宮銅行鐙之流傳關係，其初或由道光間泾陽縣尉姜君榮所獲，後歸劉墉侄孫劉喜海收藏，並詳作攷訂且賦以池陽鐙歌三百餘言，劉之後歸山東陳介祺皮藏更補以漢鐙之攷釋，其用功程度當不在劉燕庭之下。簠齋之後接鐙者乃海上巨富周湘雲，我們發現銅鐙所配紅木座側補刻銘文，記錄周氏己巳農曆十一獲藏此鐙。有趣的是鐙之外裝錦盒上王福厂題簽云："池陽宮鐙二弩精舍藏器"，二弩精舍乃趙叔孺齋名，趙與周交情不淺，雪齋之藏印大多為叔孺所治，然不知何時何故銅鐙移歸二弩精舍了。最終擁鐙者為吳樸堂，吳氏殊為珍視此寶，以"味鐙室"顏其齋，更遍邀是時之名家為之作《味鐙室圖》，如吳湖帆、謝稚柳、唐雲、申石伽、高络园、钱镜塘、张石园等，以吳謝唐製圖最精。並請王福庵、吳湖帆、潘伯鷹、冒廣生、周煉霞諸賢題記咏詩，是可謂藝林盛舉也。而今吳氏家人將銅鐙並味鐙室繪咏之本一併交由上海工美拍賣，更是海上文化大事一樁，值得倍加關注。究竟鐙歸誰家，拭目以待耳。

余入職上博，因拜觀樸堂先賢以鐵線篆所治館藏用印佩服得五體投地，又傳聞其嘗鐵筆一方《曹雪芹之印》"戲弄"一衆紅學者而讓我捧腹不止，更因其"文革"初被小人讒言而蒙難，令人痛惜！我雖未與吳公謀面，今日觀此古鐙則如見其人，那種愛物如命、珍藏之細膩程度乃我輩追攀不及也。

時逢癸卯中秋，余持鐙望月，思緒萬千，願吳公魂歸故里，保佑千年古鐙而衹福衆生。 癸卯中秋夜，海上慎堂季崇建撰於建業文房南隅窗前。

聞上海工美拍賣池陽宮銅行鐙並原拓之立軸，又味燈室圖書畫名家題繪之冊一併落槌，計人民幣一仟二佰餘萬元，傳為甬籍收藏家競得，可賀。乃一大漏也，慎堂補記。

鈐印　別部將軍　季氏
季氏　崇建
崇建印信　閑來品拓
心血來潮　崇建印信

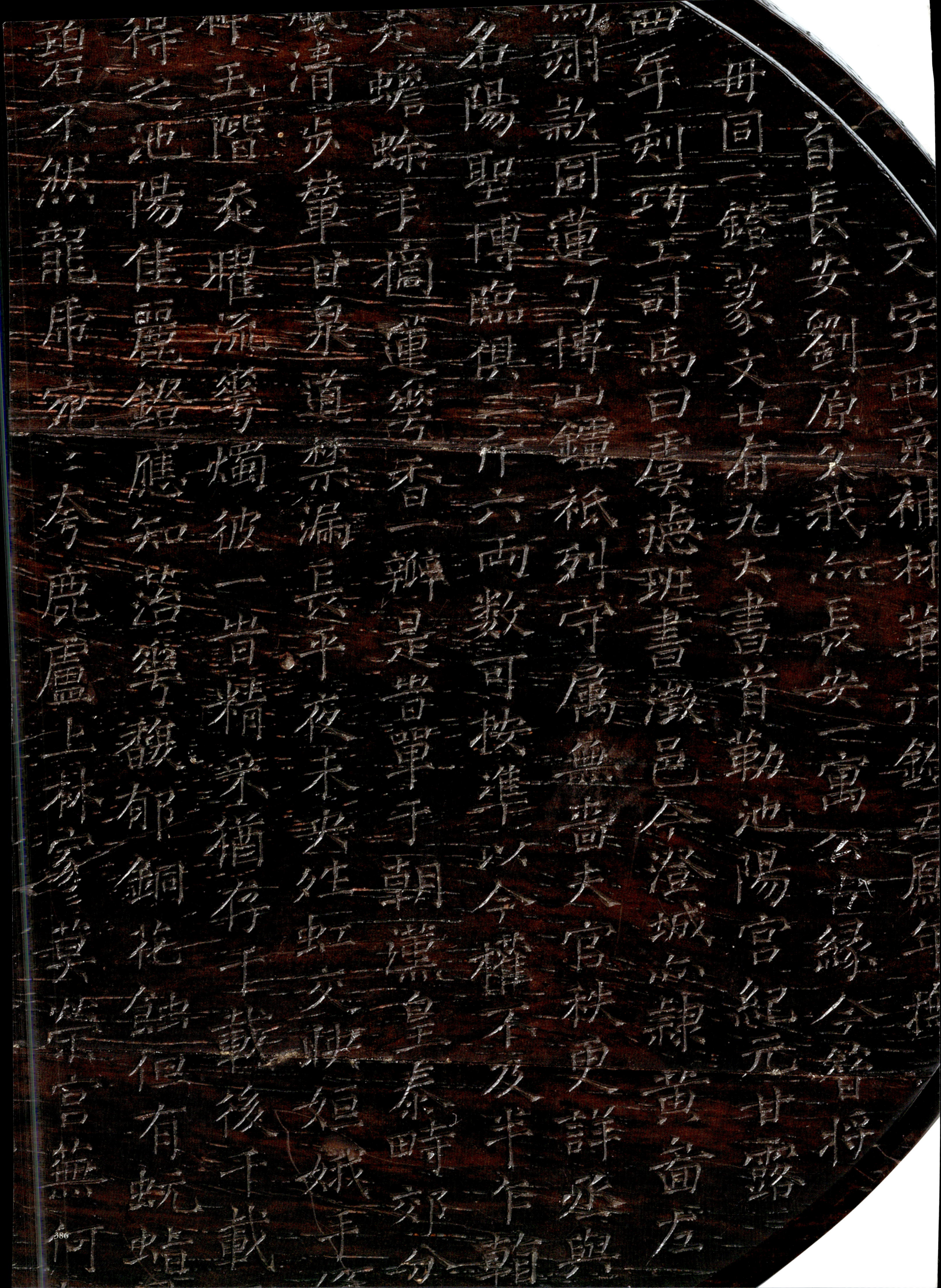

文字西京補材革于銘玉鳳年攈
首長安劉原父我亦長安寓公今皆將
毋回鐙篆文廿有九大書首勒池陽宮紀元甘露
四年刻琢工司馬曰虞德班書徵邑令澄城亦隸黃當左
翮款同蓮勺博山鐙祇列守屬無嗇夫官秩更詳與
名陽聖博臨棋二斤六兩數可按準以今權不及半作朝
是蟾蜍手擒蓮彎香一瓣是嘗單于朝漢皇春時郊分
清步輦甘泉道禁漏長平夜未央佐虹交映姮娥千
王階委曜流彎燭彼一昔精采猶存千載後千載
得之池陽佳麗銘應知落彎發郁銅花蝕但有蚖蜡
碧不然龍鹿宛三令鹿盧上林家莫宮無何

朱批　座面銘之拓

鈐印　慎堂藏拓
慎堂藏拓

六、後配底座側面刻款拓片

朱批　底面側款之拓

鈐印　慎堂
慎堂藏拓

釋文　鐙盤外壁銘文
池陽宮銅行鐙重二斤六兩甘露四年工虞德造守屬陽激邑丞聖佐博臨

鐙足銘文
莊

鐙座外壁銘文之一
池陽宮銅行鐙重二斤六兩甘露四年工虞德造守屬陽激邑丞聖佐博臨（摹刻）長安獲古（刻印）

鐙座外壁銘文之二
池陽宮見三輔黃圖激邑見漢書地理志即今陝西澄城縣也此鐙舊藏諸城劉氏後歸陳氏萬印樓今年六月余又從陳氏得之西漢法物當與周金同寶也己巳中冬雪盦記

鐙座之底印文
燕庭珍玩

鐙座之面銘文
六一居士初集古，要將文字西京補。林華行鐙五鳳年，橅自長安劉原父。我亦長安一寓公，古緣今昔將毋同。一鐙篆文廿有九，大書首勒池陽宮。紀元甘露四年刻，巧工司馬曰虞德。班書激邑今澄城，亦隸黃圖左馮翊。款同蓮勺博山爐，祇列守屬無嗇夫。官秩更詳丞與佐，勒名陽聖博臨俱。二斤六兩數可按，準以今權不及半。乍看三足是蟾蜍，手摘蓮花香一瓣。是時單于朝漢皇，泰畤郊分太乙光。風清步輦甘泉道，禁漏長平夜未央。晴虹交映姮娥手，俯仰如神玉階走。曜流花燭彼一時，精采尤存千載後。千載而後我得之，池陽佳麗鐙應知。花馥郁銅花蝕，但有蚖蛸暈活碧。不然龍虎宛宛夸，鹿盧上林寂寞榮。宮蕪何如盛業流，炎漢至今青史餘，璀璨孝宣技巧勝。元成吏，不失職，藝能精。此鐙影，向秋宵，照月轉。吟廊行復行，爇以蘭膏然以苡。杖藜相對青如此，思古幽情宏漢京，奚讓歐陽與公是。
道光壬寅正月得于青門賦詩紀之燕庭。

鐙座之面側銘文
兩春書錢民刻

題一　西漢池陽宮銅行鐙。
此銅鐙為傳世之金石名器，曾經劉喜海、陳介祺、周湘雲、趙叔孺及近人吳樸堂諸金石名家遞藏流傳有序，來源可攷，並見著錄多次，極為難得，今由上海工美徵集面世上拍，乃滬上幸事。余獲觀並拓之全貌，集此成卷，以饗同道。癸卯秋分，慎堂並識。

題二　是鐙乃西漢時期物。其通高四點九，直徑十一，足高三點八，柄長十三點二釐米。器作扁圓形，壁半處出三蹄足，後足上出柄，柄根呈直角，柄作寬葉狀，微上昂，似有上飄感，及地高約八釐米。壁上有銘十四行計廿九字曰："池陽宮銅行鐙重二斤六兩甘露四年工虞德造守屬陽激邑丞聖佐博臨。"一足底又見一"莊"字。皆小篆為之，字體方正，筆道堅定有力，如秦詔一路，極美也。銘文可知此銅質行鐙於漢宣帝四年即公元前五十年由工匠虞德為池陽宮所造，《漢書·宣帝紀》載："甘露三年上自甘泉宿池陽宮"，可推此鐙為漢宣帝行幸池陽宮後一年所造。然池陽宮始建年代不詳，其因地而名，位在今涇陽縣境內，距漢長安城約五十里，乃西漢之離宮也。癸卯年秋分日辰時，海上慎堂崇建。

季按：西漢池陽宮銅行鐙流傳有緒，著錄頗豐。據《重修泾陽縣志》載，池陽宮鐙曾經典史姜君棻所藏。典史，古之縣令之佐雜官。又據《陝西石刻文獻目錄集存》載，姜氏乃吳縣人，道光間曾任泾陽縣尉，傳《張侔墓誌銘》即其所藏，可知其收藏興趣。後劉墉侄孫劉喜海在陝西任延榆綏道，當於是時獲藏池陽宮銅行鐙。劉氏字吉甫，號燕庭，富收藏，精鑒賞，尤嗜金石，得此寶鐙，詳作攷釋，又賦池陽鐙歌。今見紅木鐙座上所刻洋洋灑灑之詩文，足以說明其酷愛程度。劉喜海之後，銅鐙移藏至簠齋陳介祺處，陳與劉相交甚篤，又同為山東籍人士，興趣愛好更是十分一致，劉過世後所藏部分金石類名品歸簠齋購藏，其中就包括池陽宮鐙在內。其不僅將劉喜海對此鐙之題跋全文及長歌悉數收錄於《簠齋金石文攷釋》之中，更補以漢鐙攷記，再一次對漢代之青銅鐙進行較為系統與全面之梳理。故劉氏或陳氏有關池陽宮鐙之拓片並題跋一度在市肆流出，頗受金石愛好者追捧。然我們發現池陽宮銅行鐙之座上除了劉氏刻詩及收藏印記外，又有一段跋文，即己巳年雪庵步陳簠齋後得此銅燈。推知己巳年即公元一九二九年，雪庵乃上海巨富周湘雲是也，則池陽宮鐙再於彼時轉藏至周雪盦處。其亦富藏金石名品，尤將陳介祺不少重器歸入家中，又與金石諸家如羅振玉、褚德彝、趙叔孺、王福廠等過往甚密，其大多收藏印皆由叔孺所治。有趣的是，此漢宮鐙之錦盒上之王福廠題簽有云"池陽宮鐙二弩精舍藏器，福厂王禔獲觀並題"。二弩精舍即趙氏齋名，可知此鐙更入叔孺之手。其之後銅鐙終歸吳樸堂。吳氏以"味鐙室"顏其齋，今其家人委託上海工美拍賣，花落誰家，拭目耳。癸卯秋分，慎堂記。

鈐印　愛不釋手　崇建印信

後記
POSTSCRIPT

本書為“上海高校學位點培優培育專項計劃”資助項目。

特別感謝上海視覺藝術學院對本人的學術研究的大力支持。

感謝上海人民美術出版社侯培東社長，包晨暉主任對我的鼓勵和支持；感謝張燕主任即本書的責任編輯的極為細緻的審核與校正；感謝雅昌文化集團董事長萬捷先生對我的特別關照；感謝上海雅昌藝術印刷有限公司張耀康總經理和楊琳總監對本書在製作過程中的辛勤付出；感謝朱鳳翰先生、吳振武先生、吳鎮烽先生以及馬今洪先生對青銅器銘文釋文給予的指教；感謝宋佳豪君為本書提供了極為重要的青銅器銘文拓片資源；感謝收藏家元凱寧慷慨地將其所藏的青銅器供我傳拓與研究，感謝中國國家博物館原館長呂章申和上海視覺藝術學院教授汪天雲為本書作序。

更要感謝我的夫人徐蔚和孩子們對我的一貫支持與鼓勵。

同時，感謝我的工作團隊：感謝吳音墨、季堃、王平如諸位為本書釋文題跋的繕寫整理與校稿方面所付出的辛勞，感謝設計師裘文武先生的極大付出，感謝季堃、汪苡恝兩位為本書所做的翻譯工作，感謝美國賓夕法尼亞大學博物館周秀琴教授為本書的翻譯提出的寶貴意見；感謝陳亮君以高超的傳拓技藝令本書增色不少；感謝丁黎萍君為拓片的裝裱工作付出的辛苦；亦感謝吳音墨、劉江燕兩位為作品的保護整理所給予的細心照料。

慎堂季崇建
二〇二四年七月

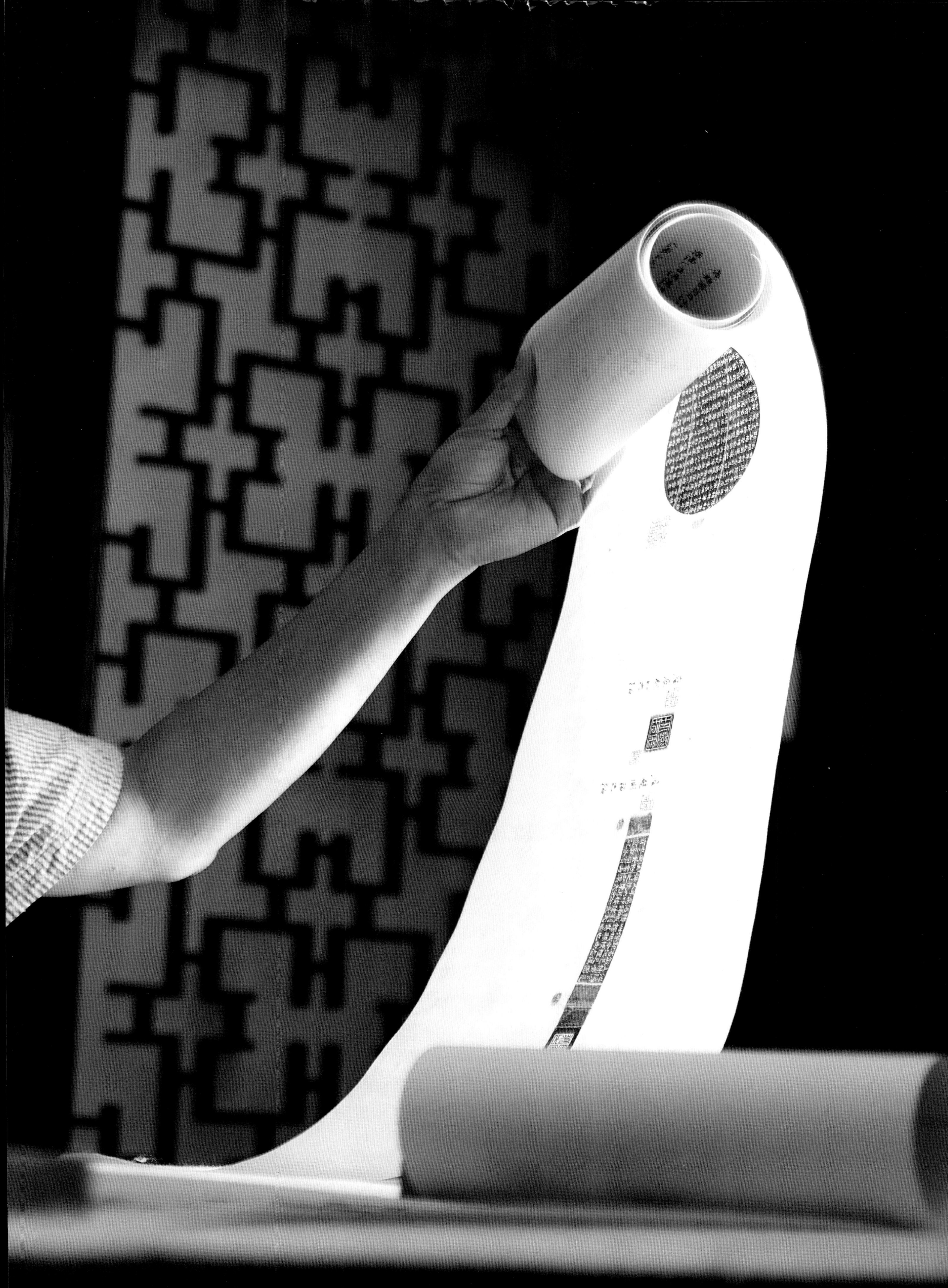

作者簡介

季崇建，一九五五年十月出生，上海市人。中國民主同盟會會員。

一九八〇年考入上海博物館，在青銅研究部（原稱金石組）工作二十一年，副研究員職稱。二〇〇四年獲工商管理博士學位。

二〇〇〇年創辦上海敬華藝術品拍賣有限公司，二〇〇二年創辦上海崇源藝術品拍賣有限公司，二〇〇六年創辦崇源國際（澳門）藝術品拍賣有限公司，二〇〇七年創辦香港崇源抱趣藝術品拍賣有限公司。二〇一四年受聘中國國家博物館特邀研究員。二〇一七年任上海視覺藝術學院教授，並受聘上海視覺藝術學院文物保護與修復學院副院長。二〇一八年受聘中國管理科學院研究員。二〇二〇年受聘華東師範大學碩士生導師，二〇二三年受聘華東師範大學美術學院兼職教授和上海視覺藝術學院文化遺產研究院首任院長。

社會兼職

中國管理科學院藝術與金融研究所副所長，深圳文交所首席專家，中國翰園石雕藝術理論研究會理事，中國藝術鑄造專業委員會藝術顧問，中國書法家協會會員，上海市文物博物館學會會員，上海市宗教學會會員，英國特勒姆大學東亞藝術研究會會員，臺灣渡假出版社特邀編審，《中國文物鑒賞全集》總策劃，《中國文化大辭典·藝術篇 》主編，《老古董百科大全》主編，香港《中國文物世界》名譽編輯、特約主筆。

專　著

《中國古代雕刻藝術》、《金銅佛像》、《雕塑》、《金銅佛》、《佛像》、《石窟之美》、《佛像雕刻》、《千年佛雕史》、《中國金銅佛》、《藏傳金銅佛》、《書法》、《中國古代印譜八百年考錄》、《中國閒章藝術集錦》（合作）、《古璽印》、《中國歷代書法墨績大觀十六·無名氏書家》、《中國歷代書法墨績大觀十七·無名氏書家》、《中國歷代書法墨績大觀十八·無名氏書家》、《古銅器》、《民間雅玩雕刻》、《石壺的藝術》、《中國文物之謎》、《季崇建談中國佛像鑒定》、《修綆汲古錄》、《建業文房藏珍》、《建業文房藏珍——高枕無憂》、《重讀中國佛像雕刻史》、《收藏學論》、《中國古代書法品鑒》、《拈花微笑》等53部。

獲得榮譽

※ 一九九六年入選英國劍橋傳記中心（IBC）第二十六版世界名人錄

※ 一九九七年入選美國傳記中心（ABI）二十世紀傑出成就五百名人錄

※ 一九九八年入選英國劍橋傳記中心（IBC）第二十七版世界名人錄

※ 一九九八年入選美國傳記中心（ABI）二十世紀文化名人最高成就白金獎

※ 一九九九年入選英國劍橋傳記中心（IBC）第二十八版世界名人錄

※ 二〇〇〇年入選美國著名的《Barons 名人錄》，並列入全球五百名人《The Global 500》排名。所著《金銅佛像》《書法》《雕刻》連續三年（1995—1997）获中國台灣地區圖書金鼎獎。

圖書在版編目（CIP）數據

鼎彝永輝：慎堂藏拓注釋與題跋三編 / 季崇建編著 . 上海：上海人民美術出版社，2024. 9. -- ISBN 978-7-5586-3025-5

Ⅰ. K876.414

中國國家版本館 CIP 數據核字第 2024AP1181 號

鼎彝永輝—— 慎堂藏拓註釋與題跋（三編）

策　　划：徐　蔚
藝術顧問：黄晨昀
編　　著：季崇建
责任編辑：張　燕
图版摄影：雅昌攝影工作室
文字校对：季　堃、吳音墨
英文翻译：季　堃、汪苡恝
書籍設计：裴文武
封面題字：季崇建
封底篆刻：傅朝陽
編　　务：吳音墨、陸徐雯
监　　製：季崇建工作室、包晨暉
出版發行：上海人民美術出版社
社　　址：上海市號景路 159 弄 A 座 7F　201101
印　　刷：上海雅昌藝術印刷有限公司
开　　本：889×1194　1/8
印　　張：49.5
版　　次：2024 年 9 月第 1 版　第 1 次印刷
印　　数：0001—1100
書　　號：ISBN 978-7-5586-3025-5
定　　價：1500.00 圓